AF523015

Datum: 9. September
Schwangerschaftswoche: 6 + 6 Tage
Zustand: Babys Herzchen schlägt, und ich ringe mit mir, meinen Frauenarzt zu bitten, in unser Gästezimmer einzuziehen. Nur zur Sicherheit und bloß für die nächsten acht Monate.

Ich bin drauf und dran, ein anderer Mensch zu werden. Einer, den ich bisher noch nicht kannte: eine Mutter. Nie weiß ich, wann mich der Hunger, die Angst, das Glück oder die Übelkeit überkommt. Denn genauso überwältigend wie die Furcht, das Kind zu verlieren, kann die Furcht sein, das Kind zu bekommen. Neulich kamen mir die Tränen, als ich im Internet auf die Umstandsunterhose «Schluppi» stieß, in Größe und Form einem Zwei-Mann-Zelt nicht unähnlich. Was erwartet mich für ein Glück? Was für eine Liebe? Eine bedingungslose? Werde ich meinen Sohn auch noch leiden können, wenn er hundertdreißig Kilo wiegt und Fahrlehrer werden will, oder meine Tochter, wenn sie mit achtzehn beschließt, sich ein Arschgeweih tätowieren zu lassen und Weihnachten bei den Eltern ihres Idioten-Freundes zu feiern? Ich horche angestrengt in mich hinein. Spüre ich, dass ich zwei bin? Nein. Was soll mein Kind von mir denken? Kaum gezeugt und schon vernachlässigt. Ob ich eine schlechte Mutter werde? Eine hyperventilierende Megaglucke? Eine militante Rohkostschnipplerin? Eine Rabenmutter, die ihr Baby im Autositz vergisst? Werde ich alles falsch machen? Oder nur fast alles?

Ildikó von Kürthy ist freie Journalistin und lebt mit ihrem Mann und ihren beiden Söhnen in Hamburg. Ihre Bestseller wurden mehr als sechs Millionen Mal gekauft und in 21 Sprachen übersetzt.

«Ildikó von Kürthy ist die Seelen-Sanitäterin deutscher Frauen. Mit einem Buch von ihr lässt sich jede Problemzone besser ertragen.» (Stern)

Ildikó von Kürthy

Unter dem Herzen

Ansichten einer neugeborenen Mutter

Mit Zeichnungen von Stefan Werthmüller

Rowohlt Taschenbuch Verlag

6. Auflage März 2023

Veröffentlicht im Rowohlt Taschenbuch Verlag,
Reinbek bei Hamburg, Dezember 2013

Zeichnungen Stefan Werthmüller
Layout Angelika Weinert
Umschlaggestaltung ZERO Werbeagentur, München,
nach einem Entwurf der Hafen Werbeagentur, Hamburg
(Fotografie: Philipp Rathmer c/o Klein Photographen)
Satz Documenta PostScript, InDesign,
bei CPI books GmbH, Leck
Druck und Bindung GGP Media GmbH, Pößneck
ISBN 978-3-499-63001-9

Die Rowohlt Verlage haben sich zu einer nachhaltigen
Buchproduktion verpflichtet. Gemeinsam mit unseren Partnern
und Lieferanten setzen wir uns für eine klimaneutrale
Buchproduktion ein, die den Erwerb von Klimazertifikaten
zur Kompensation des CO_2-Ausstoßes einschließt.
www.klimaneutralerverlag.de

Meiner Mutter

Ich hatte gar nicht mehr mit dir gerechnet.

Dabei warst du längst unterwegs.

Nichts wird sein, wie es mal war. Mein Leben, so wie ich es kenne, ist Vergangenheit. Feuchttücher und Dinkelprodukte werden in Zukunft darin eine wichtige Rolle spielen. Ich werde neues Glück und ungeahnte Angst kennenlernen, und ich werde erstaunt sein, mit wie wenig Schlaf man dann doch irgendwie auskommt.

Ich werde mich von nun an regelmäßig fragen und fragen lassen müssen, ob ich nicht wahlweise mein Kind, meinen Mann, meinen Beruf oder mich selbst vernachlässige. Und darauf werde ich nie, nie, nie eine befriedigende, eine richtige, eine klare Antwort finden.

So sieht meine Zukunft aus, wenn ich den Leuten Glauben schenke, die es wissen müssen. Den Müttern und Vätern, deren Erfahrungen ich bis heute zwar interessiert zugehört habe, aber doch immer mit dem Gefühl, sie nicht wirklich zu verstehen.

Diese albernen Geräusche zum Beispiel, die Mütter von sich geben, wenn sie mit ihrem Baby kommunizieren. Wie soll das Kind denn da ordentlich sprechen lernen?

Diese grauenerregenden Ultraschallbilder, die Schwangere ungebeten rumzeigen und dabei behaupten, man könne an diesem unförmigen Klümpchen bereits Ähnlichkeiten feststellen, wenn man nur genau genug hinschauen würde.

All die Geschichten von tagelangen Geburtswehen, durchwachten Nächten, von ersten Ballettaufführungen, ersten Zähnen und ersten Schultagen klangen mir wie aus einer fremden Welt.

Und diese fremde Welt wird nun meine sein.

Ich denke, dies ist ein guter Moment, um zu schreiben.

Ein Tagebuch über die normalste Sache der Welt. Allein in dieser Sekunde werden vier Kinder geboren. Leute, es ist absolut nichts Besonderes, wenn ein Kind zur Welt kommt.

Außer, es ist das eigene.

«Kinder sind Geiseln in den Händen der Welt. Die Schmerzen der Kinder sind die schlimmsten, die Eltern erleiden. Kinder sind in jeder Hinsicht eine Verstärkung der Realität. Alles, was wirklich ist, ist durch Kinder noch wirklicher, ob das Schmerz ist oder Freude.»

MARTIN WALSER

19. August

Schwangerschaftswoche: 4 + 2 Tage
Gewicht: Morgens unbekleidet und ohne Kontaktlinsen 64 Kilogramm. Bei 173 Zentimeter Größe und einem Körper, der noch nie zur Gattung der fettfreien Elfen gehörte, ein vortreffliches Ergebnis – das ich mir jedoch hart erarbeitet habe durch grausamen Verzicht, der meinem maßlosen Gemüt eigentlich nicht entspricht. 64 Kilogramm – diese beeindruckende Zahl dürfte schon bald der Vergangenheit angehören.
Zustand: Bin in Aufbruchsstimmung, gleichzeitig ungläubig und viel zu ängstlich, um richtig glücklich zu sein.

Ich hatte gar nicht mehr mit dir gerechnet. Dabei warst du längst unterwegs.

Nun gut, es gab ein paar Hinweise auf deine Existenz, denen ich jedoch nicht weiter nachgegangen bin. Die Tatsache, dass ich das Nutellaglas beim letzten Wochenendeinkauf in der Special Edition «Family & Co – jetzt mit 300 Gramm mehr!» gekauft habe, hatte mich nicht sonderlich stutzig gemacht. Ich bin seit jeher, auch ohne Familie, eine Anhängerin von großen Portionen und Übergrößen im nahrungstechnischen Bereich gewesen. Dass der Schokoladenaufstrich jedoch bereits drei Stunden später komplett verspeist gewesen war, und zwar direkt vom Glas in den Magen, ohne den Umweg über eine Scheibe Brot zu machen, hätte selbst mich, als bekennenden Vielfraß, misstrauisch machen können.

Ich wusste jedoch erst mit Sicherheit, dass etwas mit mir nicht stimmte, als ich gestern Abend nach dem zweiten Glas Wein keine Lust mehr auf Alkohol hatte. Das hatte es noch nie gegeben.

«Ich glaube, ich werde krank», sagte ich besorgt zu dem Mann neben mir auf dem Sofa, der keine Ahnung hatte, dass er zu diesem Zeitpunkt bereits Vater eines sich eifrig teilenden Zellhaufens war.

«Wahrscheinlich irgend so ein blöder Magen-Darm-Virus», fügte ich noch übellaunig hinzu. Krank zu werden passte mir gerade gar nicht, denn ich hatte am nächsten Morgen einen Termin bei meinem bildschönen, wohlgestalteten Personal Trainer Marco, mit dessen Hilfe ich seit drei Monaten gegen die meinen 38 Jahre alten Körper zunehmend belästigende Schwerkraft antrainiere.

Ich habe nämlich seit vielen Jahren leidvolle Erfahrungen mit dem Thema «Schwangerschaft».

Ich wäre gern schwanger – sehe aber leider bloß so aus. Keine ganz glückliche Konstellation.

Aufgrund einer etwas ungünstigen Veranlagung, die meine Körpermitte betrifft, fragen mich seit meinem 30. Lebensjahr gerne mal weibliche Teile meines Bekanntenkreises mit mildem Lächeln und tiefer gelegter Stimme: «Hast du ein süßes Geheimnis?»

Ich reagiere darauf gallig – besteht mein süßes Geheimnis doch in der Regel aus einer Pizza mit doppelt Käse am Vorabend in Kombination mit der bereits erwähnten genetischen Prädisposition.

Am ersten Tag dieses Jahres machte ich eine Liste mit folgenden Beschlüssen:

1.) Finde dich damit ab, dass du in deinem biblischen Alter nach etlichen Jahren redlichen Bemühens höchstwahrscheinlich keine Kinder mehr bekommen wirst. Nicht trauern. Leben.
2.) Finde dich nicht damit ab, dass Verkäuferinnen dir ungebeten weitfallende Tuniken in die Umkleidekabine reichen und sagen: «Da kann das Bäuchlein noch reinwachsen.»
3.) Schluss mit dem Bauch! Schluss mit dem Kinderwunsch!

3. a) … und wo ich schon mal dabei bin: weniger Weißmehl, weniger Zucker. Morgens Ingwerwasser auf nüchternen Magen. Nicht von Ehemann zu unproduktiven Streitigkeiten provozieren lassen. Nie wieder Nutella kaufen mit der Ausrede: «Ist ja nur für sonntags aufs Brot.» Sex nur noch bei akuter Lust, nicht mehr wegen akuten Eisprungs. Jeden Abend Zahnzwischenraumbürstchen benutzen (auch wenn ich betrunken bin).
4.) Neuer Mann? Neuer Chef? Neue Wohnung? Es MUSS sich was ändern! Motto: MEHR MUT!!! (Und weniger Kohlehydrate.)

Und, was soll ich sagen?

Ich habe keine vier Monate gebraucht, um mein Leben auf den Kopf zu stellen. Den Mann habe ich zwar behalten – jedoch plane ich an ihm einige aufwendige Renovierungsmaßnahmen charakterlicher Natur. Aber ich habe keinen Chef mehr, eine Zweitwohnung in Berlin und einen Bauch, den man im weitesten Sinne als flach bezeichnen könnte.

Ich habe gekündigt, denn ich spekuliere nicht mehr auf Mutterschutz und Elterngeld, und ich habe keine Angst mehr, meine Kinder in eine ungewisse Zukunft zu gebären. Welche Kinder? Angst war gestern!

Jetzt arbeite ich freiberuflich und wohne ab und zu für ein paar Tage in Berlin, wo ich sehr schön so tun kann, als sei ich absolut unkonventionell und als hätte das Leben noch gar nicht richtig angefangen.

Ich habe zwei Monate im Prenzlauer Berg gelebt und mich so lebendig und so einsam, so mutig und so verzweifelt gefühlt wie lange nicht mehr.

Ich habe nichts vermieden. Ich habe viel gefeiert, viel gearbeitet, nie ferngesehen und für mich untypisch laut Musik aufgedreht – ich will ja immer niemanden stören.

Mit einer sich leerenden Flasche Rotwein im Arm «Cripple and the Starfish» von Antony and the Johnsons gehört. Dabei ist

Berlin Mitte
wo ich sehr schön
so tun kann, als sei
ich unkonventionell und…

mir beinahe das Herz zerbrochen wie vor zwanzig Jahren bei «If I Laugh» von Cat Stevens.

Habe sogar Musik ausgehalten, die ich sonst kaum ertragen kann, weil ich davon nervös werde und sie mich daran erinnert, dass ich es mir allzu gerne viel zu gemütlich mache, ich das Risiko nicht liebe und am liebsten an Orte in den Urlaub fahre, die ich bereits kenne.

Berlin war mein Drahtseilakt, meine Sprungschanze. Dabei, das muss ich natürlich zugeben, war während meiner todesmutigen Hauptstadt-Abenteuer ein absolut sicheres Netz unter mir gespannt. Denn wann immer ich meine selbstgewählte Pseudoeinsamkeit nicht mehr aushalten konnte und mir der Himmel über Berlin auf den Kopf zu fallen drohte, rief ich zu Hause an, um mir Mut zusprechen zu lassen.

Ich habe wirklich einen eigenartigen Mann. Er vertraut mir und möchte, dass ich glücklich bin.

Ist das zu fassen? Wirklich, damit muss man als Frau erst mal zurechtkommen.

Ich habe Freundinnen, die verabreden sich abends nicht mal fürs Kino mit einem Mann, der nicht ihr eigener ist. Zwei Monate Auszeit in Berlin? Allein wohnen? Jeden Abend ausgehen?

Das war für viele so undenkbar, dass in Hamburg sehr schnell das Gerücht die Runde machte, wir hätten uns getrennt.

Schmeichelhafterweise erzählte man sich, ich sei mit einem Berliner Anwalt aus dem Hochadel zusammen und in dessen Penthouse eingezogen. Leider kenne ich niemanden aus dem Hochadel und habe Höhenangst. Kein Penthouse, kein Anwalt, aber eine großartige und inspirierende Zeit, mit gelegentlichen Besuchen vom eigenen Mann.

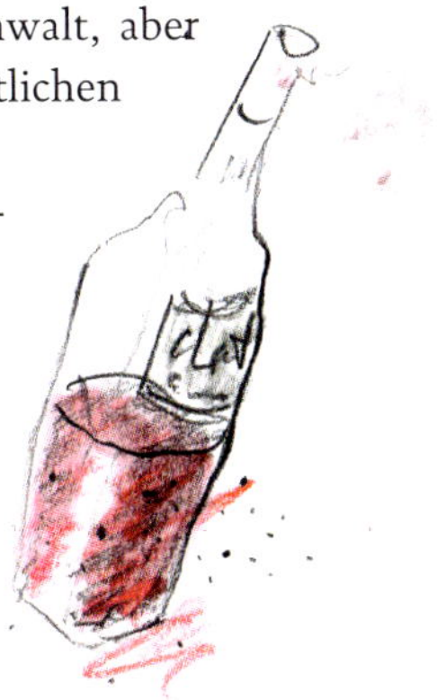

So viel Freiheit, da war man sich in den lästernden und stänkernden Kreisen sicher, halte keine Ehe aus. Ich war verblüfft und erfreut, was man mir alles zutraute. Ich bin nämlich leider überhaupt nicht freiheitsliebend. Ich sage auch niemals so schicke Sachen wie: «Ich brauche jetzt mal Raum für mich» oder «Ich bin einfach jemand, den man nicht an die Leine legen darf».

Trifft alles nicht auf mich zu. Freiheit macht mir Angst. Ich bin sehr gern zu zweit, und ich liebe kurze Wege, sodass ich es gar nicht merken würde, wenn ich an einer kurzen Leine läge.

Tatsache ist, dass ich meinem Mann den Pullover vollgeheult habe an dem Tag, als ich mit meinem vollgepackten Mini nach Berlin fahren wollte. (Nachdem ich meine Abreise aus fadenscheinigen Gründen schon mehrmals verschoben hatte.)

Und wie bei vielen mehr oder weniger großen Wagnissen in meinem Leben war nicht ich es, die beherzt ins kalte Wasser gesprungen ist. Es war mein Mann, der mich beherzt ins kalte Wasser geschubst hat.

Ein Wort von ihm, und ich hätte den Mini auf der Stelle wieder ausgepackt.

Der kluge Mann aber schwieg, und ich fuhr bangend in die Mitte Berlins.

Dorthin, wo nie Ruhe herrscht. Dorthin, wo das Licht nicht ausgeht. Dorthin, wo es keine Langeweile gibt oder keine geben darf, keine Routine, nichts, woran man sich gewöhnen könnte oder sollte oder wollte.

Irgendeine Straße ist immer gesperrt, weil ein Staatsgast zu Besuch kommt, von irgendwo ist immer ein bunter Scheinwerfer aufs Brandenburger Tor gerichtet. Meistens überholt dich ein Polizeiwagen im Einsatz oder eine Stretchlimousine mit verdunkelten Scheiben, in der wahrscheinlich doch wieder nur eine Exfrau von Lothar Matthäus sitzt.

«Berlin ist eine Behauptung», habe ich mal gelesen.

… und ich hätte den Mini auf der Stelle wieder ausgepackt.

Für mich ist Berlin die Behauptung, dass mein Leben auch anders sein könnte. Abenteuerlicher und anstrengender. Intensiver und greller und voller Erlebnisse, an die ich mich auf jeden Fall erinnern würde.

Ob ich das will? Manchmal schon. Aber nur mit Rückfahrkarte nach Hause.

Das ist feige? Ja. So bin ich.

Ist ja trotzdem was aus mir geworden.

Berlin hat mich immer mindestens so nervös gemacht wie emanzipierte Frauen, Globetrotter, Selbstverwirklichungsliteratur und Musik, die langsam anfängt und dann immer schneller und schneller wird. So wie der «Csárdás» von Kitty Hoff.

Hatte ich ewig nicht gehört. Aber in den Berliner Nächten konnte ich den Csárdás gut ertragen.

«Komm schon, komm schon, lass uns starten,
bevor das Leben verglüht.
Warum weinen oder warten, dass ein Wunder geschieht?
Heute Nacht muss alles weg:
Tränen, Trauer, Hoffnung, Dreck.
Komm schon, komm schon, lass uns starten,
bevor das Leben verglüht!»

Am Tag, als ich aus Berlin zurückkehrte, reichte ich meine Kündigung ein. Ich hatte Angst, dass mich die vertraute Verzagtheit allzu schnell wieder übermannen würde.

Aber bis heute, immerhin bereits drei Monate später, halte ich mein Gewicht und mein Versprechen, den Routinen in meinem Leben nicht das Regiment zu überlassen.

Vergangene Woche habe ich mir eine Jeans gekauft, die ich letztes Jahr allenfalls als Augenbinde hätte benutzen können. Ist das zu fassen? Ich bin eine selbständige Unternehmerin, die sehr viel in wenig Öl gedünstetes Gemüse isst und regelmäßig Sport treibt.

Ich erkenne mich selbst kaum wieder! Wobei ich sagen muss, dass ich mich eigentlich immer für einen sportlichen Menschen gehalten habe. Dreimal die Woche eine Stunde Ausdauertraining war auch bisher kein Problem für eine Athletin wie mich. Dass ich bei meinen Runden um die Hamburger Alster häufig von fettleibigen Dackeln und walkenden Seniorinnengruppen überholt wurde, hatte mich kaum gestört. Fettverbrennung funktioniert am wirksamsten im aeroben Bereich, ohne Anstrengung, ohne Schweiß, hatte ich mich getröstet. Dieses Konzept des Niedrigleistungs-Sports kam meinem trägen Gemüt und meinem auf Widerstandsvermeidung ausgelegten Charakter sehr entgegen.

Manches Mal hatte ich mich allerdings schon gewundert, warum sich mein Körper – abgesehen von einem soliden Ruhepuls und einer passablen Grundausdauer – von meinem Sportprogramm so unbeeindruckt zeigte.

Wo waren die Michelle-Obama-Oberarme, wo die brettharte Bauchmuskulatur, wo die gestählten Oberschenkel? Und warum klang ich, wenn ich meinen Wochenendeinkauf in den zweiten Stock tragen musste, wie eine Spätgebärende in den Presswehen?

Mein persönlicher Trainer Marco sagte mir dazu Sachen, die ich nicht unbedingt hören wollte: «Training bedeutet Anpassung, und das funktioniert nur, wenn man an seine Grenzen und darüber hinausgeht. Sonst ändert sich nichts. Aber die meisten wollen die Wahrheit gar nicht wissen und bleiben lieber gemütlich auf dem Crosstrainer und lesen dabei die Tageszeitung. Was soll da passieren? Das ist Zeitverschwendung. Wenn du dich verändern willst, musst du dich anstrengen. Sonst kannst du es gleich bleibenlassen.»

Übellaunig habe ich an die verplemperten Jahre gedacht, die ich gemütlich auf Stairmastern und Crosstrainern zugebracht hatte, und mir erst mal eine neue Sporthose in der angesagten Trendfarbe Violett gekauft.

Geht nicht an, dass ich neben meinem Trainer nicht nur körperlich, sondern auch modisch einen kläglichen Eindruck mache. Früher war es ja so, dass man sich zum Sport abschminkte, die Haare mit einem Einmachgummi oder was sonst gerade rumlag, zurückband und ein knielanges Schlaf-T-Shirt über Leggins stülpte, die man ansonsten weggeworfen hätte.

Diese Zeiten sind bedauerlicherweise lange vorbei. Eigentlich muss man immer und überall gut angezogen sein, sonst gerät man sofort in den Verdacht, man würde sich gehenlassen – und das ist ja absolut verboten.

Beim Stepp-Aerobic-Kurs trägst du modische Funktionskleidung im sorbetfarbenen Lagen-Look, kombiniert mit einem dezenten, wasser- und schweißfesten Make-up und einem Schirmmützchen mit angesagtem Schriftzug in ausländischer Sprache.

Heute Morgen war ich also chic in atmungsaktivem Lila – denn ich möchte nicht, dass Marco sich mehr als unbedingt nötig für mich schämen muss – zum Training in die Turnhalle geeilt und hatte versucht, beim Kickboxen Aggressionen ab- und beim Salsa-Workout ein positives Körperbewusstsein aufzubauen.

Dabei hatte mich jedoch dieses typische Ziehen im Unterleib gestört, was einen kurzen Einkauf in der Abteilung «monatliche Damenhygieneartikel» des Drogeriemarkts nach sich zog.

Warum ich dort auch einen Schwangerschaftstest kaufte?

Ich würde allzu gerne von einer Art schicksalhafter Eingebung sprechen. Aber mir war bloß eingefallen, dass ich zwei Tage überfällig war, was für einen pünktlichen deutschen Eierstock wie den meinen eine halbe Ewigkeit ist.

Man kann es im Nachhinein mühsam romantisieren, transzendental überhöhen, aber es bleibt eine Tatsache, dass den meisten Frauen aus sogenannten zivilisierten Ländern ihre Schwangerschaft auf dem Klo bewusst wird.

Schwestern, lasst es uns sagen, wie es ist: Du pinkelst in entwürdigender Haltung auf ein Teststäbchen, und meist geht auch was daneben. Dann wartest du drei Minuten, und egal, wie gründlich du dir die Gebrauchsanweisung durchgelesen hast, das Ergebnis wirst du zunächst nicht verstehen und ergo die Anleitung zum wiederholten Male durcharbeiten müssen.

Ich weiß das so genau, weil ich heute Vormittag fünf verschiedene Schwangerschaftstests gemacht habe.

Der erste hatte zwei schwache rosafarbene Linien gezeigt. Wie war das noch mal? Eine Linie nicht schwanger? Zwei Linien schwanger? Oder genau andersrum?

Ich fischte die Gebrauchsanweisung aus dem Mülleimer und schaute in dem entsprechenden Kapitel noch mal nach.

Zwei Linien. Schwanger.

Ich hatte den Test bestanden. Jedoch, ich hielt das für unwahrscheinlich. Wahrscheinlicher war, dass ich etwas falsch gemacht hatte oder es sich um ein fehlerhaftes Fabrikat handelte. Womöglich war sogar die ganze Baureihe kontaminiert?

Ich beschloss, in der Apotheke meines Vertrauens vier weitere Tests jeweils unterschiedlicher Hersteller zu kaufen, bloß um ganz sicherzugehen. «Ist für eine zwangneurotische Freundin», murmelte ich an der Kasse, nicht, ohne rot zu werden.

Wenig später war ich mit fünf positiven Ergebnissen verschiedenster Form konfrontiert, darunter besagte rosa Linien, ein Smiley und eine Zahlenfolge, die nur Eingeweihten etwas sagen dürfte: «2–3». Der Mercedes unter den Testmodellen hatte mir bereits ausgerechnet, wie lange die Empfängnis in etwa zurücklag, nämlich zwei bis drei Wochen.

Das konnte ich mir jedoch leicht selber und auch sehr viel genauer ausrechnen. Denn der Ehrlichkeit halber möchte ich hier festhalten, dass ich weder den Erzeuger des Kindes noch den Zeugungstermin mühsam recherchieren musste. Ein in Frage kommender Vater. Ein in Frage kommendes Datum, sogar mit genauer Uhrzeit.

Herrje, muss ich mich da wirklich rechtfertigen? Ich bin seit zehn Jahren verheiratet und habe es in diesem Jahr wieder nicht geschafft, meinen Mann zu betrügen. Bin irgendwie nicht dazu gekommen. Ich hatte genug andere Baustellen.

In einem Magazin habe ich gelesen, dass das vergangene Jahr das Jahr der prominenten Seitensprünge war. Erneut ein Trend, den ich verpasst habe – ähnlich wie Crocs, Clogs und Jodhpurhosen.

Auch in meinem Freundeskreis war die Hölle los: Affären flogen auf. Heimliche Liebschaften wurden begonnen. Dunkle, erregende Geheimnisse wurden nach drei Flaschen Wein im Freundinnenkreis ausgetauscht. «Treueschwüre und Gewissensbisse sind was für junge Leute», lautet die Ansicht meiner Freundin Uta. «Ich finde, wer sich in unserem Alter noch über Untreue aufregt, macht sich lächerlich.»

Uta, die beinahe fünfzig und schon sehr lange verheiratet ist, hat jetzt einen Liebhaber und zwei Konfektionsgrößen weniger und fragte mich erst neulich mit glänzenden Äuglein, ob ich beim Sex schon mal auf Latexlaken eingeölt worden sei. Darauf habe ich still geschwiegen, mich aber klammheimlich gefragt, ob man Latex eigentlich in der Maschine waschen kann.

Selbst beim Kurzurlaub im Robinson-Club Çamyuva mit drei bedürftigen Freundinnen war ich wohl der einzige Gast seit Bestehen der Clubanlage, der unberührt wieder nach Hause reiste.

In Çamyuva gibt es angeblich eine Fachkraft, die nur dazu da ist, morgens früh die Kondome vom Strand einzusammeln. Eine Schwäbin, die ich am ersten Abend kennenlernte, kurz bevor sie mit einem Typen Richtung Strand verschwand, hatte mir gesagt: «Wenn du hier keinen abschleppst, dann schaffst du's nirgendwo. Hier geht alles. Ich hab's auf sechs Kerle in fünf Tagen gebracht.

Und noch ein guter Rat umsonst: Keinen Sex auf den Liegen, die auf der Sonnenwiese stehen. Da wirst du nass, wenn nachts die Rasensprenger angehen.»

Bis zum Tag meiner Abreise war ich nur ein einziges Mal überhaupt angesprochen worden. Heiner war mir harmlos erschienen und irgendwie rührend: sicher weit über sechzig, weißhaarig, gemütlich beleibt und mit dem gütigen Gesicht der Opas, die im Fernsehen für Treppenlifte und Kreuzfahrten werben.

Er wirkte etwas verloren zwischen all den paarungswilligen jungen Leuten. «Zu dem kannst du nett sein», sagte ich mir. «Der ist lieb und lebt nicht mehr lange.»

Ich hatte das gute Gefühl, ein gutes Werk zu tun, als wir uns abends an der Bar verabredeten. Heiner begann sogleich von seiner künstlichen Hüfte und seiner Tochter zu berichten – beide ungefähr in meinem Alter.

Als er mich zum Tanzen aufforderte, verfluchte ich innerlich die Fortschritte der modernen Medizin, die es Menschen mit künstlichen Hüften möglich macht, auf «In da Club» von 50 Cent zu tanzen. Standardtanz natürlich, zwei links, zwei rechts und alle zwanzig Sekunden eine Drehung.

Und dann fing Heiner an zu fummeln.

Ich dachte, mich trifft der Schlag. Ein Lustgreis!

Warum muss sich der wahrscheinlich älteste jemals registrierte Gast der Clubgeschichte ausgerechnet an mir vergreifen? Während ich mich verzweifelt fragte, ob ich das hier meinen Freundinnen überhaupt erzählen könnte und was das eigentlich über mich und meine Ausstrahlung aussagte, schob ich Heiners Hände auf meine Hüften zurück. Was er seltsamerweise als aufmunternde Geste wertete.

«Auf alten Schiffen lernt man gut segeln», raunte er mir an seinen dritten Zähnen vorbei ins Ohr. «Gestern bin ich zwar nass geworden, aber keine Bange, das passiert mir nicht noch mal.»

«Bitte?»

«Die Liegen auf der Sonnenwiese sollte man nachts meiden wegen der …»

«… Rasensprenger. Ich weiß. Verzeih bitte, Heiner, aber ich kann bereits segeln.»

Ich ließ den gierigen Greis stehen, und mir fiel eine andere Greisin ein, Margarete Mitscherlich, die gesagt hat: «Nur eine kleine Minderheit wünscht sich im Alter, ein tugendhafteres Leben geführt zu haben. Ich wünschte, ich hätte mehr gesündigt.»

Das mag sein. Aber so alt kann ich gar nicht werden, als dass ich es bereuen würde, nicht mit Heiner gesündigt zu haben.

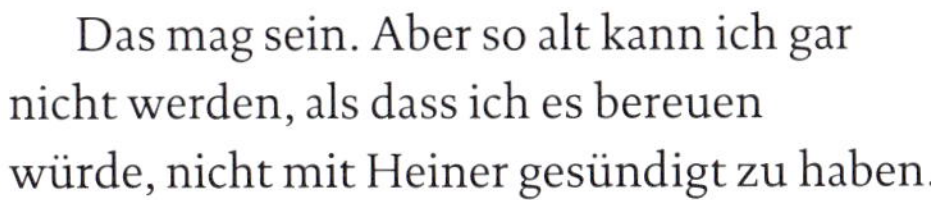

Meine Sünden begehe ich nahezu ausschließlich im nahrungstechnischen Bereich – der Vater meines Leibesfrüchtchens steht also fest.

Seit zwei Stunden gehöre ich zur Gattung «werdende Mutter». Vor mir liegen die Schwangerschaftstests. Der Smiley verblasst schon langsam. In ein paar Tagen, so stand es in den Gebrauchsanweisungen, wird nichts mehr zu sehen sein von meinen Ergebnissen. Nicht schlimm. Denn eben erwischte ich meinen Mann, wie er die Teststäbchen in vorteilhaftem Licht fotografierte.

«Ist schließlich das erste Bild meines Kindes», sagte er verlegen – hatten wir uns doch fest vorgenommen, auf die Nachwuchs-Nachricht mit zurückhaltender Freude und abwartender Sachlichkeit zu reagieren.

«Ich bin höchstwahrscheinlich schwanger», hatte ich dem dazugehörigen Mann möglichst emotionslos verkündet. «Aber ich bin auch alt, und ich habe letzten Samstag drei Mojito getrunken, und ich habe im Internet gelesen, dass dreißig Prozent aller Schwangerschaften von Frauen um die vierzig mit einer Fehlgeburt innerhalb der ersten zwölf Wochen enden. Wir sollten es also noch niemandem erzählen und uns nicht zu früh freuen.»

Er war blass geworden und hatte benommen genickt. Unsere Fähigkeit zur Hoffnung hat sich, diesbezüglich, in den letzten fünf Jahren ziemlich abgenutzt.

Mein Mann hatte auf den grinsenden Schwangerschaftstest geschaut. Und zurückgegrinst. Und das war's dann bei mir gewesen mit Zurückhaltung und abwartender Sachlichkeit.

Ich hatte angefangen zu heulen, wie eine Irre rumzuhüpfen und zu schreien: «Wir bekommen ein Kiiiiiind! Ich bin schwaaaanger!» Und schließlich schluchzte ich: «Ach und übrigens: Herzlichen Glückwunsch!»

Denn heute hat der Vater meines ungeborenen Zellhaufens Geburtstag.

Und heute beginnen drei neue Leben.

Und darauf trinke ich jetzt mein letztes Glas Champagner für lange Zeit.

Prost, Mama Kürthy!

«Ich bin mein eigenes Kind,
wozu brauche ich noch mehr?»
TOMI UNGERER

27. August

Schwangerschaftswoche: 5 + 0 Tage
Gewicht: Keine Waage in unserem Hotelzimmer. Leider auch kein Ultraschallgerät.
Zustand: 28 Grad, makelloser Himmel über Ibiza. Ich liege oben ohne am Strand. Danke, ihr Schwangerschaftshormone. Topless! Ich! Dass ich das noch erleben darf!

Ich genieße den Urlaub, so gut ich kann. Aber so ein Sonnenuntergang verliert ohne Alkohol ja doch einen Gutteil seiner romantischen Ausstrahlung.

Die Woche Ibiza war schon lange gebucht. Da hatten wir noch gedacht, wir müssten unbedingt mal die Szene dort kennenlernen und halbnackt auf Schaumpartys tanzen. Nun ja, nicht ganz, wir hatten uns lediglich tollkühn vorgenommen, halbnackten Menschen zuzuschauen, wie sie auf Schaumpartys tanzen.

Aber statt mich voll losgelöst dem Hippie-Lifestyle hinzugeben, belauere ich argwöhnisch meinen Bauch. Was geht dadrin wohl vor? Bist du noch da? Teilst du dich eifrig, so wie es sich gehört? Oder hast du mich längst wieder verlassen?

Ich versuche, mich abzulenken. Sehr schwierig. Mein Mann und ich schlendern durch die Innenstadt, und während ich mir gerade vorstelle, wie es sein wird, eine Familie zu sein, sehe ich vor uns einen wunderschönen, zwei Meter großen Transvestiten, der sich auf absurd hohen, in sich verschlungenen Absätzen bewegt wie eine Raubkatze, kurz bevor sie zum Sprung ansetzt. Da kommt man sich auf einmal doch sehr gewöhnlich vor.

Ich betrachte verschüchtert und fasziniert ein Mädchen, das

auf dem Marktplatz Flamenco tanzt. Lange dunkle Haare, perfekt geformter Körper, sündige Bewegungen und ein Kleid, das nur aus Fransen besteht. Als sie sich umdreht, sehe ich, dass das Mädchen eine Frau in meinem Alter ist.

Das macht mir nun doch zu schaffen. Eigentlich wäre ich nämlich auch ganz gerne eine rassige Spanierin, die nachmittags auf einem Marktplatz im Fransenkleid Flamenco tanzt.

Aber ich bin kein wildes Mädchen. Nie gewesen. Immer ein bisschen zu ängstlich, ein bisschen zu brav und immer viel zu freundlich zu Leuten, die es überhaupt nicht verdient haben.

Außerdem kann ich nicht flirten. Mein Vater war blind, und ich habe nie gelernt, mit etwas anderem als mit Sprache auf mich aufmerksam zu machen. Kokette Blicke, Schmollmündchen, Haare in den Nacken werfen, Hüftschwung und liebreizendes Lächeln waren keine Werkzeuge, die bei uns zu Hause funktionierten.

Die Regeln beim Flirten habe ich nie begriffen, und alle Männer, denen ich tiefe Blicke zugeworfen habe, habe ich grundsätzlich auch geheiratet.

Ich gehöre zu den weiblichen deutschen Schlachtschiffen, die gerne mal auf eine freundliche Bemerkung über gutsitzende Haare, Brüste oder Jeans Dinge antworten wie: «Ach, ist nur von H&M» oder «Das muss am schmeichelhaften Licht liegen».

Warum komme ich mir mit einem tiefen Ausschnitt vor, als würde ich unlautere Mittel verwenden? Warum gucke ich weg, wenn mal einer guckt? Und warum trage ich hohe Schuhe nur zu besonderen Anlässen? So werden sich meine Füße niemals an die Qualen gewöhnen können, und ich werde nie die Diva in mir wecken. Denn die schläft tief.

Eigentlich wäre ich schon ganz gern eine Frau, die kein bequemes Schuhwerk trägt, unbequeme Wahrheiten ausspricht und nie Speisereste zwischen den Zähnen hat. Die selbstbewusst ist und souverän, wild und mutig, stilsicher und zielsicher. Eine heißblütige Göttin.

Manchmal arbeite ich daran, die göttlich-weiblichen Anteile in mir auf Vordermann zu bringen. Dann schlüpfe ich statt in die Ballerinas – eine Schuhform, in der nur ein einziger Typ Frau gut aussieht, nämlich die Ballerina – in hochhackige Stiefeletten, lege dunkelroten Lippenstift auf statt «Labello babyrosa» und gucke enorm selbstwertig, während ich im Drogeriemarkt Klopapier kaufe.

Aber die Göttin wirkt an mir wie ein Kostüm, zwei Nummern zu groß. In entscheidenden Momenten ist meine innere Diva meist außer Haus. Rund um die Uhr dienstbereit sind hingegen die blöde Zicke, das dumme Schaf und das verängstigte Kaninchen.

Neulich hat sich mal eine gute Gelegenheit ergeben, mein Image aufzupolieren und mich auf dem Markt als rattenscharfer Vamp zu positionieren. Trotz großen inneren Zauderns hatte ich also zugesagt, bei einer Laienmodenschau für einen guten Zweck mitzulaufen.

Das Erste, was ich dort sehr bald feststellte, war: Frauen, die im Fernsehen schlank aussehen wollen, müssen im wahren Leben dünn sein. Man kann sich also leicht vorstellen, was für eine Figur ich zwischen den Personen aus dem öffentlichen TV-Leben machte.

Der Stolz auf meine hart er- und umkämpfte Konfektionsgröße achtunddreißig versiegte wie ein Rinnsal an einem besonders heißen Nachmittag in der Wüste Gobi, als ich dummerweise bei der Anprobe zwischen Mareike Carrière, Monica Ivancan und Yasmina Filali zu Stehen kam.

Ich fühlte mich wie der Koloss von Rhodos inmitten einer Schar besonders zartgliedriger Elfen.

Während die Kleider der Elfen am Rücken allesamt mit Sicherheitsnadeln enger gemacht werden mussten, um nicht von ihren schmalen Schülterchen zu rutschen, musste man bei mir lange im Fundus wühlen, bis man einige wenige Kleidungsstücke gefunden hatte, die hinten überhaupt zugingen.

Während sich der Top-Haarstylist Heiko Bott rührend um die

Frisuren der Prominenz bemühte, durfte sich an mir ein talentfreier Geselle ausprobieren, der mich tatsächlich so verunstaltete, dass ich mich weigerte, den Laufsteg zu betreten.

Ich bin selbst keine Virtuosin mit dem Glätteisen – aber dieser Lehrling hatte meine Haare zu einer unbeweglichen, brettharten Haar-Masse gegrillt. Außerdem war ich, anders als alle anderen um mich herum, noch nicht geschminkt worden.

Rote Panikflecken auf teigig-blasser Haut unter haarsträubenden Haaren.

Ich sagte: «Entweder eine gutschließende Burka oder eine andere Frisur.» Ich kämpfte mit den Tränen, und meine rot umrandeten Augen ertranken in einer unschönen, weinerlichen Wässrigkeit.

Der herbeigerufene Meister Bott verbarg seine Gefühle mir gegenüber nicht. «Die ist dick, und die ist niemand – dafür aber schwierig», dünstete es aus jeder seiner parfümierten Poren.

Ich versuchte meine natürliche Würde zurückzuerlangen, als ich hinter der Bühne auf meinen ersten Auftritt wartete. Vergebens. Man hatte mich in eine moderne Abendrobe in Weiß – das macht ja auch nicht schlank – gesteckt, in der ich aussah wie ein explodiertes Baiser.

Die Designerin dieses weißen Albtraumes war selbst anwesend und schien auch sehr unglücklich darüber, dass ihr Kleid ausgerechnet an mir gelandet war und nicht an Sylvie van der Vaart – die ich zunächst für eine illegal beschäftigte Minderjährige hielt und die dann, beim Finale, bedauerlicherweise ausgerechnet neben mir hertrippelte wie ein Kolibri neben einer Elefantendame.

Aber ach, ist das Leben nicht schön, wenn man alles, was einem widerfährt, auch das Unschöne und das Peinliche, verwerten und wiederverwerten kann?

Das ist das Großartige daran, Schriftstellerin zu sein: Alles geschieht mir für einen guten Zweck. Jede Demütigung, auf die mir die passende Antwort erst Wochen später oder gar nicht einfällt, inspiriert mich. Jede doofe Pissnelke, die mir den Parkplatz, den

Mann oder die letzte Matte im Yogalates-Kurs wegschnappen will, tut mir einen Gefallen.

Jede Verkäuferin, die mich schlecht behandelt, jeder Freund, der mich enttäuscht, jeder Mann, der in der Sauna über mich hinwegsieht wie über ein liegengelassenes Handtuch in Dunkelbraun – ihr alle macht mich reicher, erfahrener und menschlicher.

Eine besonders dämliche Arschkrampe sagte mir kurz vor der Veröffentlichung ihres ersten und bisher auch einzigen Romans: «Mein Buch wird es natürlich schwerer haben als deine Bücher, weil ich für eine sehr ausgewählte Zielgruppe schreibe. Ich kann mich nicht mit der Menge gemeinmachen. Ich habe halt auch keinen Hintern wie ein Hubschrauberlandeplatz.»

Darauf fiel mir selbstverständlich nichts ein. Aber wenn ich die Kackbratze heute sehe, wie sie ihren verknöcherten Arsch hinter sich und ihre dümmliche Arroganz vor sich herträgt, freue ich mich jedes Mal. Über mich. Über meinen Hintern, der gewichtig ist, und über mein Ego, das brüchig ist. Über mein Selbstwertgefühl, das schwankt wie der Dax an einem besonders turbulenten Börsentag, und darüber, dass ich weiß, wie es ist, wenn man sich blöd vorkommt oder dick, wenn man sich wie ein Teenager fühlt, während man auf einen Anruf wartet, oder wie eine Greisin, weil man sich auf der Moritz-von-Uslar-Lesung zwischen die dreißigjährigen «Mädchen» und ihre Volvic-Flaschen auf den Boden hockt, wovon einem noch Wochen später die Sitzbeinhöcker wehtun.

Ich bin wie die meisten. Normal.

Ich kann nur eine Sache besonders gut: darüber schreiben, wie es ist, normal zu sein.

Manchmal, eigentlich sogar ziemlich oft, kann ich es selbst nicht fassen: Aus mir ist eine Bestsellerautorin geworden! Und das ist ja nun nicht gerade ein Lehrberuf, in den man langsam hineinwächst. Als ich mein erstes Interview gab, hätte ich am liebsten Windeln getragen, so nervös war ich.

Mensch, auf einmal bin ich ein Mensch, der Autogramme gibt! Auf einmal bin ich ein Mensch, der Fanpost bekommt! Und auf einmal bin ich ein Mensch, der seine eigene Filmpremiere besucht!

Ich erinnere mich gut, wie ich meiner Meinung nach göttinnengleich am Arm des Regisseurs Ralf Huettner, der aus «Mondscheintarif» einen super Kinofilm gemacht hat, über den roten Teppich schwebte. Reporter, Fotografen, Blitzlichter. Ich strahlte, was das Zeug hielt, und wollte mir gerade wie Nicole Kidman vorkommen, als ein Fotograf mir zurief: «Bitte schauen Sie hierher, Frau Huettner!»

Für Fotos schämt man sich übrigens immer. Entweder du bist derart ungünstig getroffen – rote Augen, Pfannkuchengesicht und, nun ja, eben ein Hintern wie ein Hubschrauberlandeplatz –, dass du dich am liebsten auf der Stelle vor Entsetzen entleiben möchtest.

Oder aber du bist nach mehreren Stunden Styling so schön, dass du dich fragst, wie du mit deinem ursprünglichen Aussehen weiterleben sollst.

Erst letzte Woche rief mich eine Schülerin an, um mich für eine Hausaufgabe zu interviewen. Es gelang ihr noch, mir mitzuteilen, dass ihr Deutschlehrer von der Idee nicht begeistert gewesen war und vorgeschlagen hatte, sie solle sich doch lieber mit der Lyrikerin Ulla Hahn auseinandersetzen. Dann versagte dem Mädchen vor Nervosität die Stimme.

Hallo, dachte ich gerührt, kein Grund zur Aufregung. Ich bin's doch nur, die olle Kürthy! War heute wieder nicht beim Sport. Bin neulich mit einem hohen Absatz vor allen Leuten im Gullydeckel stecken geblieben. Mein Mann versteckt zu Hause die Süßigkeiten vor mir. Ich bekomme kein Kind, obschon ich mir eines wünsche, und ein zweites Kinn, obschon ich mir keines wünsche. Und auch meinem Bindegewebe ist es im Übrigen völlig egal, wie viele Bücher ich verkauft habe.

Normal eben.

Berühmt ist man ja nur für andere, und auch ich selbst kenne mich leider zu gut, um länger als ein paar Sekunden von mir beeindruckt zu sein.

Bis jetzt.

Denn jetzt bin ich drauf und dran, ein anderer Mensch zu werden. Einer, den ich bisher noch nicht kannte: eine Mutter.

Mein größter Wunsch ist in Erfüllung gegangen. Ausgerechnet jetzt, wo ich endlich eine gute Figur, eine Zweitwohnung in Berlin und mir das Wünschen abgewöhnt habe.

Ein Zufall? Höchstwahrscheinlich nicht.

Ich bin schwanger.

Es wird jemanden geben, den ich sein Leben lang begleite. Ich werde nie wieder ohne Angst sein, denn ich werde etwas Ungeheuerliches zu verlieren haben.

Ich werde nie wieder frei sein. Ich werde einen wunden Punkt haben, lebenslang, eine Stelle, an der man mich mit wenig Aufwand zu Tode verletzen kann. Und was erwartet mich für ein Glück? Was für eine Liebe? Eine bedingungslose?

Wirklich?

Werde ich meinen Sohn auch lieben können, wenn er hundertdreißig Kilo wiegt und Fahrlehrer werden will, oder meine Tochter, wenn sie mit achtzehn beschließt, sich ein Arschgeweih tätowieren zu lassen und Weihnachten bei den Eltern ihres Idioten-Freundes zu feiern?

Da geht mir ja jetzt schon das Messer in der Hose auf.

Ich versuche mich zu beruhigen. Erst mal die nächsten kritischen Wochen hinter mich bringen. Dann ist noch genug Zeit, sich über Drogen, Schweinefleisch, Sexualpartner und andere unerwünschte Störenfriede im Leben meines Kindes zu informieren.

Das andere Leben, das jetzt plötzlich vor mir liegt, ist reine Theorie. Genauso wie der Vielzeller in den Tiefen meiner Gebärmutter.

Ich horche angestrengt in mich hinein.

Empfange ich Signale aus fremden Welten?

Spüre ich, dass ich zwei bin?

Nein.

Vielleicht bin ich zu unsensibel?

Erst neulich habe ich meinen / unseren zehnten Hochzeitstag vergessen. Und dass mein Mann eine neue Uhr hat, habe ich auch erst gemerkt, als er von einem gemeinsamen Bekannten darauf angesprochen wurde.

Und jetzt fühle ich nichts in meinem Bauch. Außer Appetit. Der Normalzustand für mich, da brauch ich nicht sensibel für zu sein.

Was soll mein Kind von mir denken? Kaum gezeugt und schon vernachlässigt. Ob ich eine schlechte Mutter werde? Egoistisch und lieblos? Oder eine hyperventilierende Megamama? Eine Stillfanatikerin? Eine militante Rohkostschnipplerin? Eine Rabenmutter, die ihr Baby im Autositz vergisst?

Werde ich alles falsch machen? Oder nur fast alles?

30. August, auf dem Rückflug von Ibiza nach Hamburg

Zustand: Höhenangst! Ich kralle mich am Sitz fest und nehme meinem Mann das Versprechen ab, dass er mit unserem Kind all diese schrecklichen Dinge tun wird wie Riesenrad fahren, die Achterbahn besteigen oder den Fernsehturm besichtigen. Ich werde lediglich vom Erdboden aus zusehen und Zuckerwatte oder Paradiesäpfel essen.

In der Reihe vor uns sitzt eine Familie mit zwei kleinen Kindern. Ich bemühe mich, das ständige Gezanke und Geschrei nicht als störend zu empfinden. Die Schwangerschaftshormone scheinen jedoch nur für große Brüste und nicht für großen Langmut anderer Leute Kindern gegenüber zuständig zu sein.

Ich war nie besonders kinderlieb. Es kommt eben aufs Kind an. Wie bei allen anderen Lebewesen ja auch. Ich mag keine kleinen Hunde, keine jovialen Männer, keine piepstimmigen Frauchen und keine Kinder, die sich in der Reihe vor mir mit Cola bespucken. Und ganz besonders schwer tue ich mich, ehrlich gesagt, mit Eltern.

Ich wohne sowohl in Hamburg als auch in Berlin in Stadtteilen, in denen einem die Lust aufs Kinderkriegen leicht vergeht, sobald man sich die dort prototypischen Mütter und Väter näher anschaut.

Im Prenzlauer Berg sind die Eltern so lässig, dass es einen graust. Ich habe den Verdacht, dass die Eltern dort ihren kleinen Mädchen absichtlich Dreck ins Gesicht und auf die Latzhose schmieren, damit sie aussehen wie coole Gören.

Babys gehören dort zur Gattung der Traglinge, stecken in bunt bedruckten Tüchern und tragen Mützchen, die schon aus zehn Metern Entfernung so aussehen, als würden sie kratzen und nach feuchtem Schaf stinken.

Das neugeborene Berlin-Baby wird gerne überallhin mitgenommen, auf Lesungen, Demos und Partys, wo es in seinem Beutel an Leuten baumelt, denen du schon an ihrem Tanzstil ansiehst, dass sie gegen Atomkraft sind, aber nichts gegen Ausländer haben.

Alle irre tolerant. Aber wehe, du erzählst, dass eine Freundin von dir ihrem Kind Gläschenkost gibt. Dann sind die drauf und dran, das Jugendamt zu informieren.

Das Neugeborene aus dem noblen Hamburg-Harvestehude hingegen wird gerne im panzerartigen «Audi Q7» von Frauen herumgefahren, die irgendwo einen Eid abgelegt haben, nur in zweiter Reihe zu parken und dadurch Straßen zu blockieren.

Komplett in Prada oder Burberry gekleidete Kinder werden aus diesen Autos gehoben von Müttern, die alle gleich aussehen – von hinten wie fünfzehn und von vorne genauso alt und diätzerfressen, wie sie sind.

Werde ich eine dieser Mütter sein? Ehrgeizig, verblendet, unlocker und unsympathisch? Werden meine dann dünnen Knöchel-Beinchen in Ugg-Boots stecken, werde ich heimlich auf dem Spielplatz versuchen, einer anderen Familie die Nanny abzuwerben, werde ich dem Kindergarten ein neues Klettergerüst spenden, damit mein Kind auf der Warteliste vorrückt, und werde ich irgendwann auch vergessen, dass nur Kackbratzen in der zweiten Reihe parken?

Ich habe da einige sehr unschöne und völlig unerwartete Mutterschafts-Mutationen im Bekanntenkreis miterleben müssen.

Aus witzigen, aufmerksamen, lässigen Frauen waren nach der Niederkunft verspannte Glucken geworden, die ihrem Kind einen unmöglichen Vornamen gaben und ständig Still-, Kack- und Baby-Anekdoten erzählten – von denen nahezu einhundert Prozent nicht mal ansatzweise lustig waren.

«Du, der Franz-Leander sagt immer Briefei statt Grießbrei, und statt Fahrrad sagt er A A!»

Aha. Ja und? Was wird da erwartet? Dass ich schallend lachend zusammenbreche oder mir den Mords-Witz aufschreibe, damit ich ihn auf keinen Fall vergesse?

Viele Mütter, die ich erlebe, sind ständig übermüdet und gestresst. Einige regelrecht verblödet, weil ihnen der Schlaf fehlt und ein Gegenüber, mit dem man in ganzen, vernünftigen Sätzen sprechen kann.

Mütter halten sich zwar für ganz normale Menschen, aber das sind sie nicht. Mütter werden zu befremdlichen Wesen, die nichts dabei finden, beim Kuchenessen über klumpig-blutige Nachgeburten, Babys Durchfall, Babys Nasenschleim und Babys Koliken zu sprechen. Sie vergleichen ihre Kaiserschnittnarben, tauschen Tipps aus, mit welchem Schleim man wunde Brustwarzen behandelt und wie oft man die Dammschnittnarbe mit welchem Öl einmassieren sollte.

Es ist auch immer wieder erstaunlich, festzustellen, wie ein eben noch kritischer, ironischer, weltoffener Mensch auf einen

Schlag jegliche Objektivität verliert, sobald man ihn mit einem selbstgezeugten Baby konfrontiert.

Wie anders ist es zu erklären, dass die Mehrzahl der Eltern mit ihren Kindern recht zufrieden zu sein scheint?

Mütter sind schlichtweg nicht in der Lage, Optik und Verhalten ihrer Kinder der Realität entsprechend wahrzunehmen. Hals- und profillose Mondgesichter werden als «Charakterköpfe» bezeichnet, unförmige fleischige Kartoffelgummeln als «Charakternasen». Unausgeglichene Schreihälse mit erhöhtem Aggressionspotenzial werden als «besonders aufgeweckt» beschrieben, während verschüchterte Angsthasen mit Hang zu Koliken und Brechdurchfall gerne als «besonders sensibel» und «intelligent» hochgejubelt werden.

Man kann mit Müttern nicht wie mit normalen Menschen reden und umgehen. Sie haben völlig vergessen, wie schauerlich es für einen normal empfindenden Menschen ist, in einem Café zu sitzen, das angesteuert wird von vier Müttern, vier Kinderwagen, vier überdimensionalen Wickeltaschen und vier Babys – drei davon schreiend. Sie haben vergessen, dass der Geruch einer gutgefüllten Windel nur für Verwandte ersten Grades des Geruchsverursachers erträglich ist und dass eine Mutter befremdlich wirkt, wenn sie sich im überfüllten Bus plötzlich über ihr Kind beugt und verzückt schreit: «Haddi Mami das kleine Pullemätzchen so liiiiiep!»

Neulich hatte ich bei einem sehr offiziellen Abendessen das Pech, an einem Tisch mit drei frischgebackenen Elternpaaren zu sitzen. Zunächst unterhielten sie sich darüber, wo Baby schon überall hingekotzt hatte – «Leopold liebt Papas Smokinghemd!» – und wie man Baby am besten zum Schlafen bringt: «Meiner braucht im Schnitt drei ‹La le lus› und zweieinhalb ‹Weißt du, wie viel Sternlein stehen?›.»

Schließlich fragte jemand: «Wie nennt ihr denn eigentlich das große Geschäft eurer Kinder?»

Das große Geschäft? Ich dachte, ich höre nicht richtig. Würde ich jetzt, so kurz vor der Hauptspeise, einem Gespräch über Kinderscheiße lauschen müssen?

Die Tischgesellschaft stieg mit Elan auf die Thematik ein.

«Puhpuhpuh», rief Olaf Hildebrandt, renommierter Steueranwalt.

«Stinkistink», konterte Walter Berg, Unternehmenssprecher eines Energiekonzerns. «Oder Pupsipup. Je nach Geruch und Konsistenz.»

«Fuffi», zwitscherte Karen Kemmer, die einen Doktor in Biophysik hat.

«Fuffi?», fragte daraufhin Herr Berg erstaunt. «So heißt unser Au-pair.»

Nein, was hat die Runde da gelacht.

Bis jemand fragte: «Warum sagen Sie denn nicht einfach Kacke?»

Das war ich.

«Die schönsten Zeiten in meinem Leben waren immer die, in denen ich schwanger war. Da brauchte ich keinem etwas vorzuspielen, musste nicht schöner sein, als ich bin.»

JANE BIRKIN

9. September

Schwangerschaftswoche: 6 + 6 Tage
Gewicht: Tendenz: steigend.
Zustand: Ich ringe mit mir, meinen Gynäkologen zu bitten, in unser Gästezimmer einzuziehen. Nur zur Sicherheit und bloß für die nächsten acht Monate.

Vor einer Stunde habe ich eine kurze Sammel-SMS an drei Freundinnen, meinen besten Freund und meine Schwiegermutter geschickt. Ganz entgegen meinem festen Vorsatz, die Schwangerschaft zunächst für mich zu behalten, schrieb ich:

«DAS HERZCHEN SCHLÄGT!!!»

Nach dem Besuch bei meinem Frauenarzt – ich gehe jetzt davon aus, dass er in den nächsten Monaten eine zentrale Rolle in meinem Leben spielen wird – saß ich zunächst zehn Minuten benommen im parkenden Auto.

Es lebt.

Ich bin nicht gerade eine Spitzenkraft, wenn es darum geht, auf Ultraschallbildern etwas zu erkennen. Ob Milz oder Gallenblase, Bauchspeicheldrüse oder Nierchen – für mich sieht alles aus wie verkochtes Gulasch. Aber ein pulsierendes Herz bleibt selbst mir nicht lange verborgen.

«Sie sind jetzt in der siebten Schwangerschaftswoche. Und es ist alles ganz genau so, wie es sein sollte», sagte der Doktor, als er begann, das Gel von meinem Bauch abzuwischen. Ich bat ihn, zur Sicherheit noch mal kurz nachzuschauen.

Und Tatsache: Das Herz schlug immer noch.

Aber was, wenn es wieder aufhören würde?

Ich bin eine Spätgebärende! Eine Risikoschwangere! Dreißig Prozent Fehlgeburten in den ersten zwölf Wochen! Ich kann mir ja keine einzige Zahl merken, aber diese hatte sich leider unauslöschlich in mein Langzeitgedächtnis gebrannt.

Kann ich nicht irgendetwas tun, um das kleine Herzchen beim Weiterschlagen zu unterstützen? Homöopathie? Magie? Eine Spende für die Kirche? Für welche? Hochdosiertes Magnesium? Reflexzonenmassage? Shiatsu, Tai-Chi, Bamigoreng, autogenes Training oder ein hochwirksames prophylaktisches Antibiotikum gegen Herzstillstand bei Embryonen?

«Positives Denken und ein Präparat mit Folsäure, das reicht», sagte der Doktor ungerührt.

Das reicht? Soll das ein Scherz sein?

Der Arzt reichte mir die Hand. «Wir sehen uns in vier Wochen wieder. Wenn Sie unsicher sind oder Beschwerden haben, melden Sie sich vorher.»

«Könnte ich eventuell morgen Vormittag einen Termin bekommen?», fragte ich.

Der Mann hielt das für einen Witz.

Am liebsten würde ich mich mit meinem Fahrradschloss für die nächsten acht Monate an seinem Unterschenkel festketten.

Mit einem Mal entwickelte ich Verständnis für Tom Cruise, der sich ein eigenes Ultraschallgerät gekauft hatte, um die Schwangerschaft seiner Frau täglich und persönlich zu überwachen. «Ach ja, immer diese Starallüren», hatte ich den armen Mann leichtfertig vorverurteilt – aber da kannte ich noch nicht die Erleichterung, mit der man den kleinen, zuckenden Klumpen auf dem Bildschirm anbetet, und die Unruhe, wenn man ihn weder sieht noch spürt.

Jetzt hätte ich auch gerne ein tragbares Ultraschallgerät. Und einen dazu passenden tragbaren Gynäkologen.

Erschreckend, wie viele Sorgen man sich bereits um ein Kind

machen kann, das noch nicht mal Hände hat, um sich damit einen Joint zu drehen, oder Beine, um damit für ein Jahr ins feindliche Ausland zu gehen.

Es ist schon beunruhigend, wie selbstverständlich und selbständig ein Körper eine Schwangerschaft bewerkstelligt. Abgesehen von der Einnahme von Folsäuretabletten und der regelmäßigen Zupfmassage – mit der ich vorsichtshalber schon weit vor der Zeugung begonnen habe, denn mein Bindegewebe ist nicht das allerzuverlässigste – geschieht alles von ganz allein und natürlich.

Aber was ist heute schon natürlich? Das ist eine gewaltige und irritierende Erfahrung für eine einigermaßen moderne Frau, die es gewohnt ist, Einfluss zu nehmen, selbst zu bestimmen, und bei der das einzig «Natürliche» ihr Make-up und die bernsteinfarbenen Strähnchen im Haar sind.

Würde ich nach meinem ganz natürlichen Gefühl gehen, würde ich sicherheitshalber schon jetzt einen Kreißsaal buchen, den Chefarzt sowie den Anästhesisten in ständiger Rufbereitschaft halten und meinem Gynäkologen eine anderthalbjährige Urlaubssperre verordnen. Ist doch wahr.

Mein Mann hält sich bei alledem eher zurück. Eine innere Haltung, die ihm als gebürtigem Hamburger nicht weiter schwerfällt. Er meinte eben beim Abendessen: «Sag Bescheid, wenn ich mich freuen darf.»

«Mach ich», antwortete ich.

Dann ging ich brechen.

6. Oktober

Schwangerschaftswoche: 10 + 4 Tage
Zustand: Vier Wochen später, ich kotze immer noch.

Der Vater des Übeltäters steht oft gerührt neben mir und freut sich, während ich über der Kloschüssel, dem Straßengraben oder einem hastig herbeigeholten, leidlich zweckmäßigen Gefäß hänge.

Er liebt es, wenn ich breche, weil das ein sicheres Zeichen dafür ist, dass ich wirklich schwanger bin und es seinem mittlerweile zwei Zentimeter großen Kind gutgeht.

So unhanseatisch selig lächelnd habe ich ihn selten gesehen, wie wenn ich grün verfärbt in Richtung WC renne.

Und mir geht es tatsächlich ähnlich. Wenn mir übel ist, denke ich würgend, aber zufrieden:

1.) Hey, super, du bist noch da!
2.) Hey, super, du bist bestimmt ein Mädchen, denn ich habe gelesen, dass Frauen, die Mädchen kriegen, signifikant häufiger schlecht ist als Jungsmüttern.
3.) Und hey, ich glaube, ich brauche was zu essen!

Und mit «was zu essen» meine ich nicht etwa Möhrenrohkost oder ein paar sanft gewürzte Gurkenscheiben. Ich spreche von dem, was auf Autobahnraststätten «Fernfahrerteller» heißt: Erbsen und Möhrchen mit Kartoffelbrei, Cordon bleu und reichlich dunkler Rahmbratensauce.

Ich kann nicht anders! Ich muss essen oder brechen. Und dann doch, so meine ganz persönliche Meinung, lieber essen.

Ich führe jetzt ständig eine Tüte Kräcker oder anderes Knabbergebäck bei mir. Neulich lud mich ein Mann von Rang ins feine Hamburger Restaurant «Tafelhaus» ein. Bevor der Ausnahmezustand in meinem Unterleib begann, aß ich dort sehr gern. Diesmal aber wurde mir schon bei der Lektüre der Speisekarte übel.

Gut, dass ich auf einen Tisch in Nähe der Toiletten bestanden, und gut, dass ich eine nahezu volle Tüte Erdnussflips dabeihatte. So brachten wir den Abend einigermaßen würdevoll über die Bühne, und immerhin wurde mein Begleiter mit einer ungewöhnlich imposanten Aussicht auf den Hamburger Hafen und in mein Dekolleté belohnt.

Dazu muss man sagen, dass ich absolut zu der Sorte Frau gehöre, der ein Mann üblicherweise zunächst in die Augen blickt, um dann seinen Blick ganz langsam eventuell auch mal auf meinen Mund oder auf meine Halskette wandern zu lassen. Tiefer geht's normalerweise nicht. Warum auch? Meine Körbchengröße befindet sich oftmals, je nach BH-Modell, im nicht messbaren Bereich. Der Erfinder des Push-ups hätte meiner Meinung nach den Friedensnobelpreis verdient, wohingegen der Erfinder der Sammelumkleidekabine sich was schämen sollte.

Jetzt jedoch ist die Zeit der tiefen Ausschnitte und der tiefen Blicke gekommen. Ein ganz neues Lebensgefühl für mich, über das ich mich sofort mit meiner Freundin Johanna austauschte.

Johanna hat zwei Söhne im Alter von zwei und fünf Jahren. Aber das merkt man nicht. Ab und zu macht sie mal einen sehr lustigen, politisch völlig unkorrekten Witz über ihre Kinder, ihr Bindegewebe oder ihren Alltag als berufstätige Mutter. Aber ansonsten kann man sich mit Johanna wie mit einem ganz normalen Menschen unterhalten.

Derzeit aber profitiere ich natürlich von ihrer Erfahrung, ihrer Gelassenheit und ihrer unerschütterlichen Geduld mit mir und meinen neurotischen Spät- und Erstgebärendennöten.

Auf das Thema Brüste reagierte Johanna jedoch unerwartet übellaunig: «Ich muss leider sagen», knurrte sie, «dass zu einem Zeitpunkt, wo alle von meiner ersten Schwangerschaft wussten, mein Busen so ziemlich der Einzige war, der noch nichts davon mitbekommen hatte und sich entsprechend unbeeindruckt zeigte. Auf Brüste ist wirklich überhaupt kein Verlass. Meine dusseligen

Dinger sind während beider Schwangerschaften überhaupt nicht gewachsen. Nach den Geburten sind sie mir dann fast um die Ohren geflogen. Und jetzt sehen sie aus wie leere Sunkist-Tüten.»

Das sind ja rosige Aussichten. Ein Grund mehr, sich an meiner Oberweite zu freuen, solange sie diesen Namen noch verdient und der Bauch darunter noch nicht alle Blicke auf sich lenkt. Ich habe bereits fünf Kilo zugenommen und bin noch nicht mal im dritten Monat. Traurig schaue ich auf meine Körpermitte, an der die Fernfahrerteller nicht spurlos vorbeigegangen sind.

Schwanger sehe ich nicht aus, sondern verfressen. Ich glaube, meine Taille hatte sich schon wenige Stunden nach der Zeugung von mir verabschiedet. Und natürlich traut sich niemand, mich zu fragen, ob ich ein Kind erwarte – hält man mich doch schlicht für ein bedauernswertes Opfer des Jo-Jo-Effektes.

Neulich versuchte eine Mutter mehrerer Kinder – wie viele, habe ich vergessen – mich zu trösten: «Die erste Schwangerschaft findet im Bauch, die zweite vorm Bauch statt.»

Ich schaute erst irritiert, dann konsterniert, und schließlich verabschiedete ich mich zügig, denn mir war klargeworden, dass die Frau dachte, ich würde mein zweites Kind bekommen.

Mir sind persönlich Frauen bekannt, die noch bis zum sechsten Monat in ihre 36er-Jeans ohne Stretchanteil passten. Eine mir auch im unschwangeren Zustand völlig fremde Konfektionsgröße.

Aber jetzt? Ich lebe von Mahlzeit zu Mahlzeit, und dazwischen mache ich entweder ein Mittagsschläfchen oder nehme eine gehaltvolle Zwischenmahlzeit zu mir.

8. Oktober

Mein Geruchssinn führt sich heute mal wieder auf wie Paris Hilton: zickig und unberechenbar. Harmlose, gar liebgewonnene Gerüche verursachen bei mir von einem Tag auf den anderen Brechreiz. Gestern hätte ich fast meinem Mann ins Gesicht gegöbelt, weil er, wie immer, nach dem Rasierwasser roch, das ich ihm zu Weihnachten geschenkt habe.

Unsere Waschmittelvorräte mussten wir verschenken. Selbst im Bus kann ich nicht neben jemandem sitzen, dessen Kleider mit «Persil» gewaschen sind. Im Supermarkt laufe ich Slalom. Um Fisch mache ich einen großen Bogen. Bei der Käsetheke halte ich sicherheitshalber die Luft an, während die Aufenthalte bei den Süßwaren bis zu dreißig Minuten in Anspruch nehmen können.

«Kinder machen glücklich und unglücklich zugleich. Eltern sind alles in allem mit ihrem Leben weder glücklicher noch unglücklicher als kinderlose Paare.»
STEFAN KLEIN

12. Oktober

Ich hab es nicht übers Herz gebracht, es ihr zu sagen. Ich traf Mona gestern auf einer Party. Ich trug eine weitfallende Tunika über schwarzen Leggins – die Uniform der Fülligen – und stand natürlich am Buffet.

Mona hatte ein Kleid an, in dem ich ausgesehen hätte wie ein eingesperrter Hefeteig. Ich hatte Mona ziemlich lange nicht mehr gesehen. Ich sehe sie eigentlich ziemlich oft ziemlich lange nicht, weil sie im Vorstand eines börsennotierten Unternehmens ist und nicht besonders viel Zeit hat.

Tatsächlich ist sie die einzige meiner Freundinnen, bei der ich unsere Verabredungen mit ihrer Sekretärin koordinieren muss. Außerdem ist Mona eine der wenigen Frauen, die ich kenne, die bewusst und freiwillig auf Kinder verzichten.

Ich bewundere sie für vieles, auch dafür.

Anfang dieses Sommers – mir scheint, als sei es in einem anderen Leben gewesen – gingen wir ins Freibad. Wir hegten die verwerfliche Hoffnung, aus zwei alarmierenden weltweiten Phänomenen in diesem Jahr einen ganz persönlichen Nutzen ziehen zu können: Dank globaler Erwärmung und sinkender Geburtenraten hatten wir mit einem Bombensommer im weitgehend menschenleeren, zumindest aber kinderfreien Freibad gerechnet.

Jedoch: Wir wurden enttäuscht. Das Wetter war durchwachsen, das Babybecken randvoll mit Babys und Urin, und vom Fünfer sprangen dicke Teenager, die beim Aufprall auf der Wasseroberfläche eine Detonation auslösten, wie man sie sonst nur aus Katastrophenfilmen kennt.

"Ich dachte
die Deutschen
sterben aus!"..

Ich muss ehrlich sagen: Ich mag Kinder nicht grundsätzlich. Es gibt angenehme und unangenehme Exemplare. Und nur weil ich bald ein Kind haben werde, muss ich ja nicht automatisch alle anderen auch gut finden. Ich bin schließlich auch verheiratet und mag deswegen nicht alle Männer.

Mona und ich lagen jedenfalls auf unseren Badelaken und bemühten uns um Nachsicht und ein gleichmäßiges Bräunungsergebnis. Als jedoch ein schlechtgelaunter Säugling sich auf dem Nachbarhandtuch schwungvoll übergab, brachte Mona nicht mal mehr ein schmallippiges Lächeln zustande. «Ich dachte, die Deutschen sterben aus», sagte sie vorwurfsvoll.

Das tun sie ja auch – obschon man sonntagnachmittags im Freibad wirklich einen anderen Eindruck gewinnt. Ich habe gelesen, dass sich die Zahl der Geburten in den letzten vierzig Jahren fast halbiert hat und in Deutschland mittlerweile jedes Jahr mehr Menschen sterben als geboren werden. Das Kinderloch ist nicht mehr zu stopfen – und meine Freundin Mona ist schuld daran.

Ich jedoch, ich habe mein Bestes getan!

Mona ist die fleischgewordene Statistik: Sie ist gut ausgebildet, gut verdienend, gut gelaunt und wünscht sich kein Kind zum vierzigsten Geburtstag, sondern eine vierwöchige Reise durch Südamerika.

Mona ist neununddreißig, und sie vergisst nicht zufällig mal, die Pille zu nehmen. «Russisches Roulette mit Samen», nennt sie derlei Verhalten. Sie will nicht, wie manch andere Frau in diesem Alter, so eine wichtige Entscheidung dem Schicksal überlassen.

Ich hingegen habe enorm viel Verständnis für solche Zeugungs-Amokläufe. Irgendwann ist das keine biologische Uhr mehr, die da sanft in dir tickt, sondern ein ausgewachsenes Sprengstoffpaket mit einem Zeitzünder dran, eingestellt auf deinen vierzigsten Geburtstag.

Als Frau hast du ja komischerweise Zweifel, ob das Leben nach diesem magischen Datum überhaupt weitergeht. Als würde, bedingt durch eine tschernobylhafte Reaktorkatastrophe im Inneren deines Körpers, aus deiner Gebärmutter ein verstrahlter Champignon werden und deine sexuelle Attraktivität in ihre Elementarteilchen zerfallen.

Ich übertreibe? Nein. Das ist der Grund, warum nicht selten Frauen in dieser prckären Lebensphase Männer heiraten, mit denen sie vorher nicht mal Mittagessen gegangen wären. Oder, ups, aus Versehen schwanger werden, obschon die Verhütung in den letzten zwanzig Jahren doch immer astrein geklappt hat.

Auf einmal muss alles ganz schnell gehen, ein Erzeuger muss her. Das kann der Tankwart sein, der Kellner des Lieblingsrestaurants oder sonst jemand, von dem man nicht mal den Nachnamen kennt.

«Warum willst du kein Kind?», fragte ich Mona.

«Mir fehlt keins», sagte sie. «Ich mag mein Leben so, wie es ist. Kinder bedeuten Stress. Kinder bedeuten, dass das Leben nicht so weitergehen kann wie bisher. Kinder bedeuten Verzicht. Und weißt du was? Immer mehr Frauen haben zum Glück mittlerweile mehr zu verlieren als ein intaktes Bindegewebe der Bauchdecke und schlappgenuckelte Titten.»

«Angeblich soll man ja mittlerweile beides haben können: Kind und Karriere», wagte ich einen Einwurf.

«Daran glaube ich nicht! Ich sehe das doch bei meinen Mitarbeiterinnen mit ihren erbärmlichen Bastelbiographien: Studium, Karrierestart, Schwangerschaft, Babypause, danach Teilzeit in einem schlecht bezahlten Job, der nicht ansatzweise der guten Ausbildung entspricht. Bis es so weit sein wird, dass Frauen es wagen können, Kinder zu bekommen, ohne aus dem Leben zu kippen, und Unternehmen auch bei Männern mit Fehlzeiten wegen der Kinder rechnen müssen, wird es noch dauern. Auf jeden Fall zu lange für mich. Ich will keine Kompromisse machen.»

«Dann werde doch Vollzeitmutter.» Bei Mona eine absurde Vorstellung, das wusste ich selbst.

«Ganz bestimmt nicht! Heute kann man sich doch als Frau für gar keinen Lebensentwurf mehr mit ruhigem Gewissen entscheiden. Als Hausfrau und Mutter kommst du dir berufstätigen Müttern gegenüber vor wie ein lächerliches und ärgerliches Relikt aus der Steinzeit. Du lässt dich von deinem Typen versorgen, siehst zu, dass du die Karottenflecken aus der Auslegeware wieder rauskriegst, kannst dich stundenlang über Pilzinfektionen im Windelbereich unterhalten – aber über sonst nichts. Erinnerst du dich noch, dass Nicole letztes Jahr nach Paris ging, weil ihr Mann dort für ein Jahr einen Job bekommen hatte und sie sich endlich mal nur um die Kinder kümmern wollte?»

Ich erinnerte mich gut: «Auf den Spielplätzen lernte sie nur Kinderfrauen und Tagesmütter kennen, und es war ihr so peinlich, Vollzeitmutter zu sein, dass sie sich als Au-pair-Mädchen aus Deutschland ausgab.»

«Genau», rief Mona laut, und die Leute guckten schon. «Das Wort ‹Rabenmutter› gibt es im Französischen überhaupt nicht! Bei uns dagegen zerfällst du als berufstätige Mutter in zwei halbe Menschen, die jeder versuchen, hundert Prozent zu geben, und die von ständigem schlechtem Gewissen geplagt sind: Du verlässt die Konferenz um fünf Uhr und hastest zur Krippe? Na bravo! Dein Chef wird sich kaum anmerken lassen, wie genervt er ist – jedoch froh sein, dass dein inkompetenter Kollege sich für das traditionelle Familienmodell entschieden hat, und ihm das bei der nächsten Gehaltsrunde hoch anrechnen. Dein Kind hat schlecht geschlafen? Na bravo! Es fühlt sich gewiss von seiner karrieregeilen Pseudomutter abgeschoben, und du bist dir auf einmal ganz sicher, dass aus deiner Tochter die erste weibliche Kettensägenmörderin Deutschlands wird.»

«Ich finde aber, als berufstätige Frau ohne Kind hat man es auch nicht gerade leicht. Jetzt mal abgesehen von den verständnislosen Blicken und Fragen überzeugter Eltern, die eine Frau ohne Kinderwunsch für einen biologischen Unfall halten. Außerdem trägst du als kinderlose Frau durch dein unkooperatives Gebärverhalten auch noch Mitschuld am demographischen Zusammenbruch deines Landes. Lässt selber deine Gebärmutter brachliegen, aber lästerst im Freibad über Proll-Kinder, die außer ‹Ey, Alter› nichts sagen und außer Pommes nichts essen. Fragst du dich nicht ständig, ob die Entscheidung gegen Nachwuchs die Entscheidung sein wird, die du in deinem Leben am bittersten bereuen wirst? Du wirst es nie genau wissen, aber es könnte sein, dass du das Beste in deinem Leben verpasst hast. Hast du dir nie Kinder gewünscht?»

Mona schwieg einen Moment und sagte: «Doch. Als ich sechzehn war, wollte ich später mal welche haben. Aber dann begann das Leben. Und aus später wurde nie. Findest du das schlimm? Ist es für das Lebensglück wichtig, Kinder zu haben? Ist es falsch oder bedenklich, keine Kinder zu wollen?»

«Nein. Aber mir fehlt ein Kind zu meinem Glück. Das ist leider so. Und ich finde es ungeheuerlich mutig, wie du dich freiwillig gegen Kinder entschieden hast. Es gibt so wenige gute Vorbilder für kinderlose Frauen. Wie gut, wie erfüllt wird unser Leben letztlich ohne Kinder sein? Kinder hat man wenigstens sicher, was man vom Job, vom Partner und von der Immobilie ja nicht behaupten kann. Nicht, dass einem die Blagen automatisch den Lebensabend versüßen, den Nachttopf ausleeren, das Pflegeheim bezahlen oder die welkende Hand halten. Aber höchstwahrscheinlich bereut man das Vorhandensein von eigenen Kindern seltener als ihr Fehlen.»

«Niemand bereut seine Kinder – was erstaunlich ist, wenn ich mir einige der ganz besonders misslungenen Exemplare so ansehe», sagte Mona und betrachtete angewidert einen Vierjährigen, der seit geraumer Zeit ununterbrochen «Scheiße» schrie und zeitgleich versuchte, seine kleine Schwester zu erschlagen. Die Mutter der beiden wirkte nicht hundertprozentig glücklich und rief in regelmäßigen Abständen: «Bruce Elvis! Du hörst jetzt sofort auf, die Cheyenne Sunshine mit der Schaufel in die Fresse zu hauen!»

«Ich habe Angst vor meinem Leben ohne Kind», sagte ich trotzdem. «Ich weiß nicht, ob ich es schaffe, es sinnvoll zu füllen. Es ist noch so verdammt lang, und durch ein Kind kriegst du den Sinn des Lebens ja quasi frei Haus geliefert. Da musst du dich nicht mehr groß fragen, warum du auf der Welt bist, wie du die Zeit angemessen, das heißt mit möglichst wenig Fernsehen, rumkriegst und wie du es schaffst, ein paar schöne Spuren deines Daseins zu hinterlassen. Das Leben mit Kindern erscheint mir leichter als das ohne. Hannelore Elsner hat mal gesagt, es sei eine Gnade für kinderlose Frauen, dass sie nicht wissen, was sie versäumt haben. Aber ich ahne es. Leider.»

Seit diesem Gespräch im Freibad vor drei Monaten hatten Mona und ich uns nicht mehr gesehen.

Bis gestern auf der Party.

Wir sprachen über mein neues Buch. «Ich bin schwanger mit einem neuen Roman», sagte ich – und das war immerhin die halbe Wahrheit. Ich sagte ihr nichts von dem neuen Menschen in meinem Leben.

Dann erzählte Mona mir von einer gemeinsamen Bekannten, die seit neuestem schwanger ist.

«Aber die ist lesbisch und fünfundvierzig!», rief ich erstaunt.

«Sie war vier Wochen in Amerika, und im Frühling bekommt sie Zwillinge. Da muss man auch nicht lange grübeln, um zu wissen, wie die zustande gekommen sind. Ist doch irre, oder? Bald sind wir die Einzigen, die noch übrig sind.»

Mona lachte.

Ich schwieg und fühlte mich wie eine Verräterin.

Ich kenne das Gefühl zu gut: wieder eine weniger im kleinen Kreis der Kinderlosen. Irgendwann, fürchtest du, bist du die Einzige, die nach Mitternacht noch an der Bar sitzt, die mehr als drei Gläser Wein trinkt, die keinen Babysitter bezahlen muss, wenn sie mal ins Kino will, die nicht während der Schulferien Urlaub nimmt und die sonntags keine Ausflüge in Erlebnisbäder oder Tierparks unternimmt, sondern einfach nur Zeit hat.

Irgendwann, fürchtest du, wirst du verdammt einsam sein. Nicht weil du keine Kinder hast, sondern weil alle anderen welche haben.

12. Oktober

1 Uhr 15

Ich habe vor fünf Minuten Mona eine Mail geschrieben:

`Liebe Freundin, ich habe die Seiten gewechselt. Bin schwanger. Willst du mir verzeihen und Patentante werden?`

1 Uhr 18

Monas Antwort:

`Jaaaaaaa, ich will! Aber nur mit unbedingter Einmisch-Befugnis. Ich will dir Bescheid sagen dürfen, wenn du zu einer unerträglich dösigen Spielplatz-Tusse wirst, wenn du unser Kind falsch erziehst oder dir mehr als den nötigen Stress machst, indem du jeden Kuchen selber backst und jede Laterne selber bastelst. Am Tag nach dem Abstillen will ich mich mit dir besaufen und auf den Kindergeburtstagen will ich den Blagen die Fritten wegfressen. Herzlichen Glückwunsch, alte Kürthy, ich freue mich für dich!!! Und für mich!!!`

13. Oktober

Schwangerschaftswoche: 11
Zustand: Das Baby ist fünf Zentimeter groß. Nicht besonders viel, wenn man bedenkt, für welche Turbulenzen es bereits jetzt sorgt.

Immer noch habe ich Angst, dass meine Schwangerschaft ein Traum ist, aus dem ich vorzeitig aufwachen muss. Es gibt diese Momente, in denen ich plötzlich ganz sicher bin: Jetzt ist es vorbei! Nichts lebt mehr in mir. Ich weiß: In meiner Gebärmutter fault ein toter Zellhaufen, klein wie ein Gummibärchen, der mein Kind hätte werden sollen. Lebloser Gewebemüll, dem ich so gerne ein Leben geschenkt hätte.

Ich bin mir bewusst, dass ich nicht viel auf meine Bauchgefühle geben sollte. Schließlich habe ich mein entstehendes Baby mit einer Magen-Darm-Grippe verwechselt und lange Zeit ganz fest, tief in mir drinnen gespürt, dass ich einmal Thommy Ohrner heiraten würde.

Trotzdem habe ich in solchen grauenvollen Minuten der Panik um mein ungeborenes Glück bereits zweimal meinen Frauenarzt angerufen. Und jedes Mal bekam ich einen kurzfristigen Termin für einen Quickie-Ultraschall, der meine Angst – zumindest für ein paar Stunden – besänftigte.

Mein Gynäkologe ist Spezialist für neurotische Frauen. Meine psychisch auffällige Freundin Esther ging in den ersten drei Monaten ihrer Schwangerschaft jeden Tag zu ihm zum Ultraschall. Danach nur noch ein- bis zweimal die Woche.

Und Daniela war hormonell bedingt so deprimiert und ängstlich, dass sie ihm immer eine Dreiviertelstunde lang den Kittel vollgeheult hat, während draußen das Wartezimmer überquoll.

Ja, der Mann hat schon viel gesehen in seinem Leben. Ich stelle mir seinen Beruf wahrhaft nicht leicht vor und vermute, dass er jedes Mal tief durchatmet, wenn ich seine Praxis verlasse.

Frauen sind ja sowieso schon oft komisch. Aber die schwangere Frau erscheint mir zunehmend wie eine hormongesteuerte Zeitbombe.

Nie weißt du, wann dich der Hunger, die Angst, das Glück oder die Übelkeit überkommt. Denn genauso überwältigend wie die Furcht, das Kind zu verlieren, kann die Furcht sein, das Kind zu bekommen. Und ich habe auch schon vor purem Glück und reiner Vorfreude mitten auf der Straße losgeheult, weil ein sehr kleines Mädchen zu seinem noch viel kleineren Bruder sagte: «Du bist eine doofe Kackawurst.»

Wenig später kamen mir erneut die Tränen, als ich beim absichtslosen Surfen im Internet auf die Umstandsunterhose «Schluppi» stieß, in Größe und Form einem Zwei-Mann-Zelt nicht unähnlich.

Mein Mann hat schon lange vor unserer Schwangerschaft aufgehört, meine emotionalen Explosionen ernst zu nehmen. Das wirkt auf mich oft herz- und lieblos und führt damit unglücklicherweise meist zu einer Verschärfung der Situation.

Im Nachhinein muss ich selbst leider zugeben, dass er im Grunde gut daran tat, Ruhe zu bewahren und mit einer gewissen Sachlichkeit zu reagieren, wenn ich mal wieder um mein Leben fürchtete, weil ich eine bitterböse Geschwulst im Bauchbereich ertastet hatte. Diagnose des ruppigen Allgemeinmediziners, den ich notfallmäßig noch am gleichen Tag aufsuchte: «Ihnen sitzt ein Furz quer.»

Wenn mich mein Mann abends in Tränen aufgelöst auf dem Sofa vorfindet, fragt er sicherheitshalber nach, bevor er sich gefühlsmäßig engagiert: «Ist was Schlimmes, oder läuft ‹Die Farbe Lila›?»

«Gäbe es die Hormone
des zweiten Schwangerschaftsdrittels
irgendwo zu kaufen,
ich würde zum Junkie.»
ANNE ENRIGHT

15. Oktober

Schwangerschaftswoche: 12 + 0 Tage!!!
Gewicht: 70 Kilogramm, laut einigen, wie ich finde, fragwürdigen Lehrbüchern gehöre ich damit zu den leicht übergewichtigen Schwangeren. Nicht schön.
Zustand Baby: 5,3 Zentimeter groß.
Zustand Mutter: Fühle mich, als hätte ich einen unbefristeten Mietvertrag unterschrieben. Jetzt bin ich «richtig» schwanger, die kritischen ersten drei Monate sind heute vorbei. Vorsichtig aufkeimender Jubel auch von Seiten des emotional defizitären Ehemannes.

Ich bin immer noch schwanger!

Die Chance, dass sich das Teilchen in mir zu einem waschechten Baby entwickelt, das vorschriftsmäßig auf die Welt kommt, um mir dann Nachtschlaf und letzte Nerven zu rauben, beträgt 95 Prozent.

95 Prozent!

Also, jetzt mal für uns Laien gesprochen: Der Drops ist gelutscht, die Kuh ist vom Eis!

Beim Frühstück sagte ich heute Morgen zu meinem Mann: «Ich glaube, wir bekommen ein Kind.»

Am Nachmittag stand ein großer Strauß bunter Rosen von ihm auf meinem Schreibtisch.

Wir dürfen uns freuen.

Mein Gynäkologe hat mir ausdrücklich erlaubt, heute Abend ein Gläschen Champagner zu trinken. Ich meine, das Blag ist jetzt drei

Monate alt und fünf Zentimeter groß und hat eine trinkfeste und trinkfreudige Mutter. Es soll ruhig wissen, was auf es zukommt.

Leider hatte ich schon nach dem ersten Schluck keine Lust mehr auf Champagner.

Jetzt, wo wir ziemlich sicher sein können, dass es was wird, mochten mein Mann und ich so schnell wie möglich auch wissen, was es wird.

Für uns kommt allerdings nur ein Mädchen in Frage. Mein Mann möchte bis ins hohe Alter hinein von einer wesentlich jüngeren Frau angehimmelt werden. Und ich möchte meine Schmink- und Stylingtipps nicht ungenutzt mit mir ins Grab nehmen.

Mein Bauchgefühl sagt mir ganz eindeutig, dass wir eine Tochter bekommen. Ich kotze zwar seltener, aber als ich von meinem ersten Ultraschall nach Hause fuhr, lief im Radio das Lied «Hey, Little Girl». Ich meine, deutlicher kann einem das Schicksal doch nicht zuzwinkern, oder?

Ich habe bereits gestern einen winzigen rosafarbenen Strampler eines namhaften Herstellers erworben. Nicht ganz günstig übrigens. Ich wollte einfach schon mal wissen, wie es ist, mit der eigenen Tochter shoppen zu gehen.

An der Kasse habe ich geheult, das versteht sich ja von selbst.

5. November

Schwangerschaftswoche: 15 + 1 Tag

Es ist ein Junge.

Damit fällt das Kind in die Kategorie «Hauptsache gesund».

Die Diagnose erfuhren wir heute Morgen, als mein Arzt sein neues Ultraschallgerät an mir ausprobierte.

Begeistert wie ein kleines Kind, das ein neues Spielzeugauto testet, drückte er auf sämtlichen Knöpfen herum, schob den Ultraschallknopf engagiert auf meinem Bauch hin und her, deutete fröhlich auf etwas, das er mir als den Rücken meines Kindes vorstellte, behauptete dann, man könne gerade sehr schön sehen, dass das Ungeborene einen Purzelbaum schlage, bis ich entsetzt aufschrie: «Oh Gott, es hat ein Loch im Hirn!!!»

Selbst mein Mann sprang alarmiert von dem ihm zugewiesenen Besucherstuhl auf. Ich glaube, er hätte auch gern ein Kind mit Gehirn. Jeder hat ja so seine heimlichen Mindesterwartungen. Ein Hirn, kein Schwanz. Das sind unsere.

«Das ist der Magen», sprach der Arzt.

Nun denn, ein kleiner Irrtum meinerseits, aber ich bin ja auch nicht vom Fach.

«Und jetzt schauen Sie mal, was man hier sehr schön sehen kann», fuhr der Gynäkologe fort.

Ich musste selbst als Ultraschall-Niete keine zwei Mal gucken. Ein Mini-Pimmel. Das war sonnenklar. Ich sagte: «Scheiße.» Das tat mir dann leid, und es folgte betretenes Schweigen.

Mein Mann ließ sich mit einem vorwurfsvollen Geräusch zurück auf seinen Stuhl plumpsen, seinem Ausatmen konnte ich die Enttäuschung anhören.

Und dann, wie zum Hohn, fing das kleine Kerlchen an, sich gleichzeitig in der Nase zu bohren und am Sack zu kratzen. Na bravo. Kaum größer als ein Schnapsgläschen und jetzt schon ein Proll.

«Das eigentliche Unheil des Feminismus ist die Feminisierung der Männer. Väter sind heute keine Leitfiguren mit glaubwürdiger Autorität.
Ein Kind, das männliche Orientierung sucht, entdeckt verunsicherte Schwächlinge, die über die richtige Frisur nachdenken. Schalten Sie das Fernsehen ein:
In 90 Prozent aller Hollywood-Filme ist der Mann der Idiot und die Frau on top.»

TOMI UNGERER

6. November

Schwangerschaftswoche: 15 + 2 Tage

Heute Morgen um halb sieben wachte ich mit dem Gefühl auf, nicht allein zu sein. Eine winzige, hauchzarte Bewegung in meinem Bauch, ein Bubbelbläschen im Ozean, ein Schmetterlingsflügelschlag im Universum.

Einbildung?

Ich schlief mit einem breiten Grinsen im Gesicht wieder ein.

Vielleicht ist es Einbildung. Aber vielleicht auch nicht.

Vielleicht ist das mein Sohn!!!

Ich habe keine zwölf Stunden gebraucht, um mich mit der Tatsache, dass ich einen Jungen bekommen werde, nicht nur abzufinden, sondern darüber regelrecht erleichtert zu sein.

Auf einmal ist es so, als hätte es nicht anders sein können, als habe alles seine wunderbare Richtigkeit und als sei ein Mädchen für mich nie wirklich in Frage gekommen – schon allein, weil ich das Unternehmen «Prinzessin Lillifee» nicht unterstützen und zu der Verrosaisierung der Welt nicht unnötig beitragen möchte. Außerdem bin ich nach bald vierzig Lebensjahren mit meiner eigenen Frisur noch nicht im Reinen – undenkbar, noch für eine weitere mitverantwortlich zu sein.

Haarspangen werden in meinen ungeschickten Händen zu gefährlichen Stichwaffen, und auch mit Bürste und Föhn habe ich mir und anderen schon ernsthafte Verletzungen zugefügt.

Mein Glätteisen sorgte zunächst für einen Kurzschluss im gesamten Haus, um dann, als es sich mitten in der Nacht unvermittelt wieder anschaltete, den Kulturbeutel meines Mannes zu einem übelriechenden Klumpen zu zerschmelzen.

Dank dir, du gnädiges, wohlwollendes Schicksal!

Du schenkst mir einen Sohn!

Und ich habe ja eigentlich auch nichts gegen Männer. Ich habe ja selber einen, mit dem ich ganz gut zurechtkomme. Es ist eher so, dass ich mir Sorgen mache um Männer. Generell. Was aus denen werden soll, jetzt, wo sie immer weniger damit zu tun haben, Feuerholz zu schlagen, Mammuts zu töten und Regale an die Wand zu dübeln.

Nachdem ich nun einen Jungen in die Welt setzen werde, empfinde ich zum ersten Mal in meinem Leben so was wie Mitgefühl für das andere Geschlecht. Seit sie Frauen nicht mehr unterdrücken dürfen, wissen Männer ja kaum noch etwas mit sich anzufangen.

Männer sind entbehrlich geworden, und das scheint ihnen nicht gut zu bekommen.

Während sie sich vom Sofa aus die Emanzipation der Frauen wie eine Vorabendserie angeschaut haben, haben sie selbst es komplett versäumt, sich zeitgemäß zu entwickeln. Männer sind nicht das, was sie sein sollten. Und das macht es so schwierig für alle Beteiligten. Seit Traditionen zerbröseln und Frauen Karriere machen, gibt es immer weniger Grund für das vermeintlich starke Geschlecht, sich stark zu fühlen.

Die Herrschaft der Männer ist bedroht, das Y-Chromosom schon längst als genetische Ruine entlarvt, und – wir alle kennen das von zu Hause – nichts ist der Stimmung weniger zuträglich als ein Mann in der Krise.

Gerade habe ich leider das Buch «Heldendämmerung» von Ute

… jetzt, wo sie
immer weniger
damit zu tun
haben, Feuerholz zu
schlagen, Mammuts zu
töten und Regale
an die Wand zu
dübeln.

Scheub gelesen. Es ist gruselig und beunruhigend, ein wuchtiges Werk, das die fortschreitende Entmachtung der Männer beschreibt und gleichzeitig vor der Gefahr warnt, die von entmachteten Männern ausgeht. «Sie wehren sich mit allen Mitteln gegen ihren Sturz – zur Not auch mit Waffengewalt und Kriegen.»

Da steht, und zahlreiche Studien und Experten scheinen das zu belegen, dass unser Land, ja die ganze Welt inklusive aller auf ihr rumlavierenden Männer besser und friedlicher leben würde, wenn Frauen mehr zu sagen hätten: «Dort, wo Frauen gestärkt werden, leben auch Männer und Kinder besser. Schulklassen sind ruhiger und weniger aggressiv, wenn sie zur Hälfte aus Mädchen bestehen. Staaten verfolgen eine friedlichere Außenpolitik, wenn viele Frauen in ihren Parlamenten vertreten sind. Unternehmen mit mindestens drei Frauen in leitender Funktion präsentieren zudem bessere Bilanzen.»

Es gibt natürlich auch völlig bescheuerte Frauen. Carla Bruni zum Beispiel. Die sagte: «Ich will einen Mann, der über die Atombombe entscheidet.»

Simone de Beauvoir sagte, klug wie immer: «Niemand ist den Frauen gegenüber aggressiver oder herablassender als ein Mann, der sich seiner Männlichkeit nicht ganz sicher ist.»

Die erfahrene Zsa Zsa Gabor ist der Ansicht: «Natürlich muss man die Männer so nehmen, wie sie sind. Aber man darf sie nicht so lassen.»

Und meine Freundin Sabine sagt, sehr verständlich: «Mein Mann braucht viel Bewunderung. Aber ich weiß gar nicht, wofür.»

Darüber, was genau männlich und bewunderungswürdig ist, müssen alle mal neu nachdenken. Besonders wir Frauen. Aber ohne die Bruni, sonst mache ich nicht mit.

Früher fand ich den folgenden Satz lustig und habe ihn immer wieder gern zitiert: «Seit mindestens einhundert Jahren gibt es einfach keine Veranlassung mehr, ein Mann zu sein.»

Aber jetzt, mit diesem kleinen Mann im Bauch, fürchte ich mich zum ersten Mal davor, dass die Zukunft vielleicht nur den Frauen gehört und ich gerade dabei bin, ein Auslaufmodell zu produzieren.

Ein Sohn? Das ist ja wie ein Auto ohne Katalysator, wie ein Handy ohne Apps, wie ein Leben ohne Facebook. Ein Mangelwesen. Die schlechtere Variante von Frau.

Auf meinem Schreibtisch liegt ein «Spiegel»-Artikel zu diesem Thema. (Ich möchte an dieser Stelle kurz erwähnen, dass ich nicht den Eindruck erwecken möchte, ich würde ständig den «Spiegel» oder die «ZEIT» lesen. Denn das ist leider nicht so. Mit dem «Spiegel» ist es bei mir so wie mit Obst: Ich finde, ich sollte mehr davon zu mir nehmen – aber letztlich lande ich doch meist bei der «Gala» und einem «Ballisto». Es wäre schön, wenn ich jemanden hätte, der mir morgens das Obst in leicht konsumierbaren Portionen serviert, schön klein geschnitten, mit einem Klecks Vanillejoghurt obendrauf. Habe ich leider nicht. Immerhin sorgen aber die gebildeten Teile meines Freundeskreises dafür, dass mir Ausschnitte aus intellektuellen Medien ab und zu in gut verdaulichen Häppchen präsentiert werden.) Der Artikel, den mir meine Freundin Silke zukommen ließ, hatte die Überschrift «Herrjemine». Hier ist er, auch gekürzt immer noch ein großer Happen schwerer Kost für eine Frau, die gerade einen Mann ausbrütet:

Als neulich eine Kollegin in der Konferenz fragte, wie es eigentlich uns Männern gerade gehe, da konnte man hören, wie die Frage aus dem 12. Stock fiel, wo wir saßen, ganz tief, bis sie auf dem Bürgersteig zerschellte.

Wie jetzt genau?

Der letzte Mann in der Redaktion war erst vor ein paar Tagen in den Ruhestand gegangen, ein meist grummelnder, düster in die Welt blickender Herr und Hüne, der in seiner Freizeit gern Militärmärsche summt.

Am Tisch saßen jetzt nur noch Typen, die schon mal Kochrezepte austauschen oder sich über Kindergartenplätze unterhalten, die an der Größe der Schulterpolster erkennen, ob ein Sakko von 2011 ist oder von 1999, die selbst vielleicht noch nicht im Enthaarungsstudio waren, ganz sicher jedoch jemanden kennen.

Aber Männer?

Die Kollegin schaute uns erwartungsvoll an. Aber da kam nichts. Da war nur Leere. Wir hatten kein Bild von uns, wir hatten keine Worte für uns. Vielleicht war das gut, weil es ein Zeichen war, dass wir uns nicht als Teil einer Gruppe sahen, als Teil eines Problems. Vielleicht war das schlecht, weil wir ein Problem hatten, von dem wir nichts ahnten.

Anders gesagt: Wir wissen heute ganz gut, was eine Frau ist.

Wir wissen aber nicht mehr recht, was ein Mann ist.

Ist er ein sexistischer Clown wie Silvio Berlusconi, dessen Bunga-Bunga-Irrsinn mehr zur Erniedrigung des männlichen Geschlechts beigetragen hat als 1000 Stunden Zwangslektüre von Alice Schwarzers «Bild»-Kolumne?

Ist er ein verzweifelter Allmachtstrottel wie Dominique Strauss-Kahn, der nicht merkt, wie arm es ist, wenn man sich daran aufgeilt, als sein eigenes billigstes Klischee durch die Hotels dieser Welt zu hechten?

Ist er eine Comic-Figur wie Arnold Schwarzenegger, dessen Körperbau so unplausibel wirkte wie seine Ehe mit einer Frau aus dem Kennedy-Clan und der sich mit seinem unehelichen Kind auf eine Boris-Becker-hafte Art lächerlich gemacht hat?

Ist er wirklich, pardon my French, nur schwanzgesteuert?

Haften bleibt: Der Mann als Problem.

Die Frau definiert sich über die Zukunft. Der Mann definiert sich über die Vergangenheit, als Autoritätsperson, als Alleinverdiener. All das ist futsch. Was ihm fehlt, ist ein positives Rollenbild.

Er ist ein ‹Kulturverlierer›, hört er, er ist ein ‹Bildungsverlierer›, er fühlt sich bei Scheidungen schlechter behandelt, weil die Behörden immer noch nach der im Grunde antifeministischen Annahme arbeiten, dass Frauen sich besser um die Kinder kümmern.

Er wird so langsam an den Rand des Arbeitsmarktes gedrängt, dass er es selbst gar nicht merkt, er bildet das Heer der Obdachlosen, er stirbt im Durchschnitt fünf Jahre früher als eine Frau, er bringt sich dreimal so häufig um.

Was also ist heute ein Mann?

Ach, es ist ein Trauerspiel, und ich selbst sehe da im Moment für mich nur eine Lösung: Mein Sohn muss schwul und Modedesigner werden! Weil er dann das Beste beider Geschlechter in sich vereint: Weinen bei «Yentl», aber kein PMS. Shoppen mit Mutti, aber keine Wechseljahre. Bis ins hohe Alter Hot Pants tragen, jedoch frei von Orangenhaut. Kinder von Leihmutter bekommen, ohne die Angst der Neumütter, dass der Bauch für immer wabbelig bleibt und der Partner sich in das hübsche kolumbianische Au-pair-Mädchen verliebt.

Meines Wissens ist das übrigens eine absolute Marktlücke: die Spezialisierung auf die Vermittlung unansehnlicher Angestellter.

Werde mir den Namen «The Ugly Au-Pair» schon mal schützen lassen.

«Die Beziehung zu mir selbst und zum Leben ist tiefer geworden, seit ich etwas habe, dessen Leben mir wichtiger ist als das eigene. Ich glaube, es ist heilsam, ein anderes Wesen mehr zu lieben als sich selber. Sich nicht mehr nur um sich selber zu sorgen, ist ein großes Glücks- und Freiheitserlebnis.»

MARGARETE MITSCHERLICH

11. November

Schwangerschaftswoche: 16 + 0 Tage

Ab heute 5. Monat!

Gewicht: 73 Kilogramm. (Ich habe beschlossen, mich nicht mehr auf die Waage bei meinem Frauenarzt zu stellen. Die geht falsch! Drei Kilo mehr als zu Hause! Diese Demütigung tue ich mir nicht mehr an. Ich wiege mich ab jetzt daheim und flüstere der Sprechstundenhilfe das Ergebnis in einem unbeobachteten Moment zu.)

Im Grunde ist es eine Frechheit, wie selten ich gefragt werde, ob ich schwanger sei. Was glauben die Leute denn, was hier gerade mit mir passiert? Dass mich jemand heimlich mit einem Strohhalm aufpustet wie einen Laubfrosch?

Ich informiere jetzt jeden darüber, auch ungefragt, dass ich ein Kind erwarte, damit nicht hinter meinem Rücken erzählt wird, ich sei unheimlich fett und erschreckend kurzatmig geworden.

Ich bin seit heute im fünften Monat. Endlich, denn das passt besser zu dem Anblick, den ich biete. Meinen enormen Bauch kann ich jetzt nicht mal

mehr ansatzweise einziehen. Eigentlich ganz befreiend, endlich mal heraustreten zu können aus dem ganzen Fettverbrennungs-Zirkus und Figur-Wahnsinn.

Als Schwangere bist und hast du keine Konkurrenz. Du bist unvergleichlich, außer natürlich mit anderen Schwangeren, die sich übrigens untereinander grüßen – so wie Motorradfahrer.

Als deutlich trächtige Frau kannst du dich nach dem Sport nackig in der Umkleidekabine getrost neben die Dünnste und Schönste stellen. Sie wird sich nicht toll vorkommen, so wie sonst. Und du wirst dir nicht scheiße vorkommen, so wie sonst.

Wobei, ich muss es euch jetzt einfach mal sagen, ihr wohlgestalteten Frauen mit der makellosen Haut, den straffen Schenkeln und dem glänzenden Haar: Natürlich seht ihr viel besser aus als ich. Aber ihr seid nur schön, weil ich es nicht bin! Wenn alle aussähen wie ihr, würdet ihr ja überhaupt nicht mehr auffallen.

Also, legt euch ruhig weiterhin im Freibad neben mich, genießt das augenblicklich eintretende optische Gefälle, sonnt euch neben mir in eurer Schönheit, die durch meine Durchschnittlichkeit erst zum Strahlen gebracht wird. Aber dafür erwarte ich Dankbarkeit! Seid gefälligst nett zu mir, denn ihr wäret nichts ohne mich!

So, das hat jetzt mal unheimlich gutgetan.

13. November

Schwangerschaftswoche: 16 + 2 Tage

Obschon ich mir geschworen hatte, es nicht zu tun, belästigte ich heute vor lauter Begeisterung Patentante Mona mit Fotos aus meinem Unterleib.

«Guck mal, die kleinen Füße! Allerliebst, oder?»

«Welche Füße?»

«Da, am unteren Ende des Embryos!»

«Welcher Embryo?»

Ernüchternd.

Ich versuchte einen Themenwechsel.

«Schau mal hier, ein sehr gelungenes Ultraschallbild des Kopfes. Mein Arzt hat gesagt, der Kleine hätte genau mein Profil. Ich finde, da ist was dran, oder?»

«Dann hätten sämtliche Embryonen aus allen Bio-Büchern dieser Welt dein Profil. Die sehen doch genauso aus.»

Schmallippig steckte ich die Aufnahmen meines ungeborenen und schon in seiner Ehre gekränkten Sohnes wieder ein.

Mona betrachtete derweil interessiert meinen Bauch.

«Ist das eigentlich normal?», fragte sie, eigentlich nicht unfreundlich.

«Was?»

«Ich meine, du bist gerade mal im fünften Monat, und du siehst schon aus, als ginge es jeden Moment los. Oder ist das Kind so dick?»

«Mein Kind ist überhaupt nicht dick!», polterte ich los. «Es entwickelt sich prächtig und wie nach Lehrbuch. Und ich, ich lasse es mir einfach gutgehen. Ich muss ja jetzt auch auf eine ausreichende Nährstoffzufuhr achten. Und außerdem bin ich heilfroh, mal nicht den gängigen und gefährlichen Gewichtsnormen entsprechen zu müssen!»

Ich biss böse in mein Käsebrötchen.

«Siehst du, es geht schon los», sagte Mona.

«Was denn?»

«Mütter sind humorbefreite Zonen – erinnerst du dich? Und du verstehst schon jetzt keinen Spaß mehr. Wenn du nicht aufpasst, wirst du so, wie du nie sein wolltest.»

Ich schwieg beschämt und gelobte innerlich Besserung. Wobei: Mein Sohn ist nicht dick, und irgendwo hört der Spaß ja auch mal auf!

14. November

Heute habe ich mit meinem neuen Roman angefangen!

Ein großer Tag.

Abgabe Buch und Geburt Baby sind beide für Ende April vorgesehen. «28. April» steht in meinem Mutterpass unter «berechneter Entbindungstermin», und «1. Mai» steht in meinem Vertrag unter «Manuskriptabgabe».

Ich habe also noch fünf Monate Zeit, ein Buch und ein Baby zur Welt zu bringen.

Den Titel für das Buch habe ich schon: «Endlich!».

Der Titel für das Baby befindet sich noch in der Findungsphase.

Es ist ein gewichtiger Moment, ein Buch zu beginnen und ihm einen Titel zu geben, und ich finde, es ist eine Frage des Respekts einer gewichtigen Unternehmung gegenüber, dass man sie nicht einfach so beginnt, sondern sich vorher gebührend gruselt und vergeblich versucht, sich von dem Wissen abzulenken, dass sich mit dem ersten niedergeschriebenen Satz das Leben verändern wird.

«Der Tag tut so, als sei nichts. Fängt ganz normal an, geht ganz normal weiter. So wie das Tage tun, normalerweise. In meinem Leben zumindest.»

Das sind die ersten Sätze meines neuen Buches.

Ich habe sie mindestens drei Monate lang vor mir hergeschoben.

Denn genauso wichtig wie das Schreiben selbst ist es, das Schreiben eine angemessene Zeit lang vor sich herzuschieben. Eine Zeit, in der man Dinge tut, die man sonst grundsätzlich nicht tut, beispielsweise T-Shirts bügeln, Abflüsse reinigen oder «Joseph und seine Brüder» von Thomas Mann lesen – zumindest die ersten der 1652 Seiten.

Mit dem ersten Satz eines neuen Buches beginnen ein Abenteuer und ein Doppelleben. Würde ich Krimis schreiben, ich wüsste bis zur vorletzten Seite nicht, wer der Mörder ist. Und würde ich Biographien schreiben, dann würde mir auf Seite eins langweilig, weil ich das Ende ja bereits kenne.

Meine Bücher passieren mir.

Ein Mann, den ich kannte, ist überfahren worden. Hätte er das Haus drei Sekunden später verlassen, würde er noch leben, denke ich manchmal, wenn ich die Tür zuziehe und hoffe, dass der, der mich heute überfahren könnte, sich wieder um drei Sekunden verspätet.

Schreiben ist wie Leben: unvorhersehbar, und manchmal kommt es auf Sekunden an. Das mag etwas übertrieben klingen, aber das ist Schreiben ja auch.

Meine Heldinnen haben keine andere Wahl, als sich meinen Gewichts- und Stimmungsschwankungen unterzuordnen und mich zu begleiten: in meinen Griechenland-Urlaub, wo ich an Themenbuffets meinen Body-Mass-Index auf den neuesten Stand brachte.

Zu «IKEA», wo ich mich neu einrichten wollte und vor lauter Überforderung lediglich mit drei Fusselrollern nach Hause kam.

Zum «Musikantenstadl», wo auf jeden Besucher wenigstens ein Sanitäter kam. Zum «Gang of Four»-Konzert, wo alte Männer auf der Bühne eine Mikrowelle zerhackten, ohne sich dabei doof vorzukommen.

Aufs Seminar «Erotic Dance», wo ich mir doof vorkam.

Und demnächst wird meine Heldin mit mir in den Kreißsaal einziehen, um ein Kind zu gebären. Sie wird durch Krabbelgruppen krabbeln und Nasenschleim mit speziellen Nasenschleimabsaugern aus Babys Schleimnase absaugen.

Aber der Erfolg und die bescheidenen Ausläufer des Ruhmes, die mich manchmal streifen, haben auch ihre Schattenseiten. Neulich zum Beispiel wurde ich von einer renommierten Werbeagentur angefragt, ob ich für eine Unterwäsche-Anzeigenkampagne modeln würde.

Da war ich überrascht, gelinde gesagt. Denn ich habe ja mittlerweile ein Alter und eine Konfektionsgröße erreicht, in denen sich eine Zweitkarriere als Dessousmodel nicht aufdrängt.

Mein Mann murmelte, es sei schon erstaunlich, was im Zeitalter digitaler Bildbearbeitung plötzlich in den Bereich des Möglichen rücke. Und mein Freund Clemens bot sich an, fix zu recherchieren, für welche Folge von «Verstehen Sie Spaß?» der Beitrag geplant sei.

Das schmerzt.

Die Kampagne ist mittlerweile ohne mein Mitwirken erschienen.

Das Nützliche und für meine Bücher Verwertbare kommt ja oft unverhofft, und so sollte ich niemals ohne Zettel und Stift aus dem Haus gehen. Da ich jedoch sehr vergesslich bin, gehe ich fast immer ohne Zettel und Stift aus dem Haus.

Ich habe mir, um mein Leben mitzuschreiben, wenn es gerade mal gut ist, extra ein in hochwertiges Leder gebundenes Notizbuch gekauft. In das Notizbuch hat es erst ein Satz geschafft, und der fällt mir gerade nicht ein.

Aber mein Schreibtisch ist voll von zerrissenen Papiertischdecken, Servietten, Visitenkarten und für die Steuer nicht mehr zu verwertenden Bewirtungsbelegen, die über und über bekritzelt sind.

Hier neben mir liegt ein Stück Geschenkpapier, auf das ich eine Äußerung meines Freundes Jo notiert habe – es muss zu später Stunde gewesen sein, denn meine Schrift neigt sich bedenklich betrunken nach rechts:

«Ich habe mir mal von einer Schwäbin beim Sex Filzläuse einkassiert. Bis heute habe ich noch manchmal Albträume von Filzläusen, die mich mit hohen Fistelstimmchen auf Schwäbisch beschimpfen.»

Auf einen Überweisungsvordruck der Stadtwerke habe ich den verzweifelten Ausruf einer Freundin geschrieben, die sich über ihren Geliebten und über die zu geringe Bedeutung, die sie in seinem Leben hat, mit dem Satz beklagte:

«Der Scheißkerl hat ja noch nicht mal seinem Therapeuten von mir erzählt!»

So leidet eine moderne Frau.

Auf meinem Computer habe ich einen Ordner angelegt, der «Best of Baby» heißt. Darin befindet sich unter anderem eine Liste mit fremdartigen Begriffen, die ich in meinen nächsten Büchern unbedingt unterbringen möchte:

Mutterkuchen
Dottersack
Nabelbruch
Nachgeburt
Kolostrum
Milchstau
Käseschmiere
Kindspech
Verhecheln
Milchschorf
Spritzstuhl

Außerdem habe ich in diesem Ordner die folgende Mail meiner Freundin Cora abgespeichert, Mutter von drei Kindern:

Liebe Ildikó!
Heute Nacht fiel mir ein, dass Du in Deinem Buch übers Kinderkriegen und Kinderhaben auch die Wurfprämie,

nämlich das Geschenk der Schwiegermutter an den Stammhalter, nicht vergessen darfst.

Bei mir war das so, dass meine Freundinnen mir alle ihre dicken Brillantringe, im Familienbesitz seit 1832 oder so, unter die Nase hielten und mir zuraunten, ich könne mich schon freuen, als klar war, dass mein zweites Kind ein Junge würde.

Die Brillis wurden in meinem Geiste immer größer, zumal meine Schwiegermutter nur ein einziges Kind hat. Immerhin einen Sohn. Ich bin damit aber auch die einzige Chance für sie, männliche Nachkommen zu produzieren.

Als der große Tag da war und meine Schwiegermutter ins Krankenhaus kam, um ihren kleinen Stammhalter zu begrüßen, legte sie mir in der Tat ein Päckchen auf meine Bettdecke.

Für einen Ring zu groß, aber lang und schmal und ich dachte: ein Collier! Nicht schlecht!

Aber was ich dann auspackte, war ein Maniküreset von der Firma Solingen.

Ich hatte das Gefühl, jemand überreicht mir das Operationsbesteck, mit dem man wenige Stunden vorher meinen Sohn aus meinem Bauch rausgepult hatte.

Hab ich bis heute nicht überwunden. Ich sehe aber auch keine weiteren Verarbeitungsmechanismen außer einer Psychotherapie.

Meinen Freundinnen habe ich es schon mehrfach erzählt. Aber da ist kein Trost zu erwarten. Die drehen betreten ihre Brillantringe von links nach rechts und freuen sich, wenn eines ihrer Kinder vorbeikommt und sagt, es muss Kaka, damit sie sich aus dem Staub machen können.

Herzliche Grüße!

Cora

Aber ich möchte jetzt doch kurz noch mal auf mein eigenes Leid als geplagte Schriftstellerin zurückkommen. Ein schwarzer Tag war der 1. Oktober 2008.

An diesem Tag erschien mein Roman «Schwerelos». Das allein ist ja schon mal Grund zur Beunruhigung, zumal man ständig gefragt wird, ob der Erfolgsdruck nicht ganz grauenvoll sei und ich unter den Erwartungen, wieder einen Bestseller schreiben zu müssen, nicht schier zusammenbräche. Nett.

Aber ich habe diesen Erfolg nicht gesucht. Er hat mich gefunden. Und so bin ich zuversichtlich, dass, wenn er eines Tages weiterzieht, ich glücklicher darüber sein werde, ihn gehabt zu haben, als unglücklich darüber, ihn nicht mehr zu haben. Immer vorausgesetzt natürlich, es befinden sich bis dahin ein paar Milliönchen auf einem Schweizer Nummernkonto, das auf meinen Namen läuft.

Trotzdem ist der Tag, an dem ein neues Buch erscheint, immer ein außergewöhnlicher Tag. Es ist der endgültige Abschied von ausgedachten, liebgewonnenen Freunden, mit denen man über Monate hinweg zusammengelebt und gelitten hat.

Am Erscheinungstag lernen sich zwei Welten kennen, die echte und die erfundene, und ich kann nur noch hoffen, dass die beiden gut miteinander klarkommen.

Ich hatte mich schon den ganzen Tag lang gewundert, wo der begeisterte Anruf meiner Schwiegermutter blieb. Das «Hamburger Abendblatt» hatte zum Erscheinungstag meines Romans ein Kurzporträt über mich veröffentlicht. Sollte das meiner Schwiegermutter entgangen sein?

Erst am späten Nachmittag kam ich dazu, zum Zeitungskiosk zu gehen. Ich hatte den ganzen Tag etliche und meiner Bedeutung für den deutschen Kulturbetrieb angemessen wichtige Termine gehabt. Vormittags: Ersten Satz für meine «Brigitte»-Kolumne vor mir herschieben, «Achmed, the dead terrorist» bei «YouTube» gucken und an alle Freunde schicken.

Mittags: Notfall-Lunch mit liebeskranker Freundin, die von ihrem Mann wegen einer Dickeren verlassen wurde. Wir verstehen die Welt nicht mehr, bestellen doppelte Portionen Nachtisch, und ich mache mir Notizen auf die Speisekarte, darunter der Satz:

«Wie soll ich als Alleinerziehende einer Dreijährigen bloß einen neuen Mann finden? Schau mich doch an: Ich hab Knete unter den Fingernägeln!»

Gegen fünf Uhr Ortszeit hielt ich dann schließlich ein «Hamburger Abendblatt» in den Händen. Ein gezeichnetes Porträt von mir auf der Titelseite. Titelseite!

Was soll ich sagen?

Meine Schwiegermutter ist eine sensible Frau und hat das Bild bis heute unerwähnt gelassen. Ich sehe darauf aus wie eine grinsende Maultasche an einer kleinen Portion schwarzer, dünner Nudeln.

«Sympathisch, witzig und irgendwie ganz normal ist diese Autorin ...» steht neben der Zeichnung.

Vielleicht dachte der Zeichner, eine ganz normale Frau muss immer so aussehen, als habe sie allein im Gesicht sechzehn Kilo Übergewicht – jeweils zweieinhalb davon in den Tränensäcken. Meine Haare sahen aus, als hätte ich sie morgens in aller Eile selbst geschnitten, bevor ich meine Kontaktlinsen eingesetzt hatte.

Die Zeichnung war ein Schlag ins Gesicht für meinen Friseur, für die Trainerin meiner «Complete Body-Work-out»-Gruppe und für den gesamten «Shiseido»-Konzern, mit dessen Produkten ich seit Jahren die empfindliche Partie unter meinen Augen pflege, damit sich dort der Stress, den es bedeutet, prominent zu sein, nicht allzu deutlich niederschlägt.

Denn prominent ist man bedauerlicherweise immer nur für Leute, die einen nicht gut kennen. Und da hat man ja so wenig davon. Mir wäre es nicht unlieb, wenn mir Teile meines Freundeskreises und meiner Familie mit mehr Ehrerbietung und Bewunderung entgegenträten.

Clemens hat eine Verabredung mit mir neulich total vergessen.

Susanne ruft mich grundsätzlich erst Tage später zurück, wenn überhaupt. Kerstin sagt mir immer die Wahrheit, auch wenn ich sie gerade nicht hören möchte. Und mein Freund David, der in seiner Unbeeindrucktheit von mir und meiner tieferen Bedeutung nur noch von meinem Mann übertroffen wird, deutete an, in meinem neuen Kleid sähe ich aus wie eine Litfaßsäule.

Insofern behindert durch die Bekanntschaft mit derlei ungemütlichen Menschen, hat mich mein Erfolg leider überhaupt nicht verändert.

Ich wäre so gerne abgehoben, durchgeknallt und ohne jeden Realitätssinn. Das muss herrlich sein. Eine spröde Diva, eine geheimnisumwitterte Künstlerin, eine exzentrische Schriftstellerin, die sich in keiner Schlange hinten anstellt, auf der Straße den Blick gesenkt hält, um nicht angesprochen zu werden, und über jeden roten Teppich schreitet, als sei er nur für sie verlegt worden.

Ich bin leider ganz ich selbst geblieben.

Ich grüße mittlerweile auf der Straße sicherheitshalber mir völlig fremde Menschen, bloß, um nicht als arrogant zu gelten. Vor der «Bar Tausend» in Berlin stelle ich mich in die Schlange – um dann am Türsteher zu scheitern. Und auf roten Teppichen sehe ich im Blitzlichtgewitter nach wie vor genauso aus, wie ich eigentlich nicht aussehen möchte, nämlich: «natürlich».

24. November

Unser Kind hat einen Arbeitstitel!

Es geschah zu später Stunde. Mona saß in unserer Küche und hatte den Alkohol, den ich nicht trinken durfte, für mich gleich mitkonsumiert.

In bester Stimmung hob sie irgendwann erheitert ihr Glas und rief meinem Mann und mir so laut zu, als säßen wir nicht auf der anderen Seite des Tisches, sondern auf der anderen Seite des Konti-

Ich wäre so gerne
abgehoben, durchgeknallt
und ohne
jeden Realitätssinn. Das muss
herrlich sein.
Eine spröde
Diva, …

nents: «Ich finde, ihr solltet gefälligst was für die deutsch-jüdische Aussöhnung tun und euren Sohn Chaim Schlomo nennen!»

Das fanden wir alle lustig, auch ich, obschon ich ja gar nichts getrunken hatte.

Heute Morgen sagte mein Mann, als ich spärlich bekleidet in die Küche schlurfte: «Mittlerweile kommt ja dein Bauch zuerst zur Tür rein.»

Und dann, als er sich lange genug über seinen durchaus diskutablen Scherz gefreut hatte, fügte er noch hinzu: «Wie geht es heute unserem Schlomo?»

25. November

Ich finde, wenn man schwanger ist, sollte man nicht nur Rohmilchkäse, rotes Fleisch, Drogen, Springreiten und das Wühlen in frischem Katzenkot vermeiden, sondern auch das Internet.

Wehe, du hast eine winzige Beschwerde, ein leichtes Ziepen, ein minimales Wehwehchen. Nach nur fünf Minuten Recherche im Internet hältst du es quasi für ausgeschlossen, dass du oder dein Baby gesund sein könnte. Nach weiteren fünf Minuten bist du bereits auf dem Weg zum Frauenarzt, weil du den Eindruck gewonnen hast, eine Schwangerschaft sei eigentlich prinzipiell weder für die Mutter noch für das zu gebärende Kind zu überleben.

Das weltweite Netz macht mich fertig. Es bombardiert mich mit Informationen, die ich nicht haben will, aber dennoch suche. Es ist wie ein zerstörerischer Sog, der mich hineinzieht in all die herzzerreißenden Geschichten von Fehlgeburten, von Totgeburten, von zerstörtem Glück. Eben las ich den Bericht über ein Baby, das zum Sterben auf die Welt kam. Es durfte nur ein paar Minuten leben, gerade lang genug, damit seine Eltern es einmal in den Arm nehmen konnten.

Ich drehe fast durch, wenn ich so etwas lese. Vor Mitleid. Und vor Angst. Ich fühle mich, als hätte ich keine Haut mehr, als dringe alles ungeschützt ins rohe Fleisch.

«Normal», sagt mein Frauenarzt. «Das sind die Hormone.»

Gestern habe ich die «Bild»-Zeitung abbestellt, die wir seit einiger Zeit abonniert hatten. Auf dem Titel zeigte eine Frau das Foto ihres vierjährigen Sohnes. Der war am Tag zuvor vor dem Hamburger Hauptbahnhof überfahren worden. Er starb noch auf der Straße, die Hand in der seiner Mutter.

Mein Mitgefühl ist grenzenlos. Aber brauche ich diese Information? Ich weiß doch, dass Kinder im Straßenverkehr ums Leben kommen. Jeden Tag und überall. Mehr braucht man nicht zu wissen. Fotos des blonden Jungen, des Unfallwagens, der Rettungskräfte, der Blutflecken, tun niemandem etwas Gutes.

Trotzdem habe ich online alles über den Unfall nachgelesen. Und ja, ich war versucht, auf den Link «Fotogalerien zum Thema – Die schlimmsten Unfälle mit Kindern in den letzten Jahren» zu drücken.

Es ist schrecklich: Ich bin so gewöhnlich, so leicht zu haben, so manipulierbar durch solchen Dreck. Diese Fotos rauben mir den Schlaf und das Urvertrauen in das Leben und in ein wohlwollendes Schicksal.

Schwangerschaft und Boulevard, das verträgt sich nicht, und ich will diese seelenvergiftende Zeitung, der ich so schlecht widerstehen kann, nie wieder auf meinem Küchentisch liegen sehen.

Und jetzt gehe ich ins Bett mit einer Lektüre, die mir nichts antut. Ich habe einen ganzen Stapel freundlicher Bücher auf meinem Nachttisch liegen.

Bücher, in die ich mich zurückziehen kann, wenn mir die Welt zu bedrohlich und meine Haut zu dünn vorkommt.

Immer wieder, ich gebe es hier unerschrocken zu, verstecke ich mich in «September» von Rosamunde Pilcher und in den altmodischen Krimis von Dorothy L. Sayers.

Aber in meinem Zustand auch sehr bekömmlich sind Kataloge. Ich studiere sie mit Vergnügen und gleichzeitiger Besorgnis, war mir doch bisher nicht völlig klar, was ein Neugeborenes alles braucht, um sich in unserer Dreier-WG zügig und wohlig einzuleben: eine Erstausstattung beispielsweise, zu der so seltsame Dinge wie «Flügelbody», «Pucksack» und «Wolle-Seide-Strampler» gehören.

Ich begegne beim faszinierten Blättern Activity-Centern, Babyschalen, Heizstrahlern, geruchsneutralisierenden Windeleimern, Spucktüchern, Nestchen und Flaschenbürsten.

Völlig fremd und geradezu etwas unheimlich sind mir die Produkte, die im Themenbereich «Die stillende Mami» angeboten werden: Brustwarzenformer, Brustwarzenschutz, Muttermilchauffangschalen, Brusthütchen und Handmilchpumpen.

Die Welt meines Babys ist eine fremde und aufregende. Und sie ist gut. Trotz allem.

Gute Nacht, mein Schlomo.

28. November

Neben mir sitzt eine Frau, die so unglücklich ist, dass sie nicht freundlich sein kann.

Man denkt ja immer, Unfreundlichkeit sei das Ergebnis von Arroganz oder Ignoranz. Ich glaube aber, sehr viel häufiger entsteht sie aus Unsicherheit und Unglück.

Sie ist sehr dick. Sie hat sich hübsch zurechtgemacht, das sieht man. Trägt Ohrringe und eine Jacke, die sie sicherlich für chic hält.

Die Mundwinkel der Dame weisen so steil nach unten, dass man sich ein Lächeln in ihrem Gesicht unwillkürlich als ungeheure Anstrengung vorstellt.

Die Mühe macht sie sich aber auch nicht. Weder dem Kellner zuliebe, der sie fragt, ob sie noch einen Wunsch habe, noch dem kleinen, etwa vier Jahre alten Mädchen zuliebe, das von Tisch zu Tisch geht, um alle Erwachsenen laut giggelnd mit Mamas Kamera anzublitzen.

Der Barpianist spielt auf Wunsch des kleinen Mädchens «Hänsel und Gretel verirrten sich im Wald, es war so finster und auch so bitterkalt …».

Neben mir verziehen sich die Mundwinkel noch weiter nach unten. Vielleicht sollte ich sie fragen, warum sie so ist, wie sie ist. Vielleicht wartet sie nur darauf, dass sie jemand durch eine Frage erlöst. Vielleicht denke ich mir die Geschichte dieser Frau aber auch selber aus.

Ich liebe diese Abende in Hotelbars.

Ich bin an der Ostsee, um zu schreiben. Ich will mit meinem neuen Buch «Endlich!» endlich vorankommen und habe mich für drei Tage in einem Hotel in Travemünde eingebucht.

Tagsüber sitze ich im Zimmer und arbeite, nachmittags schiebe ich meinen Bauch einmal über die Strandpromenade, abends falle ich über das Buffet her, als würde ich zu Hause nichts zu essen kriegen, und abends sitze ich mit meinem Computer und einem großen alkoholfreien Bier an der Bar.

Ich hasse Bier. Aber ich liebe Alkohol. Und für mich schmeckt, da ich den Unterschied nicht kenne, alkoholfreies Bier nach Alkohol.

Die dicke Dame bestellt die Rechnung, ohne eine Miene zu verziehen. Kann man das Lächeln verlernen, oder muss man es erlernen? Ich wünsche mir, dass mein Sohn ein freundlicher Mensch wird.

Am Tisch zu meiner Rechten sitzt eine Frau, etwa Mitte dreißig, für die es eine Anstrengung zu sein scheint, nicht zu lächeln. Sie geht auf Krücken, das habe ich eben im Speisesaal gesehen. Beim Koch hinter der Salatbar hat sie sich für das leckere French Dressing bedankt.

Jetzt sitzt sie mit ihrem Mann und ihren Eltern hier, und diese vier sind die Einzigen, die applaudieren, wenn der Barpianist eine Pause macht. Er spielt «Bright Eyes» und «My Way».

Ich bin schon wieder fast am Heulen.

Die Eltern der Frau mögen etwa sechzig sein. Sie halten Händchen. Er macht einen schlechten Witz, seine Tochter ruft «Papa!» und schlägt in gespieltem Entsetzen die Hände vors Gesicht. Ich erkenne mich wieder.

Der Pianist spielt «Somewhere over the Rainbow».

Jetzt heule ich tatsächlich heimlich in mein Bier.

«Papa», sage ich nur noch, wenn ich bete. Das kommt in letzter Zeit häufiger vor. Ich habe mir immer eine große Familie gewünscht. Meine Schwester, meine Großeltern, meine Eltern sind leider alle im Himmel gelandet, bevor wir eine große Horde, ein imposantes Empfangskomitee für meinen Sohn bilden konnten.

Wenn mein Schlomuckel – so die neueste Version, denn auch Arbeitstitel brauchen Koseformen – dreißig ist, werde ich fast siebzig sein, sein Vater beinah achtzig. Meine Eltern wird er nur aus Erzählungen kennen, die ihn vermutlich langweilen werden.

Jetzt spielt der Mann am Klavier «For your Eyes only», und der aufmerksame Kellner bringt mir ein Taschentuch. Die Dicke geht ohne Gruß, und die Mutter der jungen Frau verabschiedet ihre Tochter mit einem Kuss auf die Stirn.

«I hope you don't mind, that I put down in words, how wonderful life is, while you are in the world.»

Ich habe gelesen, dass fast alle Menschen in ihrer Todesstunde nach ihrer Mutter rufen. Ist das die tiefste aller möglichen Bindungen? Am Sterbebett meiner eigenen Mutter habe ich gehört, wie sie in den Momenten größter Angst und größten Leides ihre Mutter um Hilfe anflehte. Die war seit dreißig Jahren tot.

Anne Enright schreibt in ihrem Buch «Ein Geschenk des Himmels»: «Es ist das beharrlichste aller Gefühle. Eine Sorge und eine Sorgende lassen niemals los. ‹Es hört nie auf›, sagt meine Mutter, ‹es hört nie auf›, womit sie die Liebe meint, aber auch die Sorge. Wie Phantome entschlüpfen wir den Köpfen unserer Eltern, lassen sie dann nach irgendetwas fassen, das sie bei unserem Namen rufen, weil eine Mutter einfach nicht imstande ist, ihr Kind loszulassen. Und sehr viel später dann, in Not, in tragischen Umständen oder aber vom Alter geschwächt, gleiten wir unbemerkt wieder zurück in ihren Besitz, weil man zuweilen einfach nur will, dass die Mutter einen hält, wenn nicht in ihren Armen, so doch in ihrem Herzen, wie auch sie hin und wieder von ihrer eigenen, längst verstorbenen Mutter gehalten wird.»

Mittlerweile klatschen wir alle, wenn der Pianist Pause macht.

Schlomuckel hat, welch ein Luxus, seine Großeltern perfekt auf Himmel und Erde verteilt. Ich werde eine Familie sein, einer wird «Mama» zu mir sagen, und ich könnte gerade ausflippen vor Glück.

Und die unglückliche Dicke bekommt am nächsten Tag eine tragende Nebenrolle mit Happy End in meinem Buch.

3. Dezember

Schwangerschaftswoche: 19

Es plagen mich elementare Fragen: Warum schnaufe ich schon jetzt bei der geringsten Anstrengung wie ein asthmatisches Walross? Darf ich als Schwangere Kaviar essen? Brauche ich einen Dampfsterilisator für Fläschchen und Schnuller? Und, ach ja, ehe ich's vergesse: Was soll eigentlich aus mir werden?

Heute habe ich mir beunruhigt in dem Buch «Muttergefühle» von Rike Drust folgende Passagen angestrichen:

«Ich war mal cool. Als ich weder Mann noch Kind hatte, haben meine besten Freundinnen und ich so viel gefeiert, dass wir mindestens einen Arbeitsplatz in der ‹Beck's›-Brauerei gesichert haben. Jetzt habe ich ein Kind und fühle mich in die Schublade der langweiligsten Menschen der Welt gedrückt. Als ich in Elternzeit war, wurde mir bei der Frage ‹Und? Was machst du so?› heiß und kalt. ‹Hausfrau und Mutter› wäre die korrekte Antwort gewesen, aber da hätte ich auch gleich sagen können, ich presse Blumen und lerne Zugstrecken auswendig. ‹Ich leite ein erfolgreiches Familienunternehmen› soll zwar in der Werbung pfiffig und selbstbewusst rüberkommen, schreit aber in der Realität aus jedem Buchstaben: ‹ICH HABE KOMPLEXE, WEIL ICH MIT DEM KIND ZU HAUSE BIN.› Das war die peinlichste Antwort von allen, fand ich. Aber meine Antwort war eigentlich noch viel peinlicher, ich sagte nämlich: ‹Ich bin ‚nur' Mutter› (wobei ich die Gänsefüßchen tatsächlich mit den Fingern in die Luft malte).
Auf der Suche nach etwas Selbstbestätigung fällt mir auf, dass Männer mich, seit ich mit Kinderwagen unterwegs bin, ähnlich interessant finden wie die Squaredance-Aufführung einer junggebliebenen Seniorengruppe. Und meine Nachbarn erkennen mich häufig nicht einmal, wenn ich mein Kind nicht dabeihabe. Das schockiert mich. Sowohl in meiner eigenen als auch in der Wahrnehmung anderer scheine ich als eigenständige Frau

nicht mehr zu existieren. Schon während der Schwangerschaft wurden ich und mein Bauch nach Herzenslust betatscht und klugbeschissen. Als das Kind da war, hat sich mein Dasein als Frau sogar noch weiter aufgelöst. Plötzlich steckte ich bis zum Hals im Klischee: Obwohl ich mir eigentlich mit meinem Partner alles gerecht teilen wollte, das Geldverdienen, den Haushalt und die Kinderbetreuung, war ich plötzlich Hausfrau und Mutter. Und zwar nicht, weil ich es mir freiwillig ausgesucht hatte, sondern weil der Mann mehr Geld verdiente als ich und sein damaliger Arbeitgeber kein flexibleres Modell zugelassen hätte.»

Welche dieser Probleme kommen auch auf mich zu? Und wie sehr werde ich unter ihnen leiden?

Ich war nie cool – und wenn, dann ist es schon so lange her, dass ich meinem Baby nicht die Schuld für den Verlust meiner Coolness in die Laufl ernschühchen schieben kann. Und ich war ja auch noch nie der Typ Frau, der nicht unbelästigt eine Straße überqueren konnte. Ich musste schon immer erst was sagen, um Köpfe zu verdrehen.

Was das Geldverdienen angeht, habe ich ebenfalls Probleme, aber andere. Ich gehöre zu den Frauen, die es sich nicht leisten können, «nur» Mutter zu sein. Ich glaube aber auch, dass ich mich nicht wohl fühlen und womöglich die Anführungsstriche in die Luft malen würde. Die Frage stellt sich allerdings nicht, denn wir können auf mein Einkommen nicht verzichten.

Das setzt mich unter genau den gleichen Druck, unter dem Männer üblicherweise stehen, nämlich maßgeblich verantwortlich oder mitverantwortlich zu sein für die Existenz der Familie. Und es schenkt mir genau die gleiche Freiheit, die üblicherweise Männern zuteilwird: die Freiheit, die mit der Macht des Geldes einhergeht.

Denn Emanzipation ist immer auch eine Frage des Geldes. Meine Meinung.

Solange du als Frau und Mutter immer nur «ein bisschen was dazuverdienst», wirst du diejenige sein, die nachts aufsteht, wenn

Kind Fieber. Die sich freinimmt, wenn Kind Scharlach. Die spätabends Kuchen backt, wenn Kind Geburtstag. Die abends zum Kita-Infoabend geht, weil Mann erschöpft, weil voll berufstätig und Ernährer der Familie.

Geld ist Macht. Und die geben Männer, verständlicherweise, oft nur ungern ab. Es ist absolut erschreckend, wie viele Frauen nicht die leiseste Ahnung haben, was ihre Männer eigentlich genau verdienen.

Es ist skandalös, wie viele Frauen sich auf ihren Ernährer verlassen, sich nicht um einen Ehevertrag kümmern, um ihre eigene Absicherung für den leider nicht ganz so unwahrscheinlichen Fall, dass was schiefgeht.

Die Frau wird erst dann zu einem respektablen Verhandlungspartner für den eigenen Mann, sobald sie die Familie in einem ernstzunehmenden Ausmaß mitversorgt. Ich sehe das bei meiner Freundin Kerstin. Da werden die Rechte, die Pflichten und die Verantwortung gerecht geteilt. Beide Eltern arbeiten voll, und die Mutter ist nicht mehr selbstverständlich zuständig für Kinderalltag und Haushalt.

Wenn es auf die Frau als Ernährerin genauso ankommt wie auf den Mann, wenn Arbeitgeber bei Männern genauso wie bei Frauen damit rechnen müssen, dass sie in Elternzeit oder pünktlich nach Hause gehen, wenn Mütter ihre Männer zum Elternabend schicken, weil sie einen langen Tag im Büro hatten – dann ist der nächste Schritt in Sachen Gleichberechtigung getan.

Und dann wird hartarbeitenden Müttern nicht mehr die steinzeitliche und unverschämte Frage gestellt werden: «Warum haben Sie überhaupt Kinder?»

So gut wie ich, muss ich zugeben, kann man es kaum treffen. Ich habe einen Mann, der seine Arbeit kindgerecht dosieren kann und der alt genug ist, um zu wissen, dass ihm nichts Wesentliches entgeht, während er mit seinem Sohn auf dem Spielplatz abhängt. Im Gegenteil.

Mein Mann will es nicht verpassen, sein Kind ins Bett zu bringen, es durch die Nacht zu tragen, wenn es in Not ist. Er will weniger arbeiten, um mehr Zeit mit seinem Sohn verbringen zu können. Ganz freiwillig, man stelle sich das vor. Er freut sich auf neue Erfahrungen, auf neue Gefühle, auf ungeahnte Abenteuer jenseits von Fernreisen und interessanten Interviewpartnern.

Würde ich darauf bestehen, komplett zu Hause zu bleiben, würde er sein Veto einlegen. Er will nicht der alleinige Ernährer sein. Denn, man erinnere sich, auch Väter haben Rechte und Wünsche und Forderungen. Meiner will sein Kind aufwachsen sehen, nicht nur am Wochenende.

Zum Glück haben wir beide keinen Arbeitgeber, dem wir den Eindruck vermitteln müssten, dass wir Familie und Beruf spielend unter einen Hut kriegen, oder der uns andeutet, dass eine Babypause einer weiteren Karriere nicht besonders zuträglich sein würde.

Wir sind freiberufliche Journalisten, können uns unsere Zeit relativ frei einteilen, und ich bin zu einem so bedeutenden Teil für meine eigene Ernährung und die der zu gründenden Familie zuständig, dass mein Job so wichtig ist wie der meines Mannes. Und mein Mann ist in einem so bedeutenden Maße zuständig für das Heranwachsen unseres Sohnes, dass seine Anwesenheit zu Hause genauso wichtig ist wie meine.

Also machen wir halbe-halbe.

Das sind unvergleichlich günstige Bedingungen, das weiß ich. Ich bin dafür dankbar. Und betrachte teils mit Staunen, teils mit Ablehnung und teils mit unverhohlener Bewunderung die Lebensmodelle anderer Eltern.

5. Dezember

Schwangerschaftswoche: 19
Zustand: Ich sehe jetzt von vorne genauso aus wie von hinten. Befremdlich irgendwie. Als würde ich ein weiteres Kind im Po austragen. Sollte ich heute zum Kaiserschnitt eingeliefert werden, müsste ich aufpassen, dass man mich nicht von der falschen Seite aufschneidet.

Gestern sprach ich über Dankbarkeit, Beruf und späte Schwangerschaft mit einem Redakteur einer Schweizer Zeitung. Das war ein interessantes Interview, mein erstes als offiziell werdende Mutter:

Frau von Kürthy, Sie bekommen im April nächsten Jahres Ihr erstes Kind. Fühlen Sie sich dadurch jünger oder älter?
Weder noch. Ich hadere nicht damit, eine sogenannte späte Mutter zu sein. Besser spät als nie. In erster Linie fühle ich mich durch diese Schwangerschaft beschenkt – und das mag tatsächlich eine Frage des Alters sein: dass man das Großartige, das einem im Leben widerfährt, für weniger selbstverständlich hält. Kind, Erfolg, Gesundheit, Freundschaft, Liebe – mit 23 denkst du noch, das steht dir zu. Ab vierzig bist du dafür dankbar. Anne Enright schreibt über diese Erfahrung, kurz nachdem sie mit vierzig ihre Tochter bekam: «Ich sitze in meinem Garten und empfinde tiefe Dankbarkeit. Unterschätzen Sie nie, wie sehr Menschen darum kämpfen, ein völlig normales Leben zu führen.»

Ute Lemper wurde mit 48 Mutter. Ist das nicht purer Egoismus auf Kosten des Kindes? Muss man wirklich alles machen, was medizinisch möglich ist?
Ich finde, in diesem Fall wird die Medizin zum Werkzeug der Emanzipation. Die biologische Uhr ist so altmodisch. Dieses unzeitgemäße Phänomen der sich frühzeitig verabschiedenden Fruchtbarkeit, das so gar nicht ins moderne Frauenleben passt. Bis Mitte vierzig muss die Sache

mit Kindern in trockenen Tüchern sein. Danach ist man zu alt. Aber man fühlt sich ja gar nicht so. Ich finde, da kann man der Natur durchaus ins Handwerk pfuschen. Die Biologie ist so verdammt unemanzipiert, dass es eine Frechheit ist!

Aber wenn Ute Lemper 70 ist, dann ist ihr Kind erst Anfang 20. Und die Enkel werden keine Großmutter haben.
Na und? Meine Eltern sind seit fünfzehn Jahren tot, die Mutter meiner Mutter habe ich nie kennengelernt. Ist das ein Grund, dass ich nie hätte geboren werden sollen? Ich will ja nicht unbescheiden klingen, aber ich bin ehrlich gesagt ganz froh, dass es mich trotzdem gibt.

Immer mehr Frauen entscheiden sich gegen Kinder, weil sie fürchten, berufliche Einbußen hinnehmen zu müssen. Warum haben Frauen heutzutage eigentlich so viel Angst, dass ihnen etwas entgeht oder dass sie etwas versäumen?
Weil wir zum Glück viel zu versäumen haben! Endlich gibt es für Frauen ein spannendes Alternativprogramm zu Kinderaufzucht und Männerbetreuung. Wir machen Karriere, gehen fremd, verlassen langweilige Typen, verzichten auf Kohlehydrate oder Unterhalt, steigen trotz Kleinkind wieder in den Beruf ein. Das ist großartig und angsteinflößend. Wer viel haben kann, muss auch auf viel verzichten. Wer sich entscheiden kann, kann sich auch falsch entscheiden. Aber es ist allemal besser, die Qual der Wahl zu haben als nur die Qual.

Können sich Frauen, wie Männer, wirklich über den beruflichen Erfolg definieren?
Hoffentlich immer mehr. Allerdings ist es immer ein Risiko, wenn man sich nur über eine Sache definiert. Männer, die alles auf den Beruf setzen und dann verlieren, sind am Ende schlimm dran. Und auch von Frauen, deren einziger Lebensinhalt die Familie war, bleibt wenig übrig, wenn die Kinder aus dem Haus sind.

Ich glaube, Sie unterschätzen, wie wichtig es für Frauen ist, eine gute Familie, Kinder zu haben. Was für den Mann die Firma ist, ist für die Frau die Familie. Beruflicher Erfolg mag auch für Frauen wichtig und befriedigend sein, aber am Ende zählt die Familie. Das ist das wichtigste Laufbahnprojekt.

Mein erster Reflex ist es, Ihnen auf der Stelle eins aufs Maul zu hauen und böse zu rufen, dass Sie komplett unrecht haben. Es könnte aber sein, dass Sie nicht komplett unrecht haben. Ja, ich fürchte, dass es sogar stimmt, was Sie sagen, aber ich verachte Sie zutiefst für Ihre Meinung und hoffe, dass sie falsch ist.

Wieso Verachtung?

Weil Sie so denken – und vielleicht auch noch recht haben. Das ärgert mich. Das hieße, Emanzipation ist letztlich nicht möglich, weil die Biologie das Wesen Frau genetisch an die Familie kettet. Ich kenne etliche ernstzunehmende Menschen, die der Ansicht sind, dass die Mutterliebe durch das leibliche Band, dem sie entspringt, unvergleichlich ist. Dass Mütter anders und intensiver lieben als Väter. Insofern mag tatsächlich auch die Erfüllung, die Frauen in ihren Kindern suchen oder erfahren, eine intensivere sein.

Sind Frauen, die sich mehr auf ihre Karriere als auf ihre Kinder konzentrieren, genetische Ausnahmen oder gar Mutationen? Ist es «unnatürlich», wenn sich Frauen ganz gegen Kinder entscheiden? Andererseits muss man ja auch wirklich nicht alles annehmen und mitmachen, was uns als natürlich verkauft wird. Es ist ein unangenehmes und spannendes Thema, und ich hoffe, dass sich das Leben verändert und die Frau nicht einfach auf die Familie zurückgeworfen wird, dieses wackelige Gebilde.

Wäre es anders, würden viel mehr Frauen Karriere im Beruf machen. Frauen scheiden deshalb freiwillig aus der Berufskarriere aus, weil sie sich für die Familie entscheiden. Man kann das nachvollziehen: Eine Frau, die beispielsweise mit 45 ihren Managerjob verliert und ohne

Familie und Kinder dasteht, hat es viel schwerer als ein Mann in der gleichen Situation. Weshalb sollte sie das Risiko eingehen?
Aber können Frauen nicht wie Männer eine Kunststiftung gründen oder Berater werden, wenn sie ihren Job verloren haben? Allerdings stimmt es vermutlich, was Sie sagen, eine beruflich gescheiterte Karrierefrau wirkt gescheiterter. Aber es wäre schön, wenn ich das anders empfinden würde. Emanzipation sollte doch bedeuten, dass Frauen auch in ihrem Versagen gleich behandelt und wahrgenommen werden.

Eine Frau kann sich im Beruf abrackern, aber vermutlich ist es effizienter, wenn sie sich von Anfang an einen reichen Mann sucht.
Für Frauen gibt es immer noch diese scheinbar verlockende «Karriere»-Alternative: selber nix können, aber sich einen Partner suchen, der was kann. Würden Sie, hätten Sie eine Tochter, ihr dazu raten? Ich hoffe, selbst Sie konservativer Knochen täten das nicht. Denn in Zeiten von wasserdichten Eheverträgen und explodierenden Scheidungsraten sind reiche Männer keine sichere Bank mehr, und als Frau bist du zunächst noch schön und blöd. Aber in fünfzehn Jahren bist du nur noch blöd. Und das ist dann richtig schön blöd.

Ist eine Frau unvollständig, wenn sie keine Kinder hat?
Das ist von Frau zu Frau verschieden. Ich finde Frauen toll, denen nichts fehlt, wenn sie keine Kinder haben. Das bewundere ich.

Sie haben mal gesagt: «Um nichts in der Welt möchte ich heutzutage ein Mann sein müssen.» In vier Monaten soll Ihr Sohn auf die Welt kommen. Tut er Ihnen jetzt schon leid?
Wie schade, dass Sie sich an dieses Zitat noch erinnern! Und ja, er tut mir ein bisschen leid. Und ich mir auch. Derzeit ist es unklar, was eigentlich unter einem guten Mann zu verstehen ist. Vorbilder fehlen. Es ist eine große Herausforderung, einen Jungen zu einem guten Mann zu erziehen. Ich arbeite da gewissermaßen an einem Prototyp. Aber auch da bin ich guter Hoffnung.

Macht Ihnen der Gedanke Angst, bald Mutter zu werden?
Ich bereite mich auf unser Kind vor, indem ich versuche, mir möglichst wenig vorzumachen. Was ich vermute: In wenigen Bereichen wird so viel Idyll-Korrektur betrieben wie beim Muttersein und Mutterwerden. Wer ist denn schon ernsthaft begeistert, wenn er nicht mehr durchschlafen kann, geschwollene Füße hat, sich die Bluse mit Fruchtwasser versaut, einen Ausgehabend drei Wochen im Voraus planen und dann zwei Stunden vorher wegen kotzenden Kinds absagen muss? Das ist einfach nicht schön. Ich sehe haufenweise Paare, die sich trennen, nachdem sie ein ersehntes Kind bekommen haben, es aber einfach miteinander nicht auf die Reihe bekamen. Ein Kind bedeutet auch immer Krise. Je mehr man sich das vorher klarmacht, desto weniger ist man später überrascht. Hoffe ich zumindest. Fragen Sie mich in einem halben Jahr noch mal, wenn ich Ihnen hier mit schwarzen Augenringen und Kinderkotze im Haar gegenübersitze.

Werden Sie Ihrem Sohn Ihre Bücher zu lesen geben, damit er möglichst schnell lernt, wie die Frauen ticken?
Wahrscheinlich wird er sich zu Tode schämen, wenn er meine Bücher liest, und aus Protest lieber Schopenhauer auswendig lernen. Und was nützte es ihm schon, zu wissen, wie Frauen ticken? Wenn einer die weibliche Seele besonders gut versteht, darf er den Mädels immer freundschaftlich Rat geben, wenn sie mal wieder mit den falschen Typen geschlafen haben. Ist ja auch nicht so erstrebenswert. Das Beziehungsleben ist kompliziert, und Kummer bleibt nun mal nicht aus, wenn man sich auf Liebe einlässt. Aber lohnen tut es sich trotzdem. Immer wieder.

Was wünschen Sie sich für Ihren Sohn?
Ich hoffe, er wird ein freundlicher Geselle, menschlich, lässig und mit gesundem Humor. Mamas Witze sollte er besser lustig finden, sonst kommt er ins Heim.

«Kinder haben heißt, gute Nerven zu benötigen. Versuchen Sie, sich psychisch zu härten. Besuchen Sie Dia-Abende! Fahren Sie in Stoßzeiten mit U- und S-Bahn! Stellen Sie sich in den Fanblock des FC Bayern und schwenken Sie die schwarzgelbe Fahne der Dortmunder Borussen!»

AXEL HACKE

9. Dezember

Schwangerschaftswoche: 6. Monat: Halbzeit!!!
Gewicht: dreiundsiebzigkommaneunkilogramm.
Baby: 20 Zentimeter groß.

Gestern Morgen ging ich voller Vorurteile zum ersten Mal zum Schwangerschaftsyoga. Ich habe einfach zu viele Witze darüber gehört, und ich war schon vorher sicher, dass es mir nicht gefallen würde. Davon wollte ich mich aber mit eigenen Augen überzeugen. Ich hatte mir fest vorgenommen, sofort in schweigendem Protest den Raum zu verlassen, sollte die Lehrerin tatsächlich Sachen sagen wie: «Wenn du lächelst, lächelt auch dein Muttermund.»

Biestig betrachtete ich die anderen Teilnehmerinnen. Die meisten trugen, im Gegensatz zu mir, «Lounge-Wear». Also sehr kleidsame, weich und fließend fallende Jogi-Hosen mit passenden Tops in gedeckten Modefarben wie Cappuccino, Pflaume oder Stone Grey. Alle hatten ihre eigenen Matten mitgebracht bis auf mich natürlich und eine weitere Dame, die, ich registrierte das mit Verblüffung, ein Lammfell dabeihatte.

Da war ich eigentlich schon bedient, weil ich mich in eine alte Sporthose gezwängt und darüber ein T-Shirt meines Mannes gezogen hatte. Statt eines golddurchwirkten Indien-Tuches breitete ich ein Handtuch über die schrabbelige Studiomatte, ein fadenscheiniger Frottélappen, den ich vor vielen Jahren mal in einem drittklassigen Hotel versehentlich entwendet hatte.

Ich fühlte mich unbehaglich. Dieses Gefühl verstärkte sich noch, als sich die Frau mitsamt Schafspelz direkt neben mir niederließ und mir der Geruch von feuchtem Tierpelz unerbittlich in die Nase kroch. Und das, wo ich doch derzeit so empfindlich bin.

Ich guckte verspannt. Alle anderen lächelten beseelt in den werdenden Tag hinein, sahen aus wie personifizierte Sonnenaufgänge und streichelten über ihre Bäuche.

Überall Bäuche, so weit das Auge reichte! Bäuche in den unterschiedlichsten Formen und Ausmaßen. Und mir wurde schmerzlich bewusst, was mir vorher rein theoretisch völlig klar gewesen war: Ich bin bloß eine von vielen.

Ein Gedanke, der mir, als passionierter Egozentrikerin, überhaupt nicht zusagt. Erst letzte Woche hatte mein Frauenarzt während des Ultraschalls meinen Sohn als «unauffällig» bezeichnet. Eine taktlose Bemerkung, die mir übel aufgestoßen war.

Ich weiß, dass pro Minute auf der Welt 267 Kinder geboren werden. Und das sind 267 gute Gründe pro Minute, die eigene Schwangerschaft relativ lässig anzugehen, nicht stündlich Umfang und Blutdruck zu messen oder ständig «Eine kleine Nachtmusik» in Konzertlautstärke zu hören, um dem Fötus den Zugang zu klassischer Musik zu erleichtern.

«Schwangerschaft und Geburt sind natürliche Vorgänge», so steht es vorne in meinem Mutterpass. Also nix einzigartiges Wunder und so. Alles ganz natürlich. Alles nichts Besonderes.

Außer vielleicht bei mir.

Auf dem Lammfell nebenan begann es intensiv zu brummen. Vor lauter Befremden hatte ich fast den Einstieg in die Yogastunde verpasst. Ich brummte schließlich mit, die Lehrerin war mir sympathisch, und ich beschloss, mich der Sache probehalber hinzugeben.

Yoga ist wie Cluburlaub und Karneval: Entweder du machst mit, oder du kannst gleich zu Hause bleiben. Beim Karneval habe ich mit einem als Karotte verkleideten Mann in einem Kölner Hauseingang wild gefummelt. Lange her allerdings.

Beim Robinson-Cluburlaub war ich Teil eines «Flashmobs», tanzte nachts barfuß im Sand, verschenkte mein Herz an den einzigen schwulen Trainer und machte beim Aqua-Aerobic schrullige Übungen mit der Schwimmnudel. Und nein, das ist noch nicht lange her.

Ich habe also überwiegend gute Erfahrungen damit gemacht, mich auf seltsame Dinge einzulassen. Jetzt mal abgesehen von dem schnauzbärtigen Golf-GTI-Fahrer (ich war siebzehn und leicht zu beeindrucken) und der multifunktionalen Baby-Spieldecke mit akustischen Signalen, Lichteffekten sowie Knistertieren mit Audio- und Bewegungsfunktionen. (Ich habe diese Decke vergangene Woche bei «Amazon» bestellt, denn der Begleittext hatte mich davon überzeugt, dass ein lebenswertes Leben für mein Kind aus-

schließlich mit dieser Anschaffung möglich sei: «Diese Aktivitätendecke sorgt für einen sicheren und dennoch dynamischen Spielspaß. Ein wichtiger Bestandteil ist das integrierte, durch das Kind selbst aktivierbare Kick & Play Responsepad, welches der Spielbogendecke eine neue Dimension der Entwicklungsspielzeuge verleiht.»)

Abgesehen von diesen beeindruckenden Versprechungen bezüglich der Entwicklung meines Sohnes entspricht die Erlebnisdecke auch komplett meinem degenerierten Geschmack.

Ich liebe alles, was bunt, kitschig und aus Plastik ist. Und wenn es dann noch blinkt, gibt es für mich kein Halten mehr. Das kommt davon, dass meine Eltern pädagogisch wertvoll sein wollten und mir immer nur Holzspielzeug zur Verfügung stellten.

Während meine Freundin Heike zu ihrem sechsten Geburtstag ein hüfthohes, rosafarbenes Barbie-Puppenhaus inklusive Einrichtung und mehrerer Barbies mit diversen Tüll- und Seiden-Outfits bekam, fand ich auf dem Gabentisch ein paar kümmerliche Holzfiguren mit dicken Nasen, Haaren aus Wolle und Kleidern, die auch von meiner wunderbaren, aber diesbezüglich talentfreien Mutter selbst genäht hätten sein können.

Heike hat heute einen einwandfreien Geschmack, während ich immer noch versuche, meine plastikfreie Vergangenheit mit so viel Kitsch wie möglich aufzuarbeiten. So viel zu guter beziehungsweise gutgemeinter Erziehung.

Jedenfalls hatte ich meine neuerworbene Aktivitätendecke schon mal probehalber aufgebaut, als mich Johanna gestern ohne Vorwarnung besuchen kam.

Sie sah die Decke und sagte: «Ich hoffe, du hast den Therapeuten für dein Kind gleich mitbestellt.»

«Wieso? Es handelt sich um ein ausgereiftes Entwicklungsspielzeug, eine ganz neuartige Dimension der Erlebnisdecken», antwortete ich überzeugter, als mir innerlich zumute war. Als Erstgebärende ist man ja leicht zu verunsichern.

«Ein Säugling will nichts erleben. Es hat schon seinen Grund, warum der neugeborene Mensch nicht sehr gut und nicht besonders weit sehen kann und fast den ganzen Tag schläft. Für den ist es aufregend genug, überhaupt am Leben zu sein. Was soll denn dein Sohn denken, wenn er die Augen aufmacht und als Erstes ein blinkendes, gelb-rot gepunktetes Flusspferd sieht? Da wünscht man sich doch auf der Stelle in den Mutterleib zurück.»

«So habe ich das noch gar nicht gesehen», murmelte ich betreten.

«Schick es wieder zurück», sagte Johanna. «Du kannst meine beiden haben. Und auch das Baby-Smartphone mit Tierstimmen, die Musikschnecke, das 3-D-Faszinationsmobile mit Fernbedienung und den multimedialen Lauflernwagen. Alles bei mir im Keller. Ich hab auch jeden Scheiß geglaubt und gekauft. Du brauchst nichts davon. Die Hauptsache ist, dass du dich rechtzeitig bei ‹Chinesisch für Neugeborene› anmeldest.»

«Wie bitte?» Ich hatte natürlich nichts dergleichen getan. Hatte ich damit womöglich meinem Kind bereits vorgeburtlich eine vielversprechende Karriere im asiatischen Raum verbaut? Mein Sohn durch meine Schuld ein vorprogrammierter Globalisierungsverlierer?

«War nur Spaß. Ich empfehle dir ernsthaft nur zwei Dinge: Bewirb dich bereits jetzt für einen Kita-Platz in deiner Nähe. Setz dich auf sämtliche Wartelisten, schick Briefe, Kuchen und signierte Bücher. Grinse dich durch Infoabende durch, versichere, dass du an einer regen Elternmitarbeit interessiert seist, behaupte, dein Mann sei handwerklich begabt und du könntest die weltbesten Tofupasteten backen. Egal wie, aber sieh zu, dass du dein Kind mit einem Jahr an Profis abgeben kannst. Und mein zweiter Rat: Such dir fürs erste Jahr mit Kind eine Krabbel- oder PEKiP-Gruppe.»

«Ist das wichtig fürs Kind?»

«Nein, für dich. Sonst fällt dir irgendwann die Decke auf den Kopf. Da triffst du Leidensgenossinnen, kannst über Milchstaus, postnatale Depressionen, Windelsorten und all den anderen Kram sprechen, den keine Sau außer frischen Müttern interessiert. Mir hat das sehr gutgetan.»

«Ich habe übrigens Halbzeit», sagte ich stolz. «Ich bin seit heute in der zwanzigsten Woche!»

«Genieß die Zeit! Jetzt kannst du dir noch die Schuhe selber zubinden, im Kino länger als zehn Minuten in ein und derselben Stellung ausharren und deinen Ehering tragen, bevor du anfängst, Wasser einzulagern, und deine Finger aussehen wie überhitzte Weißwürstchen. Ab der dreißigsten Woche wird's dann ungemütlich. Und wenn du Pech hast, legst du wie ich bis zum Schluss fünfundzwanzig Kilo zu und bekommst Spreizfüße.»

«Oh. Und wie läuft es so zu Hause?»

«Ungünstig. Mein großer Sohn will an Karneval als Cinderella gehen. Das kann ich nicht tolerieren.»

Eigentlich bin ich Johanna dankbar, dass sie nicht so tut, als seien schwangere Frauen und Mütter die besseren Menschen und zur andauernden Glückseligkeit verpflichtet.

Man bekommt ja sonst leicht den Eindruck, als müsse man jede schwangerschaftsbedingte Verstopfung, jede Krampfader und jedes säuerliche Aufstoßen freundlich willkommen heißen, weil negative Gefühle und geringste Zweifel sofort, wie Nikotin und Alkohol, die semipermeable Plazentaschranke über den Haufen rennen und sich auf das wehrlose Ungeborene stürzen.

Apropos: Mein pragmatischer Frauenarzt hat mir versichert, dass ich ab und zu durchaus ein Glas Wein trinken dürfe. Und da ich den Mann auf keinen Fall enttäuschen möchte, tue ich das auch. Ich rede aber nicht so offen darüber.

Auch meine Ernährungsgewohnheiten mache ich ungern zum Thema. Ich hatte mir so fest vorgenommen, viel Möhrenrohkost und wenig Bounty zu mir zu nehmen. Aber meine Gelüste sind meist doch stärker als mein Wille. Eine Erkenntnis, für die ich jedoch nicht erst schwanger werden musste.

«Und jetzt atmet in euren Bauch hinein, atmet zu eurem Kind hin und umhüllt es mit guten Gedanken», sagte die Lehrerin. «Nehmt eine bequeme Haltung ein, während wir gemeinsam das Mantra ‹Adi Shakti› singen.»

Ich schielte zur Lammfell-Yogistin, um zu sehen, was die wohl unter einer bequemen Haltung verstand. Dacht' ich mir's doch: Mit wüst verknoteten Beinen unter dem kugelrunden Bauch hockte sie widernatürlich nach vorne gebeugt auf ihrem stinkenden Schaf und hatte die Augen irgendwie vorwurfsvoll geschlossen, so als wolle sie sich demonstrativ meinen erbärmlichen Anblick ersparen.

Egal, dachte ich und sang tapfer mit, wandte meinen Blick nach innen und konzentrierte mich auf meinen eigenen Bauch und dessen Bewohner.

Und dann hatte ich eine Eingebung!

Ich wusste den Namen meines Kindes!

Nach der Yogastunde war ich zu meiner eigenen Verblüffung entspannt und friedfertig. Ich nickte beschwingt in die Runde, verabschiedete mich mit einem flotten «Sat Nam» und nahm es keiner der Teilnehmerinnen länger übel, dass sie auch ein Kind bekam und dadurch von der Einzigartigkeit meines Kindes ablenkte.

Ich finde Yoga für Schwangere super, egal, was alle Comedians sagen, und egal, wie viele abgestandene Witze darüber gemacht werden. Darüber kann ich nur milde und vergebend lächeln. Und mein Muttermund auch.

Fünf Minuten später auf dem Weg nach Hause. Aufgeregtes Telefonat mit Kindsvater:

«Ich habe einen Namen! Stell dir vor, ich hatte während der Yogastunde eine Eingebung und weiß jetzt ganz genau, wie unser Schlomo heißen muss!»

«Mmmmh. Und?» Die Reserviertheit in seiner Stimme ist nicht zu überhören, aber ich bin friedlich und yogimäßig empathisch gestimmt und kann mir denken, dass Männer dem Thema «Frauen und ihre Eingebungen» generell abwartend gegenüberstehen.

«Das musst du dir mal vorstellen, der Name kam beim siebten ‹Adi Shakti Namo Namo› einfach über mich! Das ist doch total bewegend, oder? Also pass auf: Der Name ist Johann!!! Ist das nicht wunderschön und total passend? Ich kann das tief in mir drinnen spüren, es ist einfach ein Johann! Verstehst du? Er hat es mir quasi selbst gesagt.»

Ich finde jetzt selbst, dass ich mich ein wenig meschugge anhöre.

«Kommt nicht in Frage. Ich habe zusammen mit einem Johann studiert. Er hatte das Temperament einer Wanderdüne und einen Leberfleck mit Haaren mitten auf der Stirn.»

«Aber so was kann man heutzutage doch operativ entfernen lassen!» Ich sah meine schöne Eingebung in sich zusammenfallen wie ein misslungenes Soufflé.

«Mein Sohn wird nicht Johann heißen. Erinnere dich bitte, was wir bezüglich des Namens vereinbart haben. Er muss uns beiden gefallen, und wenn einer sein Veto einlegt, ist der Name ohne Diskussion vom Tisch. Benedikt kam dir zu katholisch vor, Julius zu pompös, und ein Daniel hat bei dir in der Abi-Bioklausur abgeschrieben. Darauf habe ich auch Rücksicht nehmen müssen.»

«Gilt das Vetorecht denn auch bei Eingebungen?»

«Selbstverständlich.»

«Lasset die Kinder zu mir kommen,
hindert sie nicht, denn so wie diese
ist das Königreich Gottes.»
EVANGELIST MARKUS

24. Dezember, Heiligabend, um 23 Uhr

Zustand: so was von gerührt.

An den Weihnachtstagen neige ich generell und schon immer zur Maßlosigkeit. Und zwar sowohl beim Einsatz von Lichterketten, singenden Stoff-Elchen und Doris-Day-Christmas-Song-Samplern als auch beim Einsatz von überwältigenden Gefühlen wie Wehmut, Rührung und der Sehnsucht nach Schnee und einer Großfamilie.

Als Einzelkind habe ich einen Hang zur Romantisierung solcher Familienfeste, an denen bei uns ja in der Regel nicht mehr als drei Leute teilnahmen.

Wie meistens habe ich auch in diesem Jahr dafür gesorgt, dass wir uns für einen Weihnachtsbaum entscheiden, der sich von seinen Ausmaßen her eigentlich besser im Petersdom machen würde. Zarte Einwände meines Mannes, ob wir es nicht lieber mal mit einem kleineren Bäumchen versuchen sollten, das die Wohnzimmertür nicht nahezu vollständig versperrt, wurden von mir, ebenfalls wie jedes Jahr, einfach überhört.

Alljährlich versuche ich mich wieder so auf Weihnachten zu freuen, wie ich es als Kind tat. Ich schmücke den Baumriesen, ich verpacke die Geschenke, ich höre meine alten Weihnachts-CDs, ich koche einen Großteil meiner Lieblingsspeisen und esse so viel Schokoladen-Weihnachtspasteten, wie ich will.

Aber ich weiß nicht, wann es anfing, weniger zu werden. Ich freue mich nicht mehr wie ein Kind. Nicht auf Weihnachten, nicht auf die Ferien, nicht auf meinen Geburtstag. Ich fiebere nicht mehr

wochenlang auf diese Ereignisse hin, und der Zauber, endlich, endlich, endlich am Morgen des Heiligen Abends oder des ersten Ferientages aufzuwachen, ist lange verflogen.

Aber heute habe ich ihn zum ersten Mal seit langem wieder gespürt, den verwunschenen Glanz vergangener Weihnachten. Auch wenn die Umstände etwas ungünstig waren, da mein Mann sich gleich nach der Bescherung mit Schüttelfrost und Fieber ins Bett verabschiedete.

Jetzt sitze ich hier allein, aber sehr zufrieden zwischen Geschenkpapieren und den knisternden Hüllen der verspeisten Schokoladen-Weihnachtspasteten und betrachte gerührt meinen Baum und meinen Bauch.

Am nächsten Heiligen Abend werden wir zu dritt sein. Keine Großfamilie, aber immerhin eine Steigerung der Teilnehmerzahl um ein Drittel. Es werden wunderbare und weniger wunderbare Dinge und Gebräuche zurückkehren in unser Leben: Weihnachtsmann, Nikolaus, Osterhase, Topfschlagen, Plumpsack, Ponyreiten, Schultüte, Elternabende, Liebeskummer, Akne, Pfadfinder, Nachhilfe.

Ich betrachte die Krippe aus Holz, die unter dem Weihnachtsbaum steht. Da steht sie jedes Jahr, schon solange ich denken kann. Ich habe nicht viel aus meinem Elternhaus behalten. Ein Nachthemd meiner Mutter, nicht schön, einen von meinem Vater gekneteten Elefanten, auch nicht schön, diese Krippe und eine kleine Truhe aus Rosenholz, in der ich einige Briefe und Dokumente aufbewahre, die an meine Eltern erinnern.

Ich würde mich gerne mit meiner Mutter beraten. Wie waren ihre Schwangerschaft, die Geburt, wie war ich als Baby, hatte sie auch solche Ängste, und war Weihnachten nach meiner Geburt wieder so schön wie früher?

Im April 1968 schrieb sie einen Brief an ihre Schwiegermutter.

Ich war zweieinhalb Monate alt. Der Brief liegt nun, vergilbt, in der Rosenholztruhe.

Heute Abend habe ich ihn nach sehr langer Zeit und mit ganz anderen Augen wieder einmal gelesen.

Meine liebe, liebe Mayka!
Wo soll ich anfangen, von unserer Ildikó zu erzählen? Es ist wohl nur für die Eltern alles so aufregend.
Über die letzten Phasen vor der Geburt ist nur eine Steigerung der unangenehmen Lage zu berichten, und eine halbe Stunde bevor das Kind kam, habe ich laut verkündet: «Wenn mir jetzt keiner hilft, steh ich auf und gehe nach Hause!»
Als man mir half, war es schon fast zu spät, denn ich schaffte es nicht mehr. Das Kind musste durch eine Vakuumextraktion geholt werden. Als die Gummipumpe das Baby ansaugte, machte es «plopp», und ich sah ein Kindchen, ein Mädchen, emporgehoben. Ich war aber so erschöpft, dass ich fast schon keiner Regung mehr fähig war.
In der nächsten halben Stunde wurde ich genäht, erfuhr, dass das Baby 4100 Gramm wiege und 54 Zentimeter lang sei, und hörte, wie der Chefarzt sie klapste, und die ersten Worte, die sie hörte, waren «Na, Dicke!», was mich aus irgendeinem Grund empörte.
Tamás hatte inzwischen zum x-ten Male angerufen, und gerade um 18 Uhr 55, als die Glocken den Sonntag einläuteten, kam die frohe Nachricht, dass er ein Töchterchen habe. Ehe ich mich's versah, war er schon im Krankenhaus – inzwischen hatte ich unser Kindchen gesehen. Ach, es sah genauso erschöpft aus wie ich. Stell Dir vor, bei beiden waren die Augenlider ganz dick, und sie hatte außerdem noch Platzwunden auf der Kopfhaut.
Wie glücklich wir aber beide waren, kann ich Dir nicht beschreiben, aber Du kannst es Dir denken.
Am anderen Morgen bekam ich dann ein falsches Kind. Ich beschloss abzuwarten. Ich hielt also Händchen mit diesem Baby,

und als ich nach 24 Stunden mein eigenes bekam, habe ich es gesagt und großes Entsetzen ausgelöst. Nun, leider hatte unsere ein nicht zu übersehendes Kennzeichen: die Platzwunden. Und da ich sowieso dauernd heulte (der junge, freche Arzt sagte: «Alles nur hormonelle Umstellung»), hatte ich nun einen wirklichen Grund.

Heute, am 4. April, gut zwei Monate später, wiegt Ildikó sechs Kilo und ist um drei Zentimeter gewachsen auf 57 Zentimeter. Sie hat ihr Däumchen entdeckt und lutscht gelegentlich an ihm, außerdem ihre Stimme und erzählt: egü egü und krr krr (k-Laute sollen laut Frau Schauer ein willensstarkes Kind verraten). Wenn ich aber sage: «Na, du willensstarkes Baby», dann lacht sie laut. Es ist schon wunderschön, so ein kleines Wesen bei sich zu haben, und wir sind sehr, sehr glücklich. Hoffentlich bleibt sie gesund und so fröhlich wie bis jetzt; man wird richtig angesteckt.

Sogar der Arzt, der doch wirklich viele Säuglinge sieht, war bei der letzten Impfung gerührt, als er die Decke öffnete und die Kleine ihn strahlend anlächelte und «krr» sagte. Als er sie dann einmal ganz liebevoll hochnahm, machte sie ihm allerdings diskret ein Häufchen in die Hand, aber er ertrug es mit Fassung.

Vorgestern hatten wir Besuch von einem ungarischen Studenten, der auch gerade Vater geworden ist. Da hättest Du die beiden Väter mal hören sollen, wie sie mit ihren Kindern prahlten.

Meinem Tamás habe ich dann ein Gedicht gelesen, das mir unwillkürlich in den Sinn kam, als ich zuhörte. Es ist der Lobgesang einer Mutter auf ihr Kind und hat den Refrain: «Leutchen, habt ihr auch so eins? Nein, ein solches habt ihr keins!»

Das scheint mir auch ein passender Schlusssatz zu sein – vorläufig.

Sei ganz herzlich gegrüßt, liebe Mayka, und gute Gesundheit vor allem!

Deine Auguste

31. Dezember

Schwangerschaftswoche: 24

Ich weiß nicht, was ich tun soll! Ich liege panisch in meinem Bett, mein Bauch tut weh, und es kann sein, dass ich mein Kind verlieren werde.

Die Schmerzen waren gestern stärker geworden. Heute Mittag hatte ich, wieder einmal, definitiv den Eindruck, dass etwas nicht in Ordnung ist. Ausgerechnet heute. Silvester.

Natürlich war weder mein Arzt noch sein Vertreter im Dienst. So fuhr ich einfach durch die Gegend und klapperte die Praxen ab, die ich vom Vorbeigehen her kannte.

Bei der fünften hatte ich Glück. Die Sprechstundenhilfe war zwar gerade am Zusammenpacken, und der Arzt hatte schon seinen Autoschlüssel in der Hand, aber wenn ich ängstlich bin, kann ich sehr überzeugend und hartnäckig sein. Ich wollte schließlich gemütlich Silvester feiern und brauchte einen Arzt, der mich beruhigte und das Ziehen im Unterleib für harmlos hielt.

Derzeit tut mir leider immer was weh. «Die Mutterbänder dehnen sich», hatte mein Gynäkologe gesagt, «das ist normal.»

Ach, ich liebe diese drei Worte! «Das ist normal.»

Sie sind das Mantra, mit dem ich mich über beschwerliche Tage rette. Denn ich als neurotische Erst-Schwangere mit zu viel Internetwissen und überbordender Phantasie kann zurzeit nicht einordnen, was von dem, was da gerade Seltsames mit meinem Körper passiert, nur normal und was tatsächlich Grund zur Sorge ist.

Ich kletterte also auf den Untersuchungsstuhl des mir fremden Arztes und freute mich bereits auf meine drei Lieblingsworte, als ich ihn sagen hörte: «Das sieht nicht gut aus. Der innere Muttermund ist geöffnet.»

«Was bedeutet das? Droht eine Frühgeburt?»

«Das hängt ganz von Ihnen ab. Verhalten Sie sich ruhig und gehen Sie nach den Feiertagen sofort zu Ihrem behandelnden Arzt. Ansonsten haben Sie es ja auch nicht weit zur Uniklinik.»

Jetzt liege ich im Bett, versuche mich ruhig zu verhalten, werde aber zwischendurch von so heftigen Weinkrämpfen geschüttelt, dass ich Angst habe, ich könnte mein Baby aus mir rausheulen.

Was soll ich nur tun? Ich fühle mich hilflos. Mein Mann fühlt sich auch hilflos. Und ich finde, es gibt nichts Schlimmeres als hilflose Männer.

Ich habe ihn des Raumes verwiesen. Und er ist tatsächlich gegangen. Typisch. Männer werden nie begreifen, wann Frauen meinen, was sie sagen, und wann nicht.

«Bleib bei mir, Schlomo», denke ich heulend in Richtung schmerzender Bauch. «Wir beide werden auch allein zurechtkommen.»

Telefon.

Es ist Johanna.

«Die Schwangerschaft und das Baby haben mir ein Selbstwertgefühl gegeben, wie ich es noch nie hatte. Das erste Mal in meinem Leben habe ich das Gefühl, etwas genau richtig gemacht zu haben.»
LIV TYLER

1. Januar um 13 Uhr 10

Die wichtigsten und unersetzlichsten Utensilien während einer Schwangerschaft sind eine Freundin, die die Nerven behält, und ein Frauenarzt, der die Frauen versteht.

Nachdem ich Johanna von dem beängstigenden Befund erzählt hatte, sagte sie mir, ich solle gefälligst sofort meinen eigenen Arzt anrufen, schließlich habe er mir für genau solche Fälle seine Handynummer gegeben.

Ich erreichte ihn auf dem Weihnachtsmarkt, wo er gerade zusammen mit seinen Kindern Bratwürstchen aß.

«Kommen Sie in einer halben Stunde in die Praxis», sagte er mit vollem Mund, und ich nahm mir vor, meinen Sohn, sollte er je das Licht der Welt erblicken, nach diesem Arzt zu benennen, auch wenn Frank weder ein besonders zeitgemäßer noch ein überwältigend schöner Name ist.

Ich stieg also mit zittrigen Beinen zum zweiten Mal auf einen Behandlungsstuhl und starrte unsicher in das Gesicht meines Arztes, aus dem ich eher schlau zu werden hoffte als aus dem kryptischen Ultraschall.

Er guckte ernst.

Zu ernst?

Ich fing schon wieder an zu heulen.

«Dachte ich's mir doch», sagte er schließlich. «Fehldiagnose. Ihr innerer Muttermund ist geschlossen. Sie können sich beruhigen und wieder anziehen.»

«Aber wieso, Ihr Kollege meinte doch …?», stammelte ich fassungslos. Während ich in meine unschöne H&M-Big-is-beautiful-Unterhose stieg – ich hatte in dieser Notsituation keine Zeit mehr gefunden, mich untenrum chic zu machen –, erklärte mir mein Arzt, es handele sich um einen relativ häufigen Irrtum. Irgendein Dingens in diesem Stadium der Schwangerschaft sähe im Ultraschall genauso aus wie irgendein anderes Dingens, was dann dazu führe, dass man diese Dingens, wenn die nötige Erfahrung fehle, leicht für einen geöffneten inneren Muttermund halten könne.

Mir war das alles egal. Ich war glücklich, und mein Sohn würde Frank heißen!

Mein Mann war auch glücklich, legte aber zum Glück ein Veto ein, denn sein Mathelehrer hatte Frank geheißen, und jeder, der weiß, wie mein Mann rechnet, weiß auch sofort, dass dieser Name nicht in Frage kommt. Kann man nichts machen.

Wir feierten ein frohes Silvester mit ein paar harmlosen Ladykrachern, damit sich unser Schlomo und seine Mutter nicht unnötig erschreckten, mit einem Glas Champagner und mit fest geschlossenem Muttermund.

«Früher war mein Leben Whiskey, Tränen und Zigaretten – jetzt ist es Schnodder, Tränen und Häufchen. Ich vermisse allerdings den Whiskey.»
PINK

25. Januar

Schwangerschaftswoche: 27, (7. Monat!!!)
Gewicht: Werde mich morgen wiegen, versprochen, aber um mal von etwas Erfreulicherem zu sprechen, mein Blutdruck bleibt immer super konstant: 100 zu 60. Ist doch ein wunderbares Ergebnis!
Zustand Schlomo: Räkelt sich, tritt und ist unüberspürbar. Er wiegt jetzt ein Kilo, ist also, obschon alleiniger Auslöser, für weniger als ein Zehntel meiner Gewichtszunahme verantwortlich.
Zustand Mutter: Andere Schwangere sehen im neunten Monat so aus wie ich jetzt. Wohin soll das noch führen?

Irgendwas ist ja immer.

Im Moment macht mir das Wetter zu schaffen. Es ist eisig kalt, seit drei Wochen liegt tiefer Schnee, und die Alster ist komplett zugefroren. Also wirklich, kein Verlass mehr auf den norddeutschen Winter. Ich hatte auf den typischen lauen Nieselregen gehofft, denn als immer umfangreicher werdende Frau bist du ja froh um jede Kleidungsschicht, die du nicht anziehen und vor allem nicht in angemessener Größe neu kaufen musst.

Wenn ich morgens zu meinem Auto stapfe, erinnere ich an einen Astronauten, der seine ersten ungelenken Schritte auf einen fremden Planeten setzt.

Und während jeder Hamburger, der was auf sich hält, am Wochenende einmal quer über die zugefrorene Alster geht, halte ich mich lieber am Ufer beziehungsweise, um es ganz genau zu sagen, auf dem heimischen Ecksofa auf.

Denn mich plagt die beschämende Vorstellung, dass die dunklen Wassermassen wie im Katastrophenfilm unschuldige Spaziergänger überfluten – und das alles nur, weil ich Wuchtbrumme die eben noch idyllische Winterszenerie betreten und das Eis kaputtgemacht habe.

Immerhin sehe ich jetzt nicht mehr nur dick, sondern endlich richtig schwanger aus. Und ich übergebe mich auch nicht mehr ständig und bevorzugt in unpassenden Momenten.

Mein Körper und ich, wir haben uns einigermaßen an unseren neuen Mitbewohner gewöhnt. Auf den Ultraschallbildern vermag mittlerweile sogar der größte Trottel eine Art von Mensch zu erkennen, und ich habe mich schließlich mit der Vorstellung arrangiert, in den kommenden Monaten auf hohen Schuhen keinesfalls mehr gefährlich sexy auszusehen, sondern gefährlich vom Umkippen bedroht.

Ab und zu unterschätze ich jedoch immer noch meine neuen Ausmaße. Heute Morgen parkte ich zu nah an meinem Nebenmann und konnte nicht aussteigen. Nach dem Yoga wollte ich hurtig zwischen zwei Fitnessgeräten hindurchhuschen und blieb stecken. Und bei einem Stehempfang rempelte ich versehentlich einen zierlichen Kellner mitsamt seinem Tablett mit geschätzten siebzig Champagnergläsern um, an dem ich mich, so der ursprüngliche Plan, elegant hatte vorbeischieben wollen.

Laut Ratgeber hat man als Schwangere im siebten Monat relativ viele Gründe, sich wohl zu fühlen. Meine Erfahrung ist: Das stimmt, vorausgesetzt, man selbst und der zugehörige Partner verfügen über ein gesundes Maß an Humor, Duldungsbereitschaft und den unerschütterlichen Glauben daran, dass auch wieder bessere Zeiten kommen. Das nämlich hilft, die Nächte zu durchstehen, in denen ich mich unflätig stöhnend von einer Seite auf die andere drehe, oder die Morgenstunden, in denen ich oft verstört aus entsetzlichen Albträumen aufwache.

Und auch der Anblick, von meinem Mann bedauerlicherweise in einer ganzen Fotoserie festgehalten, wie ich, zur Entlastung meiner Körpermitte, auf einem riesigen Gymnastikball vor dem Fernseher sitze, eine Packung Dickmann's-Negerküsse in der Hand, ist nur dann lustig, wenn man davon ausgeht, dass es sich um eine absehbare Phase handelt.

«Da müssen Sie durch, das ist normal», wiederholt der Gynäkologe gnädig und beharrlich.

Aber, ich muss schon sagen, ich frage mich wirklich langsam, warum ausgerechnet bei mir alles normal sein muss. Denn wenn ich in der «Gala» und in der «Bunten» blättere – dank meiner häufigen Arztbesuche macht mir in Sachen Königshäuser und Showbiz derzeit keiner so leicht was vor – sehen die dort abgebildeten Schwangeren irgendwie anders aus als ich.

Ich weiß, es liegt ja ohnehin kein Heil darin, sich mit Supermodels, Schauspielerinnen und anderen Personen zu vergleichen, die einen Körper haben, mit dem man Geld verdienen kann. Aber als Schwangere, wo du eh schon hormonell bedingt hochsensibel bist, trifft dich die Konfrontation doppelt hart.

Da siehst du, wie die prominenten Gebärmütter auf Zwölf-Zentimeter-Absätzen und makellosen Beinen im achten Monat zu glamourösen Abendveranstaltungen schweben, während du selbst abends um kurz nach sieben deine Elefantenfüße hochlegst und schwörst, dir morgen Stützstrümpfe verschreiben zu lassen.

Am letzten Samstag zum Beispiel war ich bei meiner Freundin Anja eingeladen. Die Stiefel, die ich um acht bei ihr in der Diele ausgezogen hatte, passten mir um elf nicht mehr! Ich musste mir die hässlichen Crocs ihres Mannes ausleihen, um überhaupt nach Hause zu kommen. Und das bei zwanzig Zentimeter Neuschnee.

Die Bündchen meiner Socken hinterlassen unschöne Spuren auf meinen Beinen, sodass ich aussehe, als sei ich tagelang gefesselt gewesen.

Entwürdigend!

«Ihr Körper speichert Wasser, das ist ganz normal», sagt der Gynäkologe.

Ja schon, aber warum speichert mein Körper das Wasser für sämtliche derzeit schwangeren Supermodels gleich mit? Warum bin immer ich normal und nicht, beispielsweise, Claudia Schiffer?

Wir haben nämlich eine Menge gemeinsam, die Claudia und ich. Wir kommen beide aus dem Rheinland, haben blaue Augen, wir gehören zur Gruppe der Spätgebärenden, die das klassische Gebäralter zwischen achtzehn und dreißig Jahren deutlich überschritten haben, und wir weigern uns grundsätzlich, dass Oben-ohne-Fotos von uns veröffentlicht werden. Zudem vermute ich, dass Claudia Schiffer dieselbe Ursprungshaarfarbe hat wie ich.

Was uns trennt, ist lediglich, dass mein Privatvermögen von «Forbes» bisher nicht für schätzungswürdig befunden wurde – und der optische Verlauf unserer Schwangerschaften.

Ich erinnere mich bedrückend gut an die Fotos von «La Schiffer» während ihrer letzten, dritten Schwangerschaft. Außer einem größer gewordenen, formschönen Bauch hatte sich ihr Körper überhaupt nicht verändert. Während meiner, ganz nach Lehrbuch, Fettreserven für die anstrengende Stillzeit und anscheinend auch für die ersten fünf, sechs Jahre danach anlegt.

Ich meine, ganz ehrlich, Claudia Schiffer hat mit meinem Idealgewicht entbunden!

«Diese sogenannten Promis», sagt dazu mein Arzt, ein Mensch von eigenwilligem Charme, «sind es gewohnt, sich zu disziplinieren und ein Leben lang zu kasteien. Das ist ihr Beruf, und das bleibt auch während der Schwangerschaft so, weil sie ja nach wie vor im Rampenlicht stehen. Es ist eine Frage des Trainings und des Verzichts. Das könnten Sie auch. Aber bei Ihnen kommt es ja nicht aufs Aussehen an.»

Diese taktfreie Bemerkung hatte jedoch meinen Ehrgeiz angestachelt, und bereits am selben Abend beschloss ich, hinfort auf Süßwaren jeglicher Art zu verzichten und zu einer galatauglichen Promi-Schwangeren zu werden.

Was mich zusätzlich zu dieser radikalen Maßnahme motivierte, war, dass ich in einem Monat in der Talkshow von Reinhold Beckmann auftreten werde und zu meiner neuen Lebenssituation – neues Buch und neues Kind im Anmarsch – befragt werden soll. Und im Fernsehen sieht man sowieso schon immer fünf Kilo dicker aus, als man ist! Das mag ich mir jetzt gar nicht vorstellen.

Den ersten zuckerfreien Abend überstand ich leidlich gut, indem ich um neun ins Bett ging und die Qualen verschlief. Am zweiten Abend war ich demzufolge bis eins knallwach und erlebte den Entzug bei vollem Bewusstsein. Gestern dann, am dritten Abend, brach ich mir einen Fingernagel ab, als ich versuchte, eine drei Jahre alte Blockschokolade, die ich im entlegenen Winkel eines nahezu ungenutzten Küchenschrankes gefunden hatte, in mundgerechte Stücke zu zerteilen.

Als ich eine Stunde später anfing, Marzipanrohmasse zu essen, entschied mein Mann, dies sei nicht die richtige Zeit für eine Diät, ich solle meinem Körper und meinen Gelüsten vertrauen.

Keine fünf Minuten später war er auf dem Weg zur Tankstelle.

Die häusliche Stimmung ist jetzt wieder deutlich besser, und außerdem fiel mir ein, dass die Gäste bei «Beckmann» ja an einem Tisch sitzen, unter dem man einen Gutteil seiner Problemzonen verstecken kann.

Außerdem las ich in der «Brigitte Woman» zu dem Thema «fehlender Babyspeck bei prominenten Müttern» folgende sehr erhellende Aussage von Judith Holofernes:

«Ich hatte gerade mein erstes Kind bekommen und war auf der Echo-After-Show-Party, mit etwa fünfzehn Kilo mehr und einem zeltartigen Kleid. Kommt ein Reporter auf mich zu und fragt: ‹Frau Holofernes, wie haben Sie es geschafft, direkt nach der Geburt Ihres Kindes wieder so schlank zu sein?› Ich sagte zu ihm: ‹Bitte wie? Das stimmt doch gar nicht. Komm mit aufs Klo, ich zeige dir meinen Bauch.› Ich habe ihm erklärt, dass ich nichts zu tun haben will mit dieser ganzen Heidi-Klum-Scheiße, wo einem suggeriert wird, man könnte ein Kind bekommen und sofort danach wieder eine Bikinifigur haben. Das ist aber nie erschienen. Der Wille ist sehr stark, den schönen Schein zu wahren. Es will auch niemand so recht hören, dass mich das Vereinbaren von Kindern und Karriere tellergroße Augenringe kostet und fast in den Burn-out getrieben hätte.»

27. Januar

Morgen treffe ich einen wichtigen Menschen: meine Hebamme. Sie ist eine der wenigen sogenannten Beleg-Hebammen in Hamburg. Das bedeutet, dass sie mit einem bestimmten Krankenhaus zusammenarbeitet und mich nicht nur vor und nach der Geburt, sondern auch die ganze Zeit im Krankenhaus betreut.

Es erscheint mir sinnvoll und sehr beruhigend, den ganzen Akt mit einer Frau zusammen durchzustehen, die ich bereits kenne und die mich einschätzen kann.

Ich habe mittlerweile zu viele haarsträubende Geburtsgeschichten gehört, als dass ich in dieser existenziellen Situation irgendwas dem Zufall überlassen wollen würde. Interessanterweise enden alle diese beklemmenden Berichte aus dem Kreißsaal, diesem Schlachtfeld der Gebärenden, mit den Worten: «In dem Augenblick, in dem du dein Kind in den Armen hältst, ist alles vergessen.»

Ach ja? Schön wär's. Das ist doch ganz eindeutig gelogen. Denn wenn ihr alles vergessen hättet, könntet ihr mich ja nicht mit euren Schauergeschichten erschrecken.

Ich habe noch den Satz einer Bekannten im Ohr: «Nach siebenundvierzig Stunden war die Saugglocke eine Offenbarung, obschon ich dachte, mich zerreißt es!»

Auf einmal erinnern Mütter sich ganz vortrefflich daran, dass bei ihnen die Narkose nicht gewirkt hat, sie nach sechsunddreißig Stunden Wehen dann doch einen Kaiserschnitt bekommen haben oder zwei Jahre nach der Geburt immer noch inkontinent waren und nur auf weichen Gummibällen sitzen konnten.

Mein Mann kam neulich grünlich nach Hause, weil ihm ein Kumpel beim späten Getränk zugeraunt hatte: «Das Geräusch des Dammschnitts werde ich nie vergessen.»

Am schlimmsten, weil am ehrlichsten ist es, wenn man mit Frauen über die Geburt spricht, die noch keine Zeit hatten, das Erlebte zu verklären, und den Schlusssatz «Aber es hat sich alles total gelohnt» weglassen.

Das Baby meiner Freundin Anna ist jetzt ein halbes Jahr alt. Es war drei Stunden auf der Welt, als ich mit Anna telefonierte. Da wusste ich gerade seit einer Woche, dass ich schwanger bin, und hatte es ihr noch nicht gesagt. Anna war fertig. Erschöpft, apathisch, traumatisiert.

Sie war an eine Hebamme geraten, die sich als militant esoterisch herausstellte und sich weigerte, gegen Annas unerträgliche Schmerzen mit etwas anderem vorzugehen als homöopathischen Kügelchen und entspannender Harfenmusik.

Es sei zu spät für eine PDA, eine Narkose, die alles betäubt, ohne das Kind zu beeinträchtigen. Außerdem laufe die Geburt hervorragend, in spätestens einer Stunde sei alles überstanden.

Anna schrie und weinte und drohte und tobte. Nichts zu machen. «Das ist normal, das schaffst du, da musst du durch», sagte die Hebamme.

Eine Stunde kann sich ganz schön hinziehen. Und Anna hat diese Stunde als den Horror ihres Lebens empfunden und sagt bis heute, dass sie bei einem zweiten Kind auf einer PDA bestehen und notfalls die Hebamme rausschmeißen würde.

Annas Hebamme hatte eine Menge Erfahrung und selbst zwei Kinder, natürlich ohne Narkose und bei sich zu Hause, auf die Welt gebracht. Aber manchmal, so denke ich, kann Erfahrung auch hart machen und unempfindlich gegen die Schmerzen der anderen, weil man sie selbst ja auch durchgestanden und irgendwie überlebt hat.

Ich will im Kreißsaal nicht betteln und nicht diskutieren. Ich kann mich einschätzen. Ich kenne meine Ängste und meine Schmerzgrenze. Ich weiß, was zu ertragen ich bereit bin und was nicht. Es gibt nirgendwo einen Preis zu gewinnen für Frauen, die ohne Schmerzmittel entbinden, und wenn ich sage: «PDA», dann will ich unverzüglich einen Anästhesisten hinter mir stehen haben, der mir eine lange Nadel in den Rücken pikst. So.

(Der Gerechtigkeit und Ausgewogenheit halber muss ich hier noch kurz von meiner Freundin Suse erzählen: Um vier Uhr nachmittags bekam ich eine SMS von ihrem Freund: «Unser Sohn Johannes ist vor einer Stunde geboren worden! Alle wohlauf!» Sechzig Minuten später sah man mich in maximaler Aufregung und Rührung durch den Krankenhausflur eilen, um meine Freundin zu beglückwünschen. Aber ihr Zimmer war leer. Suse war schon nach Hause gegangen.)

Ich gehöre jedenfalls ganz eindeutig eher zu den Angsthasen als zu den Naturburschen. Deswegen entbinde ich auch in einem Krankenhaus mit direkt angeschlossener Neugeborenen-Intensivstation. Neulich war ich dort, um die Räumlichkeiten zu besichtigen.

Alles, was mit Geburt zu tun hat, ist in einem separaten Gebäude untergebracht. Das ist angenehm und angemessen, finde ich, dass du nicht in dieser oftmals so bedrückenden Atmosphäre von Krankheit und Tod dein Kind zur Welt bringst und beim ersten Spaziergang mit Baby nicht am Eingang auf die Männer triffst, die vor jedem Krankenhaus stehen, gierig rauchend, obschon ihnen monströse Kanülen aus dem Hals ragen und sie einen Ständer mit Infusionen neben sich herschieben.

Mit etwa zwanzig anderen schwangeren Frauen wurde ich durch die Kreißsäle geführt. Zwei durften wir uns anschauen, in einem dritten herrschten jedoch ganz eindeutige Geburtsaktivitäten.

Selbst durch die geschlossenen Türen drangen Geräusche zu mir, die mich an den Film «Blutrausch im Mädchenpensionat» erinnerten. Auch Gebärende sollten sich zusammenreißen, können sie doch nie wissen, wer gerade draußen vorbeikommt und wen sie mit ihrem Gekreische womöglich fürs Leben traumatisieren.

Ich weiß ja nicht, ob es anderen auch so geht, aber angesichts dieser unschönen Aussichten habe ich mich daraufhin vermehrt mit dem Thema «Wunsch-Kaiserschnitt» beschäftigt. Eine geräuscharme und zeitlich überschaubare Angelegenheit. Es wird schon seinen Grund haben, dachte ich mir, warum immer mehr Frauen freiwillig per Kaiserschnitt entbinden – besonders so schöne und reiche Leute wie Claudia Schiffer, Angelina Jolie und meine Bekannte Sandra O. «Mir graute es vor einer spontanen Geburt. Na und? Bin ich deswegen ein schlechterer Mensch? Eine Operation ist planbar, und das Risiko ist nicht höher als bei einer spontanen Geburt. Also habe ich mich für einen Kaiserschnitt entschieden. Außerdem hatte ich keinen Bock, nachher eine gullydeckelgroße Vagina zu haben.»

Gullydeckel? Kreisch! Meine dezenten Umfragen zu diesem Thema haben mich jedoch beruhigt. Sandra O. ist offensichtlich einer Fehlinformation zum Opfer gefallen. Kein Gullydeckel in meinem näheren und weiteren Umkreis.

Ich finde ja, dass die Möglichkeit, sich zu entscheiden, ein manchmal fragwürdiger Luxus ist. Nicht genug, dass man sich heute entscheiden darf, ob man überhaupt ein Kind bekommen will. Dann darf man sich auch noch entscheiden, wie man es bekommen will. Ab und an wünsche ich mir dann doch, nicht die Wahl zu haben. Kein Für und Wider abwägen zu müssen bei einer Sache, die ich so wenig beurteilen kann.

Was kommt auf mich zu? Was sind das für Schmerzen? Werde ich sie ertragen können? Werde ich mich lebenslang für einen Feigling halten, wenn ich mich ohne Not für einen Kaiserschnitt entscheide? Ist es normal, Angst vor der Geburt zu haben? Und wenn ja, wie viel Angst ist normal?

Schrecklich, diese Fragen, auf die es keine Antworten gibt.

Manchmal verwünsche ich meinen Sohn, der seit seiner Zeugung in vortrefflicher Geburtsposition liegt. «Es tut mir leid, aber bei Ihnen spricht medizinisch nichts für einen Kaiserschnitt», hat mein Arzt bei der letzten Untersuchung gesagt.

Mittlerweile habe ich mich zu einer Entscheidung durchgerungen: ein klares «Jein» zur spontanen Geburt. Ich war schon immer ein großer Freund von knallharten Zwischenlösungen.

Erst versuchen, was «natürlich» geht, die eine oder andere Wehe kennenlernen, die eigenen Stärken und Schwächen einschätzen und dann, im Härtefall, nach Narkosemittel und moderner Medizin krakeelen. Ein schöner Kompromiss, wie ich finde. «Schneiden kann man jederzeit», sagt mein pragmatischer Gynäkologe.

Aber zurück zur Krankenhausbesichtigung. Nachdem wir die Kreißsäle hinter uns gelassen hatten, wurden wir durch die Neugeborenenstation geführt. Das war eigenartig. Frauen kamen uns entgegen in Bademänteln, ihre winzigen, schrumpeligen, schlummernden Babys in gläsernen Rollwägelchen vor sich herschiebend.

Ich dachte: Noch drei Monate, dann werde ich mein Kind hier entlangschieben und in die erwartungsvollen, gespannten, teilweise ängstlichen Gesichter der Besichtigungstruppe blicken, die alles noch vor sich hat.

Ich bin zuversichtlich. Aber warum eigentlich?

Ich betrachte die Frauen um mich herum. Wahrscheinlich wird es nicht bei uns allen glattlaufen. Bei welcher von uns wird das Schicksal zuschlagen? Welcher von uns wird das Glück nicht hold sein?

In meinem Bekanntenkreis habe ich drei Frauen, die schwerstbehinderte Kinder zur Welt gebracht haben. Ich kenne eine Frau, der starb das Kind im Leib. Drei Wochen vor der Geburt. Einfach so. Sie hat es nicht gemerkt. Bis bei der nächsten Ultraschalluntersuchung kein Herzschlag mehr festgestellt werden konnte.

Meine eigene Mutter verlor mein jüngeres Schwesterchen, weil der Hausarzt ein Abführmittel verschrieb, das zu einer Frühgeburt in der dreißigsten Woche führte.

«Ich habe sie geboren. Ich habe sie gesehen. Ich habe sie sterben sehen», sagte meine Mutter damals ganz ruhig, wie betäubt, zu ihrer Schwester Hilde. Danach sprach meine Mama nie wieder über das Mädchen, das den Namen Angela hätte tragen sollen.

Heute, hier, jetzt kann ich zum ersten Mal erahnen, dass manche Wunden niemals heilen.

Ich verbiete mir, weiterzudenken. Aber ich gehorche mir nicht. Ich sage mir: Es wird alles gut. Aber ich weiß: Das haben auch die gedacht, bei denen nicht alles gut wurde.

Im Foyer des Krankenhauses sind medizinische Geräte ausgestellt, mit denen Frauen vor mehr als hundert Jahren entbunden wurden.

Ich traue meinen Augen nicht. Mir wird übel. Eine Art Säge liegt da. Darunter auf einem Schild der erklärende Text, dass bei einem Geburtsstillstand, bei dem das Leben von Mutter und Kind in Gefahr war, das Ungeborene im Mutterleib zerteilt wurde, um die Mutter zu retten.

Welcher Idiot mit welchem verqueren Bildungsauftrag hat sich das wohl ausgedacht? «Informative Ausstellung über die Gynäkologie im Wandel der Zeiten» oder was? Bisschen Bildung, während man auf die Entbindung wartet? Oder soll ich mich einfach glücklich schätzen, dass ich nicht damals schwanger war?

Ich finde in dieser Nacht nicht in den Schlaf. Ringe um Vertrauen, um Zuversicht. Ich finde meine innere Ruhe nicht mehr.

Bis mein Sohn sich bewegt und mich freundlich von innen streichelt, als wolle er mich beruhigen und sagen: «Alles wird gut, jetzt mach dich mal nicht verrückt, Alte, ich bin doch bei dir.»

Und da bin ich endlich eingeschlafen.

«Phantasie ist wichtiger
als Wissen, denn Wissen ist begrenzt.»
ALBERT EINSTEIN

29. Januar

Meine Hebamme gefällt mir. Anfang fünfzig, gut gekleidet, nichts Selbstgestricktes, keine gebatikte Handtasche, kein Poncho, keine Freundschaftsbändchen am Arm oder sonst irgendwas, was auf eine radikale Beziehung zu Naturheilkunde und Duftkerzen schließen ließe.

Sie ist pragmatisch und klar, mit Sinn für Humor und Hang zum offenen Wort. Sie heißt Michaela und sagte, wir sollten uns bereits jetzt lieber duzen, weil es komisch sei, in der Austreibungsphase der Geburt jemanden mit Nachnahmen anzuschreien.

Das erschien mir einleuchtend. Das Wort «Austreibungsphase» setzte ich innerlich schon mal auf die lange Liste seltsamer bis unappetitlicher Worte aus dem Themenkreis Schwangerschaft und Geburt, die ich in den letzten Monaten bereits um die Begriffe «Gebärmutterhals», «Dammriss», «Milcheinschuss» und «Linea nigra» erweitert hatte.

Ich schloss Hebamme Michaela sofort in mein Herz, als sie meinen Bauch abtastete und sagte, sie könne nicht genau sagen, wie das Kind liegt, weil man das bei einer so trainierten Bauchmuskulatur nur schlecht spüren könne.

Die Frau scheint mir eine absolute Spitzenkraft zu sein. Wenig später stellte sie allerdings auch fest, dass eine derart unweibliche, knabenhafte Figur wie meine ja nur selten Hand in Hand ginge mit einem absolut typisch weiblich undisziplinierten Bindegewebe.

Wie gewonnen, so zerronnen.

Nicht ohne Stolz wies ich Michaela dann noch darauf hin, dass ich ja dank meiner ambitionierten Bauchzupfmassage, mit der ich schon vor Jahren begonnen hatte, die berüchtigten und weitverbreiteten Dehnungsstreifen bisher komplett vermeiden konnte.

«Das ist kein Wunder», ernüchtert mich Michaela. «Das Gewebe älterer Mütter ist meist schon vor der Schwangerschaft so ausgeleiert, dass es da nichts mehr zu überdehnen gibt.»

15. Februar

Schwangerschaftswoche: 29 (8. Monat)

Heute hatte ich gleich zwei Erlebnisse der befremdlicheren Art. Am Vormittag war ich in einem kleinen Laden, der mir vorher noch nie aufgefallen war. Es gibt dort maßgefertigte Kompressionsstrümpfe.

Mein Frauenarzt hatte sie mir, wie ich finde, etwas zu bereitwillig verschrieben, nachdem ich mich beim letzten Untersuchungstermin fluchend auf die Liege gewuchtet und vorwurfsvoll auf meine untere Körperhälfte gedeutet hatte.

«Tun Sie was dagegen», hatte ich anklagend gesagt und von den rasant anschwellenden Wassereinlagerungen rund um die Knöchel berichtet, die zu besagten Strangulationsmalen, verursacht durch Socken, führen würden.

Außerdem war mir zu Ohren gekommen, dass manche Frauen nach ihrer Schwangerschaft eine Schuhgröße mehr haben, andere wiederum bekommen, bedingt durch das große Gewicht, das auf ihnen lastet, lebenslang Plattfüße und müssen spezielle Schuhe mit Einlagen tragen.

Und ich konnte mir leicht ausrechnen, dass zu diesen «speziellen Schuhen» die zehenfreien Stilettos von «Louboutin» und die Riemchensandalen mit Keilabsatz von «Boss» aus meinem Schrank NICHT gehören. Ich machte meinem Arzt klar, dass beide für mich keine in Frage kommenden Optionen sind. Meine Schuhgröße ist mir heilig, war sie bisher doch die einzig verlässliche Größe in meinem Leben. Demzufolge hatte ich nicht gezögert, eine Menge Geld in die Anschaffung dieser zuverlässigen Begleiter zu stecken.

... die zehenfreien Stilettos von Louboutin

Eine Nummer größer käme für mich einem finanziellen Ruin gleich, und wenn mein Arzt es für nötig und sinnvoll erachten würde, würde ich auf der Stelle jegliche Fortbewegung bis zur Geburt einstellen.

Das hielt er jedoch nicht für angemessen. Ich solle tagsüber Stützstrümpfe tragen. Das mit den Füßen sei einfach Pech, und ich solle hoffen, dass mir dieses Pech erspart bliebe, einstweilen aber besser keine größeren Summen in die Anschaffung von Schuhwerk stecken.

Die Anpassung von Stützstrümpfen hat man sich als eine der Situationen im Leben der Frau vorzustellen, in der sie unter keinen Umständen männliche Zuschauer wünscht.

Ich wurde von der Verkäuferin in einen kleinen Nebenraum mit einer Liege geführt, auf der wir mit vereinten Kräften die knallengen schwarzen Strümpfe einen nach dem anderen über meine Beine zogen.

Wenn man einmal drin ist, ist alles gut. Fühlt sich prima an und macht echt ein schlankes Bein. Nun ja, immer gemessen an den hier vorliegenden besonderen Umständen. «Schlank» wird da zu einem sehr relativen Begriff.

Ich fragte die Strumpf-Fachkraft: «Wie soll ich denn ohne Ihre Hilfe da jemals raus-, geschweige denn wieder reinkommen? Oder sind Sie im Preis inbegriffen?»

Das war sie nicht. Ich konnte aber spezielle Handschuhe dazu erwerben – neongelbe Gummihandschuhe mit griffigen Noppen an den Handflächen –, die mir das An- und Ausziehen der Kompressionsstrümpfe erheblich erleichtern würden.

Manchmal ist es gut, wenn man nicht allzu genau darüber Bescheid weiß, was auf einen zukommt, wenn der Schwangerschaftstest positiv ausfällt.

«Das kannst du ruhig laut sagen», meinte Johanna eben am Telefon. «Aber wenn du die Kompressionsstrümpfe bereits für einen

Angriff auf deine Menschenwürde hältst, dann wart mal ab, bis du zum ersten Mal Milch abpumpst. Ich kann dir sagen, deine Titten sehen dabei aus wie …»

«Verzeih, Johanna, aber ich habe jetzt gleich noch einen Termin», unterbrach ich sie eilig. Und das stimmte sogar. Ich ging zusammen mit meinem Mann zum sagenumwobenen 3-D-Ultraschall!

Der kostet so viel wie ein Vier-Gänge-Menü in einem gehobenen Restaurant, ist aber nicht unbedingt eine vergleichbar lohnenswerte Ausgabe. Man braucht sich das jetzt echt nicht als großartiges Kinoerlebnis wie zum Beispiel «Avatar» vorzustellen.

Mein Sohn zeigte sich während der Aufnahmen derart unkooperativ, als hätte ich bereits Gelegenheit dazu gehabt, ihn schlecht zu erziehen. Entweder verbarg er das Gesicht hinter seinen Fäusten, oder er benutzte die Plazenta als natürlichen Schutzschild.

Der Arzt, eine ausgewiesene 3-D-Fachkraft mit internationalem Ruf, gab sich viel Mühe mit dem störrischen Blag, das muss ich sagen. Der Professor boxte mir munter in den Bauch, bohrte mir den Kopf des Ultraschallgerätes tief zwischen die Rippen und spielte schließlich, ungelogen, ein paar Töne Mundharmonika.

Das wirkte.

Der Junge, offenbar musisch interessiert, spähte um die Ecke des Mutterkuchens, eine Sekunde nur, aber die reichte für einen dreidimensionalen Schnappschuss.

Rückblickend muss man sagen, dass unser Schlomo den richtigen Riecher hatte und offenbar über eine gesunde Selbsteinschätzung verfügte. Denn, das Foto machte es offenkundig, er hatte gute Gründe, sich zu zieren. Offenbar hatte er schlecht geschlafen, vielleicht ist er auch einfach nicht fotogen. Er sah aus wie die sehr alte Heidi Kabel an einem ganz besonders schlechten Tag.

Meine geliebte Tante Hilde meinte immerhin, Teile ihrer Mutter, und nicht die schlechtesten, auf dem Foto wiederzuerkennen, während Mona sich fragte, wieso ein Arzt ein so ekeliges Bild überhaupt herausgeben würde. Damit würde er sowohl der werdenden

Mutter als auch ihr, der werdenden Patentante, ja jegliche Vorfreude versauen.

Zugegeben erinnert der Junge sehr an eine übellaunige, weichkochende Kartoffel. Die fliehende Stirn korrespondiert aufs unschönste mit dem fliehenden Kinn, was wiederum die Sattelschlepper-Nase unvorteilhaft hervorhebt.

Aber zum Glück findet man das eigene Kind, wenn man es dann schließlich in echt vor sich hat, angeblich ja immer schön. Diese hormonelle Verblendung scheint mir eine gnaden- und segensreiche Einrichtung der Natur zu sein.

«Alles Quatsch», hat mich dann jedoch Johanna belehrt. «Als ich meinen Ältesten zum ersten Mal leibhaftig sah, wusste ich gleich: Eine Zukunft als Schönheitskönigin ist in diesem Fall ausgeschlossen.»

Mein Gynäkologe, dem ich die Aufnahmen verschämt zeigte, meinte: «Das ist normal. Gute 3-D-Bilder sind extrem selten. Wenn die die Realität abbilden würden, gäbe es nur zerbeulte Kinder, die aussehen wie der Geisterbahn entsprungen.»

Das beruhigte mich sehr. Und außerdem ist Aussehen ja auch nicht alles im Leben, und bei längerer und wiederholter Betrachtung der Bilder muss ich sagen, dass mein Sohn ein sehr gewinnendes Lächeln hat.

«Ich kann nicht mal einen Papierflieger bauen, aber ich kann einen Menschen machen!»
NATALIE PORTMAN

2. März

Schwangerschaftswoche: 31 + 6 Tage, (8. Monat)
Gewicht: Ich dachte nicht, dass ich in meinem Leben jemals so viel wiegen könnte. Ich bin jetzt eine Frau, der man im Bus einen Platz anbietet, der man erschrocken die Tür aufhält und bei der man sich sorgt, dass sie gleich auf dem edlen Teppich niederkommt.
Zustand Schlomo: Für ihn wird es eng. Wenn er sich rekelt und streckt, beult sich mein Bauch nach außen, als geschähe dort drin Unanständiges. Ich habe zwar davon gehört, dass bereits Frauen vor mir schwanger gewesen sein sollen, aber ich kann nicht anders, als all das für einzigartig zu halten. Mir fehlen, das ist selten, die Worte, wenn ich meinem Mann beschreiben soll, wie es ist, wenn im eigenen Bauch jemand anders Schluckauf hat.
Zustand Mutter: Ich schreibe gegen die Zeit! Mein Buch «Endlich!» wächst derzeit nicht proportional zu meinem Bauch. Das Schreiben ist mühsam, wenn man nicht lange sitzen kann, lieber im Internet nach entzückenden Stramplern Ausschau halten oder noch mal eben mein Frauenarzt nach dem Rechten schauen würde.

Seit Tagen liegt neben mir im Bett eine müffelnde Wurst. Und ich muss sagen, ich schlafe nicht besonders erholsam neben etwas, das stinkt. Das war schon immer so, dazu musste ich nicht erst schwanger werden.

«Du brauchst in den letzten Monaten unbedingt ein Stillkissen», hatte Johanna gesagt. Ich vertraue ihr blind, schließlich hat sie zwei schweißtreibende Schwangerschaften und Geburten hinter sich, erzieht zwei Söhne, ohne komplett zu verzweifeln, sagt leider immer, was sie denkt («Hör auf zu jammern, das Schlimmste hast du doch noch vor dir!»), und sie weiß, wie man sich bequem bettet, wenn einem der Bauch langsam den Ausblick auf die untere Körperhälfte versperrt.

Aber dann sagte sie den Satz, den man im Laufe einer Schwangerschaft immer weniger gern zu hören bekommt: «Du kannst meines haben.»

Vererbte Babysachen und weise Ratschläge kann man nie genug bekommen, hatte ich zunächst gedacht. Heute weiß ich: Doch, man kann.

Die Söhne meiner Freundin Marie sind seit geraumer Zeit aus dem Haus. Leider tauchte neulich beim Entrümpeln in ihrem Speicher ein zweiundzwanzig Jahre alter Heizstrahler auf, der laut Marie «noch top in Schuss» sei und hervorragend geeignet, mein zukünftiges Baby beim Wickeln zu wärmen.

Sie war so nett, mir das gefährlich aussehende Gerät persönlich vorbeizubringen, und hatte noch einen Baby-Skianzug von 1983 mit Schlümpfe-Motiven dazugelegt.

Von Annette bekam ich eine nahezu durchgekrabbelte Krabbeldecke, auf der sich so ziemlich alle waschmittelresistenten Flecken dieses Universums versammelt hatten, von Benita die hässlichste Babywippe, die ich jemals gesehen habe, und von Johanna besagtes Stillkissen, das den Geruch eines leicht schimmeligen Dachbodens auf ewig verinnerlicht hatte.

Das Blöde beim Kinderkriegen ist – ähnlich wie beim Autokauf, beim Plätzchenbacken, bei der Krankenversicherung und beim Liebeskummer –, dass es unendlich viele Experten gibt, die einen wohlmeinend mit Ratschlägen versorgen.

Dazu kommen dann noch die gut dreitausend Schwangerenbücher und unzählige Internetforen, in denen seitenlang mit missionarischem Eifer oder gar kaum verhohlener Aggressivität beispielsweise darüber diskutiert wird, ob Neugeborene auf Lammfellen schlafen sollen oder man einen wunden Babypopo dick oder dünn mit Zinksalbe einreiben solle.

Dammmassage, Gebärhocker, Wunschkaiserschnitt, Stammzellen, Erstausstattung, Pucken (Hä? Meinen die «spucken»? Muss ich noch recherchieren), Streptokokken, Sushikonsum, Harndrang, Haare färben: Zu all diesen Themen gibt es mindestens zwei sehr glaubhaft klingende, sich aber komplett widersprechende Meinungen.

Das ist irritierend, wenn man keine eigene Erfahrung hat. Es ist schon schlimm genug, bei technischen Geräten keine Ahnung zu haben – mein iPhone zum Beispiel akzeptiert nach dem letzten Update nur noch Sprachnachrichten willkürlich ausgewählter Menschen, zu denen weder mein Mann noch mein Steuerberater zählen.

Sobald man in Sachen eigenes Baby ordentlich verwirrt ist, kommt garantiert einer daher, der sagt: «Vertrau doch einfach auf deinen Instinkt.»

Ich habe jetzt beschlossen, in erster Linie meiner Hebamme zu vertrauen. Die sagt: «Frauen, die allzu genau Bescheid wissen, machen es sich nicht unbedingt leichter.»

Und heute werde ich tatsächlich auch mal auf meinen Instinkt hören, obschon das eigentlich für mich bei einer so existenziellen Angelegenheit nicht in Frage kommt. Aber ich denke, auf dem Dachboden müsste sich noch Platz finden für einen antiken Heizstrahler und ein stinkendes Stillkissen.

3. März

Mona hat mir gerade eine wütende Mail aus ihrer Heimatstadt Bremen geschickt, wo sie gestern zum zwanzigjährigen Abi-Treffen eingeladen war.

Meine liebste Ildikó!
Sei bloß froh, dass Du schwanger bist!
Damit bist Du zumindest bei Deinem nächsten Klassentreffen fein raus, denn es gibt nichts Ärgerlicheres, als alle drei Minuten von Frauen (und nur von Frauen!) gefragt zu werden: „Und, wie viele Kinder hast du?" Wohlgemerkt, die Frage lautet nicht: „Hast du Kinder?", sondern gleich: „Wie viele?" – Damit voraussetzend, dass zu dem Leben einer Frau, die vor zwanzig Jahren Abi gemacht hat, die zahlreiche Vermehrung selbstverständlich dazugehört. Und dann diese langen, betroffenen Gesichter, sobald ich antwortete: „Ich habe keine Kinder." Genauso gut hätte ich sagen können: „Ich leide an einer schweren Krankheit und werde den Jahreswechsel nicht mehr erleben."
Es war zum Kotzen!
Ich musste mich sehr beherrschen, um mich nicht zu dümmlichen Rechtfertigungen hinreißen zu lassen wie: „Ich habe keine Kinder, aber einen Doktortitel und ein Jahreseinkommen jenseits der Neidgrenze. Ich habe meine Talente voll entfaltet und meine Entscheidung gegen Kinder nie bereut – schon gar nicht, wenn ich euch flachgeistigen Kühe sehe mit euren bedauernswerten Wunschkindern, die jetzt die volle Breitseite all der Ambitionen abbekommen, die ihr euch verkniffen habt."
Als müsse ich mich rechtfertigen! Als sei mein Leben gescheitert, bloß weil ich mich beim Klassentreffen im Kreise der Tussen langweile, die sich gegenseitig die Fotos ihrer Kinder zeigen und erzählen, dass der Leander musisch unheimlich begabt sei, während die Manou erstaunliche logische Fähigkeiten vorweise.
Ich fühlte mich verurteilt, belächelt, bemitleidet von diesem Club der gebärenden Frauen.

Warum ist keine friedliche Koexistenz möglich? Mütter, scheint mir, sind unheimlich radikal in ihrer Ablehnung von Frauen, die einen anderen Lebensweg gewählt haben. Warum?

Weil ich eine Provokation bin? Weil ich sie daran erinnere, wie ihr Leben auch hätte verlaufen können? Weil sie an mir sehen, worauf sie verzichtet haben?

Na und? Ich sehe an ihnen doch auch, worauf ich verzichtet habe. Und nach ehrlicher Überprüfung komme ich dann immer wieder zu dem Schluss, dass ich den für mich richtigen Weg gewählt habe.

Und die bereuen ihre Kinder doch auch nicht. Woher kommt also die Ablehnung?

Nach einer halben Stunde, in der ich mich zügig betrank, antwortete ich auf die besagte Frage nur noch: „Vier. Aber ich habe sie alle zur Adoption freigegeben."

Du weißt, dass es nicht immer einfach ist für mich, kinderlos zu sein. Du kennst meine Anfechtungen, meine Ängste, und du verstehst, warum ich letztlich nicht bereit bin, den hohen Preis zu zahlen, den Mütter zahlen müssen.

Und ich kenne Dich und bin ganz sicher, dass sich der hohe Preis für Dich lohnen wird. Du wirst eine wunderbare Mutter sein. Du bist viel zu egoistisch, um alle eigenen Bedürfnisse und Ambitionen bereitwillig über Bord zu werfen. Das meine ich als Kompliment und als Ermunterung. Du hast Dein Leben lang dafür gesorgt, dass es Dir gutgeht, und das wirst Du weiter tun. Und wir alle, die Dich kennen und lieben, werden davon profitieren.

Ich werde nicht mit ansehen müssen, wie sich diese fiesen Verzichts-Falten um Deinen Mund herum bilden und

wie Dich Neid und unausgelebte Sehnsüchte missgünstig und kleinlich machen.
Du wolltest immer so entschieden das Beste vom Leben für Dich, dass das Leben sich nicht getraut hat, sich Dir zu verweigern. So soll es bleiben!
Das wünsche ich Dir und mir und meinem kleinen Patensohn Schlominski unter Deinem Herzen.
Deine Freundin
Mona

4. März

Habe gerade versehentlich eine Folge «Traumschiff» geschaut. Bin da irgendwie so reingeraten, weil ich eine kleine Schreibpause brauchte. Auch «Endlich!» neigt sich nun dem Ende zu. Als Hape Kerkeling am Strand von Bahia einer in Gefangenschaft geratenen Wasserschildkröte die Freiheit schenkte, gab es für mich emotional gesehen kein Halten mehr. Bin bloß froh, dass ich allein zu Hause war.

Die Schwangerschaftshormone machen aus mir eine friedliebende, milde Heulsuse. Ich hoffe, das gibt sich wieder. Ich mag mich noch nicht mal mehr streiten. Das darf wirklich nicht zur Gewohnheit werden.

Mein Mann ist von der ungewohnten heimischen Harmonie begeistert und hofft, dass ich unser Kind übertrage, nur so ein, zwei Jahre. Und anschließend, das regte er neulich an, könne ich doch sehr schön als Leihmutter arbeiten.

8. März

Es ist wirklich nicht meine Schuld, dass ich zwei Geburtsvorbereitungskurse buchen musste. Ich bin mir absolut sicher, dass ich dem Kindsvater rechtzeitig den Termin für den Crashkurs am vergangenen Wochenende mitgeteilt hatte.

Allerdings bin ich mir auch ganz sicher, dass meine Bank letzte Woche mutwillig meinen PIN-Code verändert hat. Ich war jüngst ebenfalls überzeugt, dass mir mein Auto geklaut worden war. Mit Hilfe der eilig herbeigerufenen Polizei konnte aber schnell herausgefunden werden, dass ich bloß ganz woanders geparkt hatte, als ich gedacht hatte.

«Typische Schwangerschaftsdemenz», lautet Johannas Diagnose. Darauf würde auch hindeuten, dass ich kürzlich versucht habe, mit der Fernbedienung des DVD-Recorders ein Taxi zu rufen, und eine halbe Stunde lang mit der Mülltüte, die ich entsorgen wollte, in der Hand spazieren ging.

Und gestern Abend habe ich zwei Stunden lang einen Fond eingekocht, den man dann durch ein Sieb passieren und in einem geeigneten Gefäß auffangen sollte. Das Auffangen habe ich vergessen und den edlen Fond durchs Sieb auf Nimmerwiedersehen direkt in den Ausguss geschüttet.

«Das ist normal», sagt mein Arzt. «Ihr Körper hat jetzt anderes zu tun, als Ihr Gehirn zu versorgen.»

Und das stimmt ganz eindeutig, denn mein Körper hat sich gerade in den letzten zwei Wochen mal wieder besonders eifrig darauf konzentriert, Nahrungsreserven zu horten, Wasserreservoirs für eine mehrjährige Dürre anzulegen und auch, was den Umfang angeht, noch mal nachzulegen.

«Na, du hast aber wirklich einen ordentlichen Bauch!», rief selbst meine Hebamme, als sie zur letzten Untersuchung kam. Und das ist ein Satz, den man aus berufenem Munde besonders ungern hört.

Wie auch immer, den ersten Geburtsvorbereitungskurs besuchte ich also allein. Ich erntete mitleidige Blicke, wurde doch kollektiv vermutet, dass ich an einen altmodischen Rabenvater geraten war, der schon vorgeburtlich seinen Pflichten nicht nachkam und sich bestimmt auch weigern würde, die Nabelschnur zu durchtrennen, die Plazenta bei Vollmond im Garten zu vergraben oder in der Kita das Geländer zu streichen.

Ich empfand es bereits als Zumutung, dass wir uns alle auf den Boden setzen mussten. Unsereins kommt da ja so ohne weiteres nicht leicht wieder hoch, schon gar nicht als unbegleitete Trächtige.

Nach einer Vorstellungsrunde gab es erst mal eine Einführung in die weibliche Anatomie und in die Geheimnisse des Beckenbodens, den wir alle gemeinsam erspüren sollten.

«Zieht eure beiden Sitzbeinhöcker mit den Händen fest unterm Popo nach hinten», sagte die leitende Hebamme – und spätestens da war ich unheimlich froh, dass mein Mann nicht mitgekommen war.

Was ich in den ersten Stunden auch noch lernte: Das Positive am Schwangersein ist, dass man keine Langeweile mehr hat. Egal, wie lange du auf der Zulassungsstelle sitzt, um deinen schnittigen Zweisitzer ab- und einen behäbigen Fünftürer anzumelden, der aussieht wie eine Aubergine auf Rädern. Egal, wie lange du an der Kasse, auf dem U-Bahnhof oder an der Wursttheke stehst: Für uns werdende Mütter gibt es keine vertane Zeit mehr. Denn, so die Chefin des Geburtsvorbereitungskurses, «einen Beckenboden kann man überall trainieren».

Nach außen, so versicherte sie, bekäme niemand was davon mit, wenn man den Muskel anspannen und ihn wie einen Aufzug langsam im Körperinneren nach oben und dann Richtung Wirbelsäule ziehen würde.

Aber das stimmt nicht ganz. Ich habe mich nämlich schon manches Mal gefragt, warum viele Schwangere gerade in Warteschlangen so einen seltsam konzentriert-verkniffenen Gesichtsausdruck machen.

Und manchmal dünsten die dabei auch noch irgendwas Unappetitliches aus. Das hat aber wiederum nichts mit dem Beckenboden zu tun, das weiß ich heute, sondern mit den Kohlblättern im Büstenhalter. Die sollen Brustentzündungen vermeiden, und einige stopfen sich das Gemüse wohl schon vor der Geburt in die Dessous.

Am Nachmittag ging es dann endlich ans Eingemachte. Thema Niederkunft. «Ich mache euch jetzt mal vor, wie Wehen klingen», warnte uns die Hebamme. «Nur damit die Männer wissen, was so geräuschemäßig auf sie zukommt.» Was soll ich sagen? Nach der Darbietung – mindestens so gekonnt wie der vorgespielte Orgasmus in «Harry und Sally» – saß ich da wie vom Donner gerührt und ungelogen den Tränen nahe.

«Ich hätte dann doch gerne einen Kaiserschnitt», sagte ich erschüttert in die Stille, die nach den letzten, gellenden Schreien der Hebamme eingetreten war, die zwischendrin auch sehr überzeugend nach ihrer bereits verstorbenen Mutter gerufen und um einen schnellen Tod gebettelt hatte.

«Na ja, so ist eben der Lauf der Natur», versuchte mich Caroline, die Schwangere neben mir, zu trösten. Caroline, die mich von Anfang an verunsicherte mit ihren ständigen Stretchübungen, bei denen sie die Füße hinter ihren Ohren versteckte. Caroline, die eine Hausgeburt in einem eigens angemieteten Planschbecken machen und außer Himbeerblättertee während der Geburt nichts Schmerzlinderndes zu sich nehmen will.

Ich war nach dieser Gebär-Show wilder denn je entschlossen, mein Heil in einer PDA zu suchen. Am allerliebsten würde ich mir den Zugang für das Schmerzmittel sicherheitshalber schon jetzt zwischen die Rückenwirbel legen und sämtliche Anästhesisten des Altonaer Krankenhauses mit Delikatesskörben und Geldgeschenken bestechen.

Bei der
Wehenübung „Apfelschütteln"
verzichtete
ich dankend darauf…

«Das war doch bloß vorgemacht», sagte Karsten auf der Gummimatte mir gegenüber. Karsten, der nach jedem Satz der Hebamme wissen wollte, ob es dazu denn auch eine repräsentative Statistik gäbe.

Ja, was heißt denn hier «bloß vorgemacht»? Der Abschied von Winnetou, der Tod des englischen Patienten, die schlimme Erkrankung von Sissi waren schließlich auch «bloß vorgemacht». Aber als leidlich phantasiebegabter Mensch geht einem das natürlich trotzdem und auch über Jahre hinweg sehr nahe. Wie gesagt, an der Sache mit Hape Kerkeling und der Wasserschildkröte habe ich ja auch immer noch zu knabbern.

Später probierten wir dann noch einige Gebärpositionen aus, die den Geburtsvorgang beschleunigen und die Wehen etwas erträglicher machen sollen. Die wenigsten davon kämen jedoch in Betracht, wenn man eine PDA in der Wirbelsäule stecken habe, sagte die Hebamme mit einem strengen Seitenblick auf mich.

Bei der Wehenübung «Apfelschütteln» verzichtete ich dankend darauf, mich einem anderen Paar anzuschließen, um es auch ausprobieren zu können.

Diese Übung sieht so aus: Die schwangere Dame lehnt vornübergebeugt an der Wand und ruft beim Ausatmen laut «Aaaaah!», während der dazugehörige Herr ihr kräftig an beiden Pobacken rüttelt.

Lieber auch erspart hätte ich mir den Anblick der Geburtszange. Ich verstehe nicht, warum in Zeiten, wo jeder Auspuff von hochbezahlten Designern entworfen wird, medizinisches Gerät aussehen muss, als habe sich seit dem frühen Mittelalter keiner mehr um eine Weiterentwicklung bemüht.

«Pro Stunde öffnet sich der Muttermund etwa einen Zentimeter», lernten wir von der Kursleiterin. Woraufhin Karsten fröhlich ausrief: «Muttermund tut Wahrheit kund!»

Am nächsten Morgen stornierte ich den zweiten Kurs.

Ich weiß jetzt wirklich mehr als genug.

18. März

Heute Nacht um kurz nach drei bekam ich eine SMS von meiner Freundin Christiane. Ich war allein und lag noch wach, das Handy direkt neben mir auf dem Nachttisch. Nur zur Sicherheit.

Die Hebamme sagte, Schlomo läge in Startposition – das tut der faule Sack allerdings bereits seit der Zeugung – und könne durchaus auch etwas früher kommen. Mir soll's recht sein. Wer früher kommt, passt besser durch.

Liebe Ildikó, ich fahre jetzt nach München zu meinem Vater. Er ist tot. Das Elend hat ein Ende gefunden. Es ging ihm zuletzt so entsetzlich schlecht, dass es doch gut so ist. Eine Befreiung. Bei unserer letzten Begegnung brach er, den ich im Leben nie habe weinen sehen, immerzu in Tränen aus. Wir saßen nebeneinander, und die Tränen liefen ihm über das eingefallene, klein gewordene, entzündete Gesicht. Er dankte für alles, immerzu. Ich führte ihn an der Hand durch seine Wohnung. Am Ende, als er schon im Bett lag, wollte er, dass ich ihm noch gute Nacht sage. Er weinte. Das ist das Abschiednehmen. Er und ich, wir müssen da hindurch. Wie geht es dir und dem kleinen Husaren? Freust du dich auf ihn? Sei umarmt von deiner C.

Ich stand auf und stellte eine Kerze ins Fenster.

Ein bewährtes Hausmittel meiner Mutter, die mir ihre romantische und tröstliche Vorstellung vermachte, dass sich sterbende Seelen auf ihrem Weg an in Zuneigung entzündeten Lichtern orientieren. Schaden kann's ja nicht. Dann rief ich Christiane an, und wir telefonierten zwei Stunden lang.

Sie saß im Auto, auf dem Weg zu ihrem toten Vater. Ich, ihre Reisebegleitung, lag im Bett, in Erwartung meines Sohnes.

«Ich muss mich dringend für einen Kinderwagen entscheiden», sagte ich.

«Ich werde einen Sarg aussuchen müssen», sagte Christiane. Wir lachten vorsichtig.

Es ist ein Kommen und Gehen hier. Keine ganz neue Einsicht, das ist mir klar.

Ich habe nie gehadert mit dem Tod meiner Eltern. Ich war Mitte zwanzig, als sie relativ kurz hintereinander starben. Mein Vater war 72, meine Mutter 68. Ich war traurig, aber nicht verzweifelt.

Aber jetzt merke ich: Mit dem Kind wächst die Sehnsucht nach meinen Eltern.

Ich wünschte, sie wären noch da.

Ich stelle noch eine Kerze ins Fenster.

Schaden kann's ja nicht.

«Sie werden 39 744 Euro Kindergeld kassieren,
bis das Kind achtzehn ist.
Erhöhungen nicht eingerechnet.»
BRIGITTE MOM

Der neunte Monat!

Das klingt für Laien – wie ich bis vor kurzem einer war – ja so, als sei im Grunde genommen alles schon vorbei und als würde es jeden Moment losgehen. Das stimmt aber leider nicht.

Wenn du im neunten Monat schwanger bist, heißt das lediglich, dass du noch mal mindestens vier sehr beschwerliche Wochen vor dir hast. Das menschliche Säugetierweibchen ist nämlich zehn Monate lang schwanger.

Der neunte Monat ist keine gemütliche Zeit, das muss man ganz klar so sagen. Wenn dir etwas runterfällt, überlegst du sehr genau, ob du es aufhebst oder ob es bis nach der Niederkunft liegen bleiben kann.

Das nächtliche Umdrehen im Bett ist eine aufwendige Aktion, die gut geplant werden will und immer mit erheblicher Geräuschbelästigung für Partner und Anwohner in Form von Stöhnen und Fluchen verbunden ist. Nach dem Essen kommt es regelmäßig zu unschönen Revierkämpfen zwischen Pizza und Baby.

Man sollte jetzt nur noch Dinge essen, die man wirklich gerne mag, denn es kommt alles zurück. Und deinen Füßen kannst du für geraume Zeit «Lebt wohl!» sagen.

Aber das Ungemütlichste am Endspurt seid ihr, liebe Freundinnen und Freunde, die ihr keine Jeans mit Gummibund, Stützstrümpfe und Blusen tragen müsst, die aussehen, als hätte man sich mal schnell ein Spannbettlaken übergeworfen.

Ja, auch wenn es für euch albern klingt, aber selbst wir Hochschwangeren haben uns einen letzten Rest Eitelkeit und Anspruch auf Menschenwürde bewahrt. Und nein, wir schätzen Äußerungen nicht wie «Irre, das werden bestimmt zwei!» oder «Hoppla, das kann ja wohl jeden Moment losgehen!» oder «Wahnsinn, bekommst du gleich ein ganzes Eigenheim?».

Haltet euch doch einfach zurück mit Scherzen, die meinen Körper betreffen. Ich weiß sehr gut, dass ich schon mal flotter ausgesehen habe.

Am Wochenende war ich bei einem sehr schicken Empfang im Hamburger Rathaus zu Ehren des ungarischen Ministerpräsidenten. Als ich an den Sicherheitskräften vorbeistampfte, kam ich mir vor wie eine Bombendrohung. Bei der Laudatio schlief ich leider ein.

Bis vor einer Stunde war ich auf einem Fotoshooting. Mein Verlag braucht neue Bilder von mir, für das neue Buch, für den Katalog und für die Presse.

Haut, Haare und Busen sehen super aus, da kann man nicht dran rummeckern. Der ansonsten liebenswerte Fotograf Dett Kempke gab sich allerdings keine Mühe, seine Einwände diplomatisch zu formulieren: «Das Blöde ist ja, dass sich in einem Porträtfoto dein Aussehen nicht erklärt. Da müsste ich schon deinen ganzen Körper zeigen. Außerdem passt du in kein Hochformat.»

Nach einigem Hin und Her wurde ich schließlich hinter einen Tisch gesetzt, und Dett Kempke sagte: «Nimm bitte die Hände runter, deine Finger sehen aus wie Würstchen.»

Jeden Morgen schiebe ich mich durch Schnee und Eis zu meinem Büro, um an meinem Buch zu schreiben. Es ist nicht wirklich ein Büro, sondern die Wohnung meines Freundes Clemens, die er mir tagsüber zur Verfügung stellt. Ich kann mich einfach besser konzentrieren, wenn der eigene Mann, der eigene Kühlschrank und das eigene Bügelbrett nicht in unmittelbar erreichbarer Nähe sind.

Um nicht missverstanden zu werden: Ich hasse bügeln und tue es nie. Außer, wenn es darum geht, einen Grund zu finden, den ersten Satz des nächsten Kapitels noch eine Weile vor mir herzuschieben. Dann bügele ich sogar Socken.

In mein Schreibhotel an der Ostsee traute ich mich in den letzten Monaten nicht mehr zu fahren. Es war nicht nur die Furcht, dass ich, wie beim letzten Mal, Hellmuth Karasek in der Sauna begegnen könnte. Travemünde war eingeschneit, und mir war die Vorstellung unheimlich, mit vorzeitigen Wehen im Spa-Bereich des Hotels unter Beaufsichtigung der Fußpflegerin und des Rezeptionisten zu entbinden.

Ich hatte ja schon erwähnt, dass ich mehr so der Typ bin für festverzinsliche Wertpapiere, Drei-Punkt-Sicherheitsgurte und Reiserücktrittversicherung. Risiko ist nicht gerade mein zweiter Vorname.

Also schreibe ich weiter am Esstisch in der Wohnung von Clemens – der leider immer Schokoladenvorräte für mich bereithält – gegen den nahenden Entbindungstermin an und gegen den Zeitpunkt, ab dem mein Leben sich so unwiderruflich und unkalkulierbar verändern wird, dass ich heute nicht zu sagen weiß, ob ich weiterhin Bücher schreiben werde und, wenn ja, was für Bücher das sein werden.

Ich genieße den Zustand, ein Kind zu erwarten, aber keines zu haben. Kinder im Bauch schreien nicht, nuckeln dir nicht die Brustwarzen wund und benötigen keinen regelmäßigen Windelwechsel.

Noch bin ich die Frau, die ich kenne, bloß in knapp zwanzig Kilo schwerer und nie betrunken. Noch bin ich Journalistin und Schriftstellerin, selbstbestimmt, schreibe, wann ich will, sitze manchmal bis spätnachts am Computer, weil sich Inspiration nicht an gewerkschaftlich festgelegte Arbeitszeiten hält – und erst recht nicht an Stillpausen, Wickelpausen oder die Schlaf- und Wachphasen eines unberechenbaren Säuglings.

Was, um Himmels willen, kommt da bloß auf mich zu?

Ich las darüber neulich in «Nido» ein realitätsnahes Interview mit Charlotte Roche:

Sie fanden die Stillzeit schrecklich. Warum?
Ich finde, dass Mutterschaft extrem unehrlich besprochen wird. Ich fühlte mich überhaupt nicht vernünftig aufgeklärt und dachte, ich wäre allein mit meinen Problemen. Auch Frauen, die das schon durchgemacht haben, reden verlogen wie in der Werbung. Ich hatte das Gefühl, ich werde verarscht, weil keiner mir auch nur ansatzweise gesagt hatte, wie rasend anstrengend es ist, ein Baby zu versorgen. Wochenlang nachts nicht vernünftig schlafen zu können, war für mich ein Schock und eine deprimierende Quälerei. Ich hätte richtig abkotzen können. Warum sagt einem keine Mutter die Wahrheit? Ich finde es extrem hilfreich, die Dinge beim Namen zu nennen.

Elisabeth, die Heldin Ihres Romans «Schoßgebete», sagt: «Wenn man die Kinder den ganzen Tag bespaßen muss, damit ihnen nicht langweilig wird, dann kriegt man einen Nervenzusammenbruch. Der äußert sich bei mir so, dass ich unkontrolliert in der Gegend rumschreie. Sie mit kleinen geschlitzten Wutaugen betrachte und immer nur folgenden Satz denke: Ihr ruiniert mein Leben, ich halte es mit euch nicht aus, ihr geht mir auf den Sack.» Wie oft gönnen Sie sich Auszeiten?
Nie, denn wenn ich weg bin von der Familie, leide ich. Aber Kinder können Knöpfe drücken, dass man an die Decke geht. Ich spüre es richtig in mir, dass Mutterschaft das gruselige Gegenteil einer freien Frau ist, die machen kann, was sie will. Für mich gibt es kein Leben ohne Familie, aber wenn man bei der Wahrheit bleibt, muss man auch schimpfen dürfen. Mir wird echt schlecht, wenn Leute sagen: «Ich liebe meine Kinder über alles.» Ich freue mich, wenn eine amerikanische Journalistin sagt: «Ich wäre über den Tod meines Mannes trauriger als über den Tod meines Kindes», und alle flippen völlig aus, weil man das angeblich nicht sagen

darf. Es gibt immer noch viele Tabus, die man als Mutter brechen kann. Darin liegt viel Freiheit.

Bedeutet Elternschaft das Ende jeder Coolness?
Bei mir ja. Ich könnte kotzen, wenn ich Artikel von Journalisten lese, die trotz Kindern versuchen, sich immer noch an ihrer Coolness festzuklammern. Ich gehe zum Beispiel nicht mehr feiern, weil ich finde, dass eine gute Mutter nicht mehr in Clubs rumhängt und mit Leuten die ganze Nacht durchmacht. Das hat man in seiner Jugend gemacht, und die ist mit einem Kind abgeschlossen. Style und Kind geht auch nicht, denn Kinder hören Schlumpfentechno, und man kann denen nicht erzählen: «Das ist aber sehr schlechte Musik!» Man muss ein Kind genau den Mist durchmachen lassen, den man selber auch als Kind durchgemacht hat.

Beschäftigen Sie Personal, um morgens ausschlafen zu können?
Nein. Ich habe Freunde in Medienberufen, die total leiden, weil sie neuerdings früh aufstehen müssen, um ihr Kind zur Schule zu bringen. Für mich ist der Deal: Du hast jetzt ein Kind und trauerst dem Ausschlafen nicht hinterher, es wird einfach aufgestanden! Natürlich ist es persönlichkeitsverändernd, wenn man eine gute Mutter darstellt, obwohl man sich manchmal gar nicht wie eine Mutter fühlt. Man liefert dem Kind, so gut man kann, ein stabiles Zuhause, aber gleichzeitig guckt man sich selber an und denkt: Was machst du hier eigentlich? Du spielst dem Kind etwas vor, das du innerlich gar nicht hast.

Ihre Romanheldin sagt über Kindererziehung, «dass das Naheliegendste falsch ist und eher alles schlimmer macht». Klüger sei es, auf Ratgeberbücher von Profis zu hören.
Ich lese ja viel Zeitung und merke, dass es gerade der Trend ist zu sagen: «Verlasst euch ganz auf euer Inneres!» Bei mir, muss ich ganz ehrlich sagen, wäre es für alle Beteiligten eine Katastrophe, wenn ich mich auf mein Inneres verlassen würde. Wenn man mich fragen würde, was man macht, wenn ein Kind beim Einschlafen sagt: «Mama, ich habe Angst, dass eine

Hexe unterm Schrank ist», würde mein Inneres sagen: «Du musst das Kind beruhigen und ihm sagen, dass das totaler Quatsch ist, denn es gibt keine Hexen und erst recht keine, die unter einen Schrank passen.» Wenn man mit einem Profi spricht, ist meine Lösung vollkommen falsch. Ich würde in hundert Jahren allein nicht darauf kommen, dass man das Kind dann alleinlässt mit seiner Angst. Wenn man versucht, dem Kind die Angst mit vernünftigen Argumenten auszureden, denkt es irgendwann: Mit Mama kann ich nicht über meine Ängste reden. Die sagt immer nur: Hexen gibt es nicht.

Machen einen Kinder zwangsläufig unsexuell, oder kann man guten Sex haben, wenn der Nachwuchs durch die Wohnung tobt?
Sexualität in einem Haushalt mit Kindern geht ganz schnell flöten, weil man in der Alltagsmaschine ist. Man muss so richtig Erika-Berger-mäßige Tricks draufhaben, damit das überhaupt noch stattfindet. Das mag jetzt auch wieder so unromantisch klingen, aber ich finde ja verabreden gut. So spontan, das ist sehr schwierig in einem Haushalt mit Kindern. Wenn das Kind endlich schläft, ist es zu spät, dann ist man müde. Leider ist ja der Alltag mit Kindern total unsexy.

Würden Sie uns heute gegenübersitzen, wenn Sie kein Scheidungskind wären?
Nein. Die Freunde von mir nervt das total, dass ich immer noch nicht über meine Eltern hinwegkomme. Schon in der Schule haben alle gesagt: «Charlotte, guck mal, du hast zwar eine Scheißkindheit, aber dafür kannst du einige Sachen viel toller als andere.» Das finde ich so zynisch: zu sagen, ich soll doch froh sein über die Scheiße, die ich erlebt habe. Mein Sendungsbewusstsein, meine Sucht nach Aufmerksamkeit, dass ich aus Schmerz versuche, irgendwie Kunst zu machen: Ich wünschte, ich hätte das alles nicht. Ich hätte es viel lieber, eine schöne Kindheit gehabt zu haben und heute im Finanzamt zu arbeiten. Das ist überhaupt nicht kokett gemeint.

Immer noch der neunte Monat!

Zieht sich ganz schön hin, für meinen Geschmack.

Ich schreibe meinen Roman «Endlich!» mit Freude und Wehmut und großer Disziplin. Mein erstes Buch, «Mondscheintarif», entstand abends in Begleitung von Alkohol und Zigaretten und nur, wenn nichts Gutes im Fernsehen kam.

Danach schrieb ich zwei Bücher im Urlaub auf Mallorca, dann auf Sylt, schließlich in Berlin.

Zwischenzeitlich hörte ich auf zu rauchen, heiratete, achtete auf meinen Eisprung, erhöhte meinen Rentenanspruch, schrieb tagsüber bei stillem Wasser.

Jetzt trinke ich Schwangerschaftstee, renne alle halbe Stunde zum Klo – für eine volle Blase ist einfach kein Platz mehr in mir –, und Clemens' Nachbar hat sich schon zweimal über das ständige Getrampel beschwert. Soll froh sein, dass hier keine fünfköpfige Familie wohnt, der Arsch. Ist doch wahr.

Mein Buch handelt von einer vierzigjährigen Frau, die mit ihrem Leben eigentlich recht zufrieden sein könnte, es aber nicht ist. Denn Vera Hagedorn bekommt kein Kind, ihr Mann ist ein anständiger Langweiler, der sie, was sie herausfindet, jedoch unanständigerweise betrügt. Grund genug, das Leben zu verändern. Eigentlich, wenn Vera den Mut hätte.

Es könnte sein, dass Vera Hagedorn meine letzte Heldin ohne Kind ist. Wer weiß, vielleicht bekommt sie ja am Ende sogar eins. Ich weiß aber noch nicht, von wem.

Heute schrieb ich die folgenden Seiten:

Ich weiß genau, was es über den Seelenzustand einer Frau aussagt, wenn sie von einer ausgiebigen Shoppingtour ausschließlich mit Formwäsche nach Hause kommt. Ich selbst bevorzuge allerdings den englischen Terminus «Shapewear».

Es handelt sich hierbei um latexartige Spezialunterwäsche, einen hautfarbenen, engen Schlauch, der den Speck an den unerwünschten Stellen plattdrückt und Üppigkeit an erwünschten Stellen durch brachiales Zusammenquetschen vortäuscht.

Der Werbeslogan «Jeder Tag, an dem Ihnen niemand sagt, dass Sie einen schönen Hintern haben, ist ein verlorener Tag!» hatte mich augenblicklich überzeugt.

Ja, es gab wahrhaftig schon zu viele verlorene Tage in meinem Leben.

Doch die sauteure Leberwurstpelle, das war mir auch klar, würde nicht ausreichen, meine angeschlagene Psyche zu heilen. Denn im Grunde wusste ich ganz genau, in welche besorgniserregende Lebensphase ich gerade hineinschlitterte.

Egal, ob mit oder ohne «Power-Panties» und «Slim Cognito»-Wäsche: Ich befand mich an der Schwelle zu meiner zweiten Pubertät.

Freundinnen, Schwestern, Frauen in der Mitte eures Lebens, ich sage euch: Wie ein hormongebeutelter Teenager hat auch die Frau um die vierzig das Gefühl, ihr Leben müsse mehr zu bieten haben, und ganz genauso wie mit vierzehn steht «Selbstverwirklichung» wieder ganz oben auf der To-do-Liste der pubertierenden Frau.

Und eine Frau auf dem Weg der Selbstverwirklichung, das weiß nun wirklich jeder, ist eine Frau auf dem Kriegspfad.

Diese Passage ist übrigens leider eins zu eins aus dem wahren Leben entnommen: Ich erinnere mich an ein Wochenende in Berlin Anfang vergangenen Jahres, an dem mich die Lebensmitte-Krise übel erwischte.

Ich war auf der «Fashion Week» zur Modenschau meines entzückenden und genialen Freundes Guido Maria Kretschmer eingeladen.

Guido versteht mich. Und alle anderen Frauen auch. Deswegen macht er die schönsten Kleider, die man sich vorstellen kann. Und immer ist auch was Bezauberndes für Damen dabei, deren Oberarme, Oberschenkel, Waden, Brüste und Steißbeine man tunlichst nicht den ungnädigen Augen der Öffentlichkeit aussetzen sollte.

Guido hat die Seele eines Mädchens. Entweder er ärgert sich, dass er zu dick ist, oder er leidet unter der Nebenwirkung des Schlankseins: Hunger und die ständige peinigende Angst, wieder zuzunehmen.

Guido hat homöopathische Fett-weg-Spritzen ausprobiert, obwohl ihm schon bei Erwähnung einer Nadel schwarz vor Augen wird. Er hat Pillen genommen, sich auf «Power-Plates» durchrütteln lassen, bis ihm schlecht wurde, er hat mal dieses und mal jenes und mal alles von seinem Speiseplan gestrichen. Nichts half auf Dauer.

Aktuell überlegt er, sich entweder so zu lieben, wie er ist, oder in ein Krisengebiet zu ziehen, wo es nicht so viel zu essen gibt.

Bei unserem letzten Telefonat sagte er: «Ich könnte heulen, weil ich zu dick bin. Ich gehöre zu einer Gruppe, zu der ich nicht gehören will. Wenn ich auf einem Plakat Ronaldo in Unterwäsche sehe, nehme ich mir sofort vor abzunehmen. Das hält fünf Minuten. Aber in meinem Herzen trage ich bauchfrei, da bin ich für die Zucht gemacht und nicht für die Mast.»

Er schluckte, und ich spürte, dass er sich im Hinterkopf bereits Gedanken über das Abendessen machte.

Meine Frage nach einem Anti-Appetit-Drink, von dem ich neulich irgendwo gelesen hatte, wühlte ihn augenblicklich auf. «Das ist doch krank! Andere hungern, während wir uns zwanghaft den Appetit verderben. Wir überlegen jeden Tag, was wir heute mal nicht essen. Pervers ist das!» Nach kurzem Luftholen fuhr er fort: «Selbstverständlich würde ich das Zeug sofort nehmen, als Tee, als Creme, als Depotspritze, egal wie. Wobei ich eigentlich auch ohne Appetit esse. Ich bin meistens satt – aber ich kaue eben gern. Selbst in der Bahn, wo das Essen schlecht ist, freue ich mich, wenn ich in der Nähe des Speisewagens sitze. Die Anwesenheit von Essen beruhigt mich.»

Guido gehört, wie ich, nicht zu den Leuten, die sich wöchentlich ein Stück Zartbitterschokolade langsam auf der Zunge zergehen lassen oder mit fünfzig Gramm Spaghetti oder einer Kugel Eis kommod auskämen. Wenn er telefonisch ein üppiges Abendessen bestellt, tut er so, als ob noch jemand in der Wohnung wäre, und fragt in die Leere des Raumes: «Was wolltest du noch mal haben, Schatz? Ach ja, einen großen Topf Häagen-Dasz.»

Ich versprach Guido, ihn sofort zu kontaktieren, sollte ich den Erfinder des Appetitverderber-Drinks ausfindig machen.

Für seine Modenschau hatte ich natürlich versucht, mich extra chic zu machen. Ich befand mich jedoch gerade weder psychisch noch physisch in Topform und trug deswegen ein trägerloses Unterkleid der Marke «Spanx», einen hautfarbenen engen Schlauch, den ich am selben Tag im «Quartier 206» gekauft hatte.

In der «Welt» hatte ich zuvor in einem Artikel über die «Shapewear der Stars» gelesen, dass Tom Cruise während seiner Hochzeit einen Figurformer trug, um besser in seinen Armani-Anzug zu passen. Angeblich quetscht sich Jennifer Lopez ebenso in Stützunterwäsche wie Gwyneth Paltrow.

Im Londoner Kaufhaus «Marks & Spencer» sei es jedoch zu einem Störfall gekommen, weil eine Kundin nach der Anprobe die «Spanx»-Unterhose nicht mehr runterbekam und herausgeschnitten werden musste.

Ich hatte also vorsichtshalber auf eine schweißtreibende und riskante Anprobe verzichtet, mich langatmig mit einer Verkäuferin beraten und mich schließlich für das Model «Hide & Sleek» in Größe M für beachtliche 109,90 Euro entschieden.

Ich kam mir geradezu kugelsicher verpackt vor, als ich in meinem schwarzen, relativ engen Kleid, darunter der «Spanx»-Schlauch, in hohen Schuhen über den roten Teppich schritt, der mich an den Rand des Laufsteges führen sollte.

Aber irgendwas stimmte nicht. Nach den ersten drei Schritten begann sich der angeblich bombensicher sitzende Figurformer von meiner Figur zu verabschieden und schob sich langsam von oben und von unten zusammen – bis er sich schließlich als deutlich sichtbare Stoffwurst um meine Hüften herumgekrumpelt hatte. Ich sah aus, als trüge ich einen Rettungsring unterm Kleid.

Da half kein Ziehen und kein Zerren. Das renitente Teil verharrte stoisch köpermittig, und selbst verzweifelte Korrekturversuche auf der Toilette brachten nur einen kurzfristigen Erfolg.

Die Show war super. Ich dagegen saß desolat und völlig figurverformt zwischen Sabine Christiansen und Franziska Knuppe – die neben mir wirklich gut aussahen –, und Guido begrüßte mich anschließend mit den Worten: «Dir stehen ein paar Kilo mehr aber wirklich hervorragend.»

Das «Spanx»-Kleid benutze ich seither zum Polieren meiner Schuhe.

Und als ich da saß, die schönen Frauen auf dem Laufsteg bewunderte, die herrlichen Kleider, die Berliner Gesellschaft, merkte ich überdeutlich, dass es mir zum Kotzen ging.

Das war der Moment, als ich beschloss, mich zu verändern.

Ein Jahr später, nachdem ich in Berlin gelebt, gekündigt, meinen Körper in Form gebracht und meine Figur durch Schwangerschaft ruiniert habe, schreibe ich heute das Kapitel zur Krise von damals in meinem neuen Buch «Endlich!»:

Frauen um die vierzig, die sich in figurformende Wäsche zwängen, sind auch ansonsten zu allem fähig. Das wurde mir besonders klar beim «Putenessen nur für Puten», zu dem Selma geladen hatte.

Eines muss man ganz klar so sagen: Du kannst nicht vierzig und gleichzeitig zufrieden sein. Keine von uns wollte, dass ihr Leben bleibt, wie es ist. Die Einzige, die im Einklang mit sich und dem Istzustand ihres Daseins war, schien Selma zu sein.

«Du hast aber auch wirklich alles, was man sich wünschen kann», moserte Karin, die nach fünfzehn Jahren Ehe angefangen hatte, an ihrem Mann rumzunörgeln und ihm regelmäßig mit Trennung zu drohen, bis der entnervt auszog, um mit Melanie, achtundzwanzig, aus der Buchhaltung seiner Firma eine neue Existenz zu gründen. «Dein Mann geht

Und als ich dasass, die schönen Frauen auf dem Laufsteg bewunderte, die herrlichen Kleider ...

einer regelmäßigen Arbeit nach, ist ein guter Vater und kommt nicht überraschend früher nach Hause. Dein Liebhaber hat sensible Hände, ist verheiratet und wird euer Geheimnis ebenso konsequent hüten wie du. Was will man mehr?»

«Jetzt übertreib mal nicht», sagte Selma. «Mir ist klar, dass solche Geschichten nicht lange gutgehen. Fliege ich auf, ist meine Ehe im Arsch. Fliege ich nicht auf, langweile ich mich in drei Jahren mit meinem Liebhaber genauso wie mit meinem Mann. Affären muss man genießen, weil sie kein gutes Ende nehmen.»

«Wenigstens hast du aufregenden Sex», sagte Elli müde. Sie hat vier Kinder und schlief an ihren rar gesäten freien Abenden regelmäßig um halb elf ein, egal wo. Selma und ich hatten sie schon aus Bars, Kinos und Bowlingcentern raustragen müssen.

Ich betrachtete den unzufriedenen Weiberhaufen. Eigentlich könnte sich jede endlich beim vollmundigen Roten zurücklehnen und sich freuen, dass sie es bis hierher ohne größere Blessuren geschafft hat: Kinder gekriegt, Karriere gemacht, Männer, Städte und Chefs verlassen, Liebeskummer überlebt, Eltern beerdigt, Langzeitbeziehungen geführt und endlich eingesehen, dass Diäten nichts bringen.

Aber mir persönlich sind keine Frauen bekannt, die sich behaglich zurücklehnen. Frauen sind stetig vor sich hin sprudelnde Nölquellen, immer unzufrieden, immer damit beschäftigt, irgendwas zu optimieren, meistens ihren Partner oder ihre Figur.

Eine Studie besagt, dass in Deutschland das Alter, in dem die Unzufriedenheit am größten ist, bei zweiundvierzig Jahren liegt.

Wir alle wissen ja, dass unzufriedene Männer völlig harmlos sind. Sie drehen den Fernseher lauter und gehen davon aus, dass sich alles von selbst erledigt. Die unzufriedene Frau hingegen ist eine Zeitbombe.

Solide Ehen werden mehrmals täglich angezweifelt, die letzten Eizellen mobilisiert, Salsa-Kurse gebucht und der Seitensprung immer mehr für einen Stützpfeiler der modernen, dauerhaften Ehe gehalten.

Denn jetzt ist die Zeit, in der noch einmal, ein letztes Mal, alles möglich ist. Oder möglich scheint.

Du siehst noch schnafte aus, es gibt in deinem Leben noch regelmäßige Eisprünge, und du kommst spielend mit Puls hundertzwanzig einmal durch den Stadtpark und wieder zurück, bist beruflich etabliert und hast keine Kinder, oder sie sind aus dem Gröbsten raus.

Jetzt könnte es beginnen, dein zweites Leben. Und dann kaufst du dir figurformende Latexwäsche und fragst dich, wer du bist und wer du eigentlich sein willst, wie du lebst und wie du eigentlich leben könntest.

Du zweifelst an dir und am Sinn des Lebens, fängst an, esoterische Bücher zu lesen, und fühlst dich wieder so orientierungslos wie mit vierzehn, bloß dass du Krähenfüße bekommst statt Pickel und Krampfadern statt Mitesser.

Du weißt, dass die Wünsche, die du jetzt nicht verwirklichst, in deinem Herzen vermodern und die Luft verpesten werden. Aber du weißt auch, dass die Fehler, die du jetzt machst, nicht wiedergutzumachen sind.

Und wieder kaufst du Push-ups, teurer zwar und besser geschnitten als die vor fünfundzwanzig Jahren, aber ihr Sinn ist derselbe. Bin ich schon eine sexy Frau?, willst du mit fünfzehn wissen. Heute fragst du dich: Bin ich es noch?

In den letzten zehn Jahren ruhten deine Brüste friedlich und unbehelligt in harmlosen Büstenhaltern. Mit dreißig stabilisieren sich Karrieren, Beziehungen und Egos. Das Altwerden ist genauso weit weg wie die Torheiten der Jugend. Die goldene Mitte. Eine angenehme Zeit für alle Beteiligten, auch für Brüste.

Aber jetzt sind dir die tapferen Kameraden plötzlich nicht mehr gut genug, werden hochgeschnürt und eingezwängt, obschon sie sich auf einen gemütlichen Lebensabend in Baumwoll-BHs mit breitem Bündchen eingestellt hatten.

Und dann fängst du an, dich für Botoxinjektionen und Lidstraffungen zu interessieren, für den zweiten Bildungsweg, für eine Hypnotherapie, für eine Samenspende oder eine Ausbildung zur Pilates-Trainerin.

«Ab wann ist man eigentlich alt?», fragte ich. «Selma treibt es jetzt noch auf glitschigen Latexlaken, aber in vier, fünf Jahren wird sie sich fragen, ob sie sich dabei nicht allzu leicht eine Zerrung oder gar einen

Bruch zuziehen könnte. Und mit einem gebrochenen Oberschenkelhalsknochen beginnt immer der Anfang vom Ende.»

«Dasselbe gilt ja auch für Sex im Auto», sagte Selma. «Zum Glück fahre ich mittlerweile einen Kombi. Ich glaube, dass es meiner sexuellen Entfaltung gar nicht zuträglich war, dass ich in einer Ente entjungfert wurde. Du doch auch, Karin, oder?»

«Klar, die Ente von Sebastian Kaiser, dem Bauchnabeleinspeichler. Haben wir darin nicht alle zumindest Teile unserer Unschuld verloren?»

«Wisst ihr, woran ich merke, dass ich alt bin?», fragte Elli. «Gestern kamen mir im Park ein paar junge Typen entgegen, alle Anfang zwanzig. Und das Einzige, was ich dachte, war: Ob die wohl warm genug angezogen sind?»

«Bald werde ich einen Liebhaber haben, bei dem ich nicht genau weiß, ob er leidenschaftlich ist oder einen Asthmaanfall hat», sagte Selma. «Das Gute am Älterwerden ist nur, dass man sich nicht mehr wegen jedem Scheiß schuldig fühlt. Treueschwüre und Gewissensbisse sind was für junge Leute. Ich finde, wer sich in unserem Alter noch über Untreue aufregt, macht sich lächerlich.»

«Sex im Kombi, Latexlaken, jüngere Liebhaber – ich wünschte, ich hätte eure Luxusprobleme», seufzte Elli müde. «Ich habe keine Probleme, weil ich überhaupt nicht dazu komme.

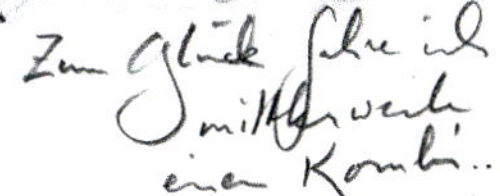

welche zu haben. Ich habe nicht mal Zeit, mich einsam zu fühlen. Vier Kinder und ein Mann im Schichtdienst: Mich gibt es überhaupt nicht mehr als Person. Ich frühstücke morgens im Auto. Wie soll ich in so einem durchgetakteten Leben einen Liebhaber unterbringen? Meinem jüngsten Sohn werden nächste Woche die Polypen rausgenommen, mein Ältester hat eine Vorhautverengung und in Deutsch eine Fünf. Ich habe rein gar nichts zu erzählen, was euch interessieren könnte. Selbst für spannende Sehnsüchte fehlt mir die Kraft. Meine größte Sehnsucht ist, endlich mal wieder ausschlafen zu können.»

Elli ließ ihren Kopf auf den Tisch sinken, schloss die Augen und murmelte:

«Nur eine schlafende Frau ist eine zufriedene Frau.»

Der neunte Monat, immer noch!

Zustand Mutter: Gestern dachte ich, ich würde Fruchtwasser verlieren. Fehlalarm. Vorgestern irritierte mich ein Ziehen, das ich für eine frühzeitige Wehe hielt. Fehlalarm. Ich kann keine drei Minuten in einer Stellung sitzen, ohne dass mir irgendwas Neues wehtut. Beschwerlich und unerfreulich das Ganze derzeit. Heute Morgen war ich nach langer Zeit mal wieder schwimmen. Die Beine schleiften über den Beckenboden, während ich oben sehr viel Wasser schluckte. In der Sauna erntete ich anschließend amüsierte Blicke, die ich niemandem übelnehmen konnte. Denn ich muss ja leider selbst lachen, wenn ich zufällig und unerwartet meinem Spiegelbild begegne. Dass es physikalisch überhaupt möglich ist, mit so einem Bauch nicht andauernd vornüberzukippen, grenzt an ein Wunder. Selbst mein Frauenarzt begrüßte mich jüngst mit den Worten: «Na, ob ich da nicht doch noch eines übersehen habe?» 
Ein Brüller. Ich persönlich bin ja der Ansicht, dass Ärzte sämtlicher Fachrichtungen sich mit Scherzen auf Kosten ihrer Patienten sehr zurückhalten sollten.

Ich kann nicht glauben, dass ich ein Kind bekomme. Ich schaue auf meinen Bauch herunter, in dem dieser Junge ein Eigenleben führt mit Schlaf- und Wachphasen, Schluckauf, Turnstunden. Niemand ist mir näher. Trotzdem unvorstellbar: ein Leben mit ihm.

In vier Wochen kommt er, und ich habe weder eine passende Bordüre fürs Kinderzimmer noch den Hauch einer Ahnung, wie es wohl sein wird, wenn er da ist.

Manchmal schaue ich in sein Bettchen. Da liegt alles bereit: Ein Schmuseteddy von Patenonkel Clemens. Eine happig teure hellblaue Decke in Bio-Strick-Qualität. Von der Decke hängt eine Spieluhr. Ich habe mich tatsächlich nicht entblödet, mir das Ding die letzten Abende auf den Bauch zu legen und meinen Innenraum ein paarmal mit «Guten Abend, gute Nacht» zu beschallen.

Habe irgendwo gelesen, dass man Babys im Leib bereits an Melodien gewöhnen kann, die sie dann nach der Geburt beruhigen. Schaden wird's ja wohl nicht.

Aber es ist nicht zu fassen, dass demnächst ein Baby, na, um genau zu sein, sogar mein Baby in diesem Bett rumliegt und, von der Spieluhr wahrscheinlich völlig unbeeindruckt, das Zimmer zusammenbrüllt.

Alles ist bereit. Hier fehlt nur noch ein Kind.

Liefertermin: 28. April.

Der Countdown läuft.

«Ich wollte immer Mutter sein. Es wird mich dazu anregen, über Vergänglichkeit und Verlustängste zu schreiben. Denn es gibt nichts, was mehr Mut erfordert, als sich dieser Verbundenheit auszuliefern. Das Kind macht mich unheimlich verwundbar.»
JUDITH HOLOFERNES

12. April – zehnter Monat

Gewicht: Eine Dame spricht darüber nicht.
Zustand: Ich kann mir immer noch nicht vorstellen, dass ich ein Kind haben werde, und ich frage mich wirklich, wie ich es schaffen soll, vorher noch zur Pediküre zu gehen. Ich möchte unter keinen Umständen mit ausgefransten Zehennägeln entbinden, auf denen noch Reste der In-Farbe der vorletzten Sommersaison zu sehen sind.

Was soll man antworten auf die nun häufigste aller Fragen? «Und? Wann geht's los?»

Es kann jeden Moment so weit sein. Alles ist bereit. Oder nein, noch nicht ganz.

Ich hatte mir das so vorgestellt: Gemütlich und nahezu bewegungslos auf dem Sofa abhängen – und zwar lange vor Einbruch der Dunkelheit. Ohne Scham und schlechtes Gewissen «Die Dornenvögel» auf DVD anschauen – und zwar kurz nach dem Frühstück.

Auf keinen Fall kommen mir Nachrichten ins Haus oder Politmagazine, in denen der Nahe Osten mitspielt. Bloß keine Aufregung in diesem Zustand. Stattdessen ganz viel Zuwendung, ganz viel Ruhe und ganz viel Spaghetti bolognese mit einer sehr großen Portion Parmesan und einer sehr kleinen Portion Gurkensalat.

Und so hatte ich mir das nicht vorgestellt. Von einer Mischung aus Nestbautrieb und Torschlusspanik getrieben, sieht man mich derzeit durch Baumärkte, Möbelhäuser und Kindergeschäfte kugeln.

Über die Einkaufswagen von «OBI» gebeugt, habe ich in den vergangenen Tagen bereits die ein oder andere Senkwehe veratmet. Und bei «IKEA» musste ich letzte Woche unfreiwillig so gut wie jede Sitzgelegenheit Probe sitzen. Auf dem «Lycksele Lövas Bettsofa» hatte ich gar das Gefühl, ich käme nieder.

Die letzten Wochen meiner Schwangerschaft verlaufen deutlich weniger geruhsam, als es in der Theorie angedacht war.

Allein die Suche nach einem geeigneten Windeleimer hat mich Tage gekostet. Ganz zu schweigen von der aufwendigen Fahndung nach einem langärmeligen Wolle-Seide-Body, ohne den ein Säugling ja heutzutage kein menschenwürdiges Dasein führen kann.

Das hatte ich zum Glück gerade noch rechtzeitig im Kurs «Leben mit einem Kind» erfahren. Nicht auszudenken, was mein Baby hätte leiden müssen.

Unschön war, dass das unappetitlich teure Kleidungsstückchen gleich bei der ersten Wäsche deutlich einlief. Das verstärkt natürlich meinen Wunsch nach einem zarten Baby mit kleinem Köpfchen und schmalen Schultern. Das sähe ja nicht nur hübscher aus, sondern würde auch besser bei mir raus- und ins Wolle-Seide-Gewebe reinpassen.

Wolle-Seide scheint sowieso ein überaus angesagtes Gemisch zu sein. Sogar die Stilleinlagen, die im BH für Trockenheit sorgen sollen, habe ich mir auf Anraten einer Expertin in Wolle-Seide gekauft.

Die unansehnlichen Dinger erinnern mich an die Topflappen, die ich im Kindergarten gestrickt habe. Ich war damals etwas zu spät zur Handarbeitsstunde gekommen und hatte das übriggebliebene, zahnbelagfarbene Wollknäuel nehmen müssen.

Was die letzten Schwangerschaftswochen zusätzlich erschwert, sind Mütter.

Die lassen jetzt jede Hemmung fallen, quatschen dich mit Kindergeschichten voll, was das Zeug hält, drücken dir ungefragt ihr

Selbstgezeugtes in die Arme oder, wenn sie es gerade nicht zur Hand haben, wenigstens einen Packen Fotos vom Nachwuchs.

Johanna hat es sich jetzt allerdings abgewöhnt, mit Bildern ihres zugegebenermaßen bildhübschen ältesten Sohnes anzugeben. Die Sache ging nach hinten los, als ein Bekannter lange das Bild betrachtete, dann mehrere entgeisterte Blicke auf Johanna warf und schließlich sagte: «Sie müssen aber einen sehr gut aussehenden Mann haben.»

Noch acht Tage bis zum Termin. Die Stilleinlagen liegen jetzt in der Wickelkommode neben der geerbten Erstausstattung und den Neugeborenenwindeln.

Alles ist bereit. Und ich hab Angst.

«Angst ist ganz normal», sagt mein Frauenarzt.

Okay, aber wie viel Angst ist normal? Und was ist die Maßeinheit für Angst?

«Mir graut vor der Geburt», sage ich am Telefon zu Johanna.

«Das braucht es nicht», sagt sie. «Wovor du wirklich Angst haben solltest, ist ein Kindergeburtstag mit acht Fünfjährigen auf einem Indoor-Spielplatz.»

18. April – noch elf Tage!

Ich erstelle gerade eine Playlist für meinen Besuch im Kreißsaal.

Ich suche nach mitreißenden Liedern, die mich aber nicht wehmütig stimmen. Denn vieles, was in meinem Leben von mitreißenden Liedern begleitet wurde, ist leider schon recht lange her oder im Nachhinein betrachtet nicht besonders gut ausgegangen.

Die Village People kommen aus diesen Gründen nicht in Betracht, da ich bei «Go West» zum ersten Mal in meinem Leben mit Georg W. auf der Pfarrhaus-Sommerfete geknutscht habe. Der musste sich anschließend zum ersten Mal in seinem Leben wegen zu viel Alkohol übergeben und wollte nichts mehr von mir und dem Kuss wissen.

Leider diesbezüglich auch belastet sind Heaven 17, Wham! und Extrabreit. Tatsächlich werde ich bis heute nervös bei: «Flieger, grüß mir die Sonne, grüß mir die Sterne und grüß mir den Mond! Piloten ist nichts verboten!» Dann frage ich mich, was ich im Leben eigentlich verpasst habe.

Und das ist genau das Gefühl, das du nicht haben willst, wenn sich gerade ein Lebewesen aus deinem Unterleib rausschraubt, das du nie wieder loswirst und dank dem dir in Zukunft selbst Kinobesuche vorkommen werden wie ein einzigartiges Abenteuer.

So: hier nun die fertige Playlist mit dem Titel «Pressen!».

Tanz der Moleküle – Mia
Viva la vida – Coldplay
Mas que nada (Radio Edit) – Sergio Mendes & Black Eyed Peas
Can't get you out of my head – Kylie Minogue
A dios le pido – Juanes
Don't let me be misunderstood – Leroy Gomez formerly of Santa Esmeralda
Throughout your years – Kurtis Blow

Jungle drum – Emiliana Torrini
Strong enough – Cher
When the rain begins to fall – Jermaine Jackson & Pia Zadora
It's raining men – The Weather Girls

Zu dem Song «Can't get you out of my head» sagt mein unbegreiflicherweise noch zu Scherzen aufgelegter Mann, in meinem Fall würde es ja eventuell heißen müssen: «Can't get your head out of me.»

19. April – noch zehn Tage!

Ich bin nervös und irgendwie nicht ganz zurechnungsfähig. Heute habe ich mich wieder mal hinlänglich mit dem Inhalt meiner Kliniktasche beschäftigt. Zunächst packte ich alles aus: Kekse, Stillnachthemden, warme Socken, eine komplette Babygarnitur, Schminkzeug, eine Hose für «danach», nicht mehr ganz so raumgreifend wie die für «davor», Tagebuch, Kinderschokolade, iPod, Still-BHs, «Der Stand der Dinge», das Buch meines Freundes David. Sollte ich achtundvierzig Stunden in den Wehen liegen, möchte ich die Zeit nicht gänzlich ungenutzt verstreichen lassen.

Dann saß ich eine Stunde lang verwirrt inmitten des ganzen Krempels, schob den Haufen von rechts nach links und zurück. Schließlich packte ich alles wieder ein.

Danach ging ich einkaufen. In der Apotheke musste ich eine Weile anstehen, machte mir derweil Gedanken über das Abendessen, und als ich drankam, orderte ich bei der verdatterten Apothekerin zwei Rinderfilets à dreihundert Gramm.

Nun, ich bin geistig umnachtet, aber körperlich fühle ich mich so wohl wie schon lange nicht mehr.

Auf einer Party am Wochenende trug ich ein enges schwarzes Kleid und habe mir hervorragend darin gefallen. Auf der Damentoilette bin ich tatsächlich zweimal angesprochen worden, was für einen tollen Bauch und ein strahlendes Aussehen ich hätte.

Irgendwie sehe ich jetzt wirklich aus wie zwei Leben.

Sooft ich zwischendrin auch über diesen unberechenbaren Zustand gemeckert habe, jetzt bin ich wehmütig, dass die Schwangerschaft bald vorbei sein wird.

Das Timing mit meinem Buch hat perfekt geklappt. Das letzte Kapitel ist fertig! Ich habe meiner Heldin Vera zum Happy End ein Kind geschenkt. Ein schönes Mädchen, spontan und ohne Dammriss geboren, als Vater kommen mehrere Männer in Frage.

Man wird ja wohl noch träumen dürfen.

Mein Schlömchen kann kommen. Ich bin zu allem bereit. Hier die letzten Seiten von «Endlich!»:

«Wenn du lächelst, lächelt auch dein Muttermund.»

«Schnauze!»

«Möchtest du vielleicht in die Gebärposition ‹alte Kuh› wechseln, die wir geübt haben?»

«Ich scheiß auf deine alte Kuh! Hol endlich das verdammte Ding raus! Das ist ja, als würde man einen Medizinball kacken!»

Die Hebamme schweigt befremdet. Ich klammere mich mit beiden Händen an Karstens Unterarme.

«Ist das der Kindsvater?», hatte der diensthabende Arzt gefragt.

«Nein, das ist mein Personal Trainer», hatte ich geantwortet.

Das war vor zwei Stunden gewesen, als wir im Krankenhaus angekommen waren und ich noch sprechen konnte.

Jetzt kann ich nur noch brüllen.

Johanna schaut alle paar Minuten nach Erdal, dem man wegen seines Schwächeanfalls ein Krankenbett im Flur zur Verfügung gestellt hat.

«Easy, Jungs, das ist bereits meine dritte Geburt», hatte er den Rettungssanitätern großkotzig verkündet, als wir im Krankenwagen zur Klinik fuhren.

«Hoffentlich wirst du diesmal nicht ohnmächtig», hatte Karsten gesagt. Johanna hatte nervös gefragt, ob sie hier rauchen dürfe, und Erdal hatte gekränkt geschwiegen, aber bereits in der Aufnahmestation nach einer Möglichkeit verlangt, seine Beine hochzulegen.

Ich muss sagen, es gibt angemessenere Orte, sein Fruchtwasser schwallartig zu verlieren, als das Restaurant «Grill Royal» in der Friedrichstraße in Berlin.

Ich war zwei Wochen vor dem errechneten Geburtstermin, und ich hatte die gegrillte Dorade mit Rosmarinkartoffeln noch nicht mal zur Hälfte gegessen, als es passierte.

Und dann lag ich da wie ein umgekipptes Walross, die Füße auf der Bank, den Kopf auf Karstens zusammengerolltem Sakko, mit freiem Blick auf meine geschwollenen, triefnassen Beine, meinen monströsen Bauch – und auf den Tisch, wo die Kinopremiere des Films «Blaue Wunder» gefeiert wurde. Neben dem Regisseur saßen die beiden Hauptdarsteller Nora Tschirner und Henning Baum.

Ausgerechnet. Ich bemühte mich zwar um ein gewisses Maß an Restwürde und Attraktivität, jedoch vergebens, wie mir trotz meines aufgewühlten Zustandes völlig klar war.

Als ich zehn Minuten später auf einer Trage abtransportiert wurde, klatschte das gesamte Lokal Beifall. Der Regisseur rief «Gutes Gelingen!», Nora Tschirner hielt beide Daumen hoch, und Henning Baum nickte mir aufmunternd zu.

Im Krankenwagen nahm Erdal tröstend meine Hand und sagte: «Sei nicht geknickt, Liebchen, es war für Henning einfach nicht die passende Situation, dir seine Handynummer zuzustecken.»

Dann kam die erste Wehe, und das Thema war fürs Erste erledigt.

«Hier alles in Ordnung?»

Der Oberarzt steht in der Tür und schaut ziemlich desinteressiert. Hat vermutlich noch ein paar gebärende Privatpatientinnen hier herumliegen.

«Ja», sagt die Hebamme.

«Nein!», brülle ich.

«Jetzt pressen!», befiehlt die Hebamme.

Minuten später liegt meine Tochter in meinen Armen.

«Sie ist einfach wunderschön», flüstert Johanna.

«Wem sieht sie ähnlich?», frage ich vorsichtig.

«Ihre Nase ähnelt der von Marathon-Michael», meint Karsten und wischt sich die Tränen aus dem Gesicht.

«Wenn ich mir ihre Augenpartie anschaue, tippe ich eher auf den hübschen Dermatologen», sagt Erdal. Er ist immer noch sehr blass. Eine Schwester hat ihn in einem Rollstuhl reingeschoben.

«Dass sie nicht von Marcus ist, sieht man sofort», meint Johanna. «Die Aktion mit der Haarbürste und dem Gentest hätten wir uns auch schenken können.»

Die Hebamme lässt irritiert einen blutverschmierten Latexhandschuh fallen.

«Wird in der Geburtsurkunde eigentlich ‹Vater unbekannt› stehen?», fragt Erdal.

«Richtig wäre: Vater egal», sage ich.

Ich bin so glücklich wie noch nie.

Und ich denke kurz an die Zeit, als ich noch Schinkengraubrot und Halbfettmargarine aß.

Und an den Augenblick, als das Telefon klingelte.

Um zehn nach acht.

An einem Dienstag im Februar.

20. April – noch neun Tage!

Heute die Schreckensnachricht: Meine Hebamme hat eine Lungenentzündung! Sie fällt wochenlang komplett aus.

Morgen kommt ihre Vertreterin, damit wir uns, bevor es losgeht, kennenlernen und mindestens noch zweimal sehen können.

So ein Mist. Das macht mich zusätzlich nervös.

Im Kühlschrank steht Milch mit einem Mindesthaltbarkeitsdatum, das nach meinem Entbindungstermin liegt.

Es wird ernst! Countdown.

Ich grübele von morgens bis abends darüber nach, ob ich alles habe, was man so braucht. Habe ich nicht doch was Wesentliches vergessen?

Mehrmals täglich überprüfe ich die Utensilien für das Leben danach. Ich inspiziere kleinlich wie ein Hausmeister mit Zwangsneurose den Inhalt der Wickelkommode, des Bettchens und, ich erwähnte es bereits, immer wieder gern auch der Kliniktasche.

Es fühlt sich tatsächlich so an, als würde ich mich am Tag der Geburt meines Kindes für immer von der Welt, die ich kannte, verabschieden.

Ich horte Stilleinlagen, Windeln, Molton- und Feuchttücher, als stünde unmittelbar ein Terroranschlag bevor, dem alle Drogeriemärkte des Landes zum Opfer fallen.

21. April um 14 Uhr 12 – noch sieben Tage bis zum Entbindungstermin!

Telefonat mit Mann.

Ich: «Hallo.»

Er: «Meine Güte, erschreck mich doch nicht so! Immer wenn du anrufst, denke ich, es geht los.»

Ich (heulend): «Es geht los!»

«Und jedem Anfang wohnt ein Zauber inne,
der uns beschützt und der uns hilft zu leben.»
HERMANN HESSE

Am 21. April um 22 Uhr 45 wird unser Sohn geboren.

Was bis dahin geschah:

Ich hätte der alten Kuh am liebsten eine reingehauen. Schon als die Vertretungshebamme Cordula unser Wohnzimmer betrat, war ich einigermaßen verblüfft. Irgendwie war ich der irrigen Annahme gewesen, bei den allermeisten Geburtshelferinnen müsse es sich um menschenfreundliche, zugewandte Wesen handeln, die sich dem schwangeren Körper und der schwangeren Seele mit Feingefühl und Verständnis nähern. Ich hatte hier aber ganz offensichtlich ein Ausnahmeexemplar erwischt. Cordula hätte von ihrer ganzen Art her auch sehr schön ein Frauengefängnis leiten können. Sie ordnete an, ich möge mich aufs Sofa legen, und patschte die eiskalten

Wehenschreiber-Pfropfen auf meinen riesigen Bauch. Als sie meinen Muttermund abtastete, kreischte ich entsetzt los.

Wenn das hier schon so wehtat, wie sollte ich denn da überhaupt eine einzige Wehe überstehen?

«Geburten tun nun mal weh», sagte Cordula, die Herzlose. «Viele Frauen, die nachher überall rumerzählen, dass sie ganz besonders entsetzliche Schmerzen gehabt hätten, hatten aus meiner Sicht nichts anderes als eine ganz normale Entbindung. Und ich muss es schließlich wissen, ich habe ja im Gegensatz zu denen die Vergleichsmöglichkeiten. Achtung, jetzt tut's gleich noch mal weh.»

Ich schrie. Mir sank der Mut.

Hebamme Cordula schaute mich überrascht an.

«Merken Sie denn nichts?»

«Natürlich merke ich was! Sie haben mir wehgetan!»

«Nein, das meine ich nicht. Ihr Muttermund ist vier Zentimeter geöffnet, und Sie haben regelmäßige Wehen. Mit diesem Befund würde ich mich an Ihrer Stelle ins Krankenhaus bewegen.»

Schlagartig sank mein IQ in den radikal einstelligen Bereich, mein Wortschatz schmolz dahin, ich glotzte ins Nichts wie eine trächtige Kuh und sagte: «Hä?»

Zwei Stunden später saß ich neben meinem Mann im Auto auf dem Weg ins Altonaer Krankenhaus. Schwiegermutter und Tante Hilde waren informiert, die besten Freunde per SMS benachrichtigt, die Kliniktasche zweimal aus- und wieder eingepackt. Gegen die Aufregung hatte ich ein Glas Champagner getrunken. Meinem Mann hatte ich nichts eingeschenkt. Mir war wichtig, dass wenigstens einer von uns die Geburt nüchtern erlebte.

Da die Zeit nicht drängte, hatte ich mich sogar noch leidlich herrichten können: duschen, Haare waschen, föhnen und stylen, Wimpern tuschen. (Die wasserfeste Tusche, denn mir stand ja angeblich der glücklichste Moment meines Lebens bevor – nicht auszuschließen, dass ich würde weinen müssen.) Parfüm ließ ich mal lieber weg, denn ich wollte, dass sich mein Baby an meinen Geruch und nicht an den von Marc Jacobs gewöhnte.

Auf der Fahrt war ich noch recht guter Dinge. Vier Zentimeter bereits geschafft ohne eine einzige spürbare Wehe! Ich war beeindruckt von meiner Schmerzresistenz, plante eine Großfamilie und versuchte meinen nervösen, blassen Mann mit fragwürdigen Scherzen zu beruhigen.

Im Krankenhaus meldeten wir uns gemütlich an und begrüßten Cordula. Mein Mann verstand sich übrigens sofort hervorragend mit ihr. Vielleicht, weil sie sich als Seelenverwandte erkannten, es kann aber auch sein, dass er einfach keinen Sinn darin sah, eine Charakterdebatte vom Zaun zu brechen mit einer Person, die in sehr absehbarer Zeit seinem Sohn auf die Welt helfen würde. Auch ein nachvollziehbarer Standpunkt.

Wir hingen also in unserem Kreißsaal ab, während sich Cordula mit dem zuständigen Arzt beriet. Ich hängte mich neckisch an eines der Taue, die als Gebärhilfe von der Decke hingen, machte mehrere Fotos von meinem Begleiter, der nicht lächelte. Das tut der aber nie, weder auf Fotos noch im wahren Leben. Frage mich manchmal, warum der überhaupt Zähne putzt. Sieht man ja eh nicht.

Alles also easy. Bis Cordula sagte, sie würde jetzt die Fruchtblase sprengen, um die Geburt voranzubringen. Mein erbleichender Mann verließ mit meiner ausdrücklichen Genehmigung so lange den Raum.

Zehn Minuten nach der Sprengung – ein unnötig dramatischer Begriff für eine relativ harmlose Sache – begannen die Wehen – ein unnötig harmloser Begriff für eine relativ dramatische Sache.

Ich hatte jedenfalls relativ schnell genug von den Dingern. Und da ich ja bereits im Vorfeld sämtlichen Angestellten des Krankenhauses – vom Chefarzt bis zum Pförtner – klargemacht hatte, dass ich eine Narkose ohne Homöopathie-Diskussionen genau dann haben will, wenn ich danach schreie, stand schon wenige Minuten später ein stark behaarter Anästhesist im Raum.

Ich begrüßte den Mann überschwänglich wie einen verloren geglaubten Sohn. Mein eigener Mann verließ erneut den Raum. Er tut sich irgendwie schwer mit Blut und langen Spritzen, die zwischen Rückenwirbel gestochen werden. Eine Viertelstunde später ließen die Schmerzen nach.

Die folgenden vier Stunden gab ich mir redlich Mühe. Drücken, Pressen, Atmen usw. Aber aus unerfindlichen Gründen weigerte sich Schlomo, den Mutterleib auf dem dafür vorgesehenen Weg zu verlassen.

Gegen zweiundzwanzig Uhr saßen Chefarzt und Hebamme grübelnd zwischen meinen Beinen und betrachteten die Szenerie.

Die Hebamme sagte: «Man sieht den Kopf.»

Der Chef sagte: «Warum kommt der denn nicht raus?»

Mein Mann flüsterte mir zu: «Gleich hast du's geschafft.»

Und ich dachte: Hier hat ja wohl überhaupt keiner irgendeine Ahnung.

Dann wurde mein Mann wieder rausgeschickt, Arzt und Hebamme legten sich beide gemeinsam auf meinen Bauch – es gibt wirklich Schöneres – und versuchten meinen Sohn herauszudrücken.

Er steckte störrisch fest und reagierte beleidigt, indem seine Herztöne kurzfristig abfielen.

Seltsamerweise hatte ich keine Sekunde lang Angst um unser Kind. Ich hatte vollstes Vertrauen, dass er die Sache meistern und bald gesund in meinen Armen liegen würde.

«Wenn das Kind in zwanzig Minuten nicht kommt, machen wir einen Kaiserschnitt», sagte der Arzt.

Ich war enttäuscht und fing an zu weinen. Tatsächlich schlich sich kurz ein Gefühl an, versagt zu haben. Acht Stunden Wehen. Alles umsonst. So war ich letztlich also zu einer ineffektiven Mischung aus natürlichem Schmerz und unnatürlicher Geburt gekommen. Von allem etwas sozusagen.

Nach zwanzig Minuten war Schlomuckel immer noch drin. Der Arzt kam zurück, beriet sich leise mit der Hebamme und sagte kurz und endgültig:

«Ihr Becken ist zu schmal, das Kind passt nicht durch.»

Mein Mann meinte aufmunternd, das mit dem schmalen Becken sei doch ein wunderbares Kompliment. Eine Schwester steckte den Kopf durch die Tür und rief: «Da sind zwei Männer auf dem Flur. Die sagen, sie gehören dazu.»

Hinter ihr winkten Patenonkel Clemens und sein Freund Olaf mir fröhlich zu.

Ich musste wieder weinen, diesmal vor Rührung, und gratulierte mir zum wiederholten Male innerlich zur Wahl dieser hervorragenden Onkels. Einer ist Arzt, einer Jurist, da hat man in wesentlichen Bereichen des Lebens schon mal fachkundige Unterstützung.

Die beiden sind meine besten Freunde, sie sind kinderlos und werden das – ich muss es so egozentrisch formulieren – hoffentlich auch bleiben. Ich möchte nur ungern, dass sie eigenen Nachwuchs produzieren, der sie von ihrem Patenkind ablenken könnte. Clemens und Olaf freuen sich auf Schlomo wie verrückt und planen jetzt schon Skiurlaube und River-Rafting-Touren mit ihm.

Fünf Minuten später wurde ich zum OP gerollt. Mein Mann hielt meine Hand. Olaf hielt eine Whiskeyflasche zum anschließenden Anstoßen, und Clemens versuchte mich mit medizinischen Fachbegriffen aufzumuntern. Ich glaube, er hätte den Kaiserschnitt gern persönlich vorgenommen.

Dann wurde ich von der Schleuse zum OP verschluckt und ließ mein altes Leben für immer hinter mir.

In dem Moment, in dem du dein Baby zum allerersten Mal siehst, verändert sich schlagartig die Zeitrechnung.

Fortan gibt es ein «Davor» und ein «Danach». Ein «Mit» und ein «Ohne».

Meine persönliche Stunde null verbrachte ich bei gleißendem Neonlicht in einem Operationssaal.

Links neben mir stand ein Mann in grünem Kittel, mit grünem Mundschutz und grünem Häubchen, der sich als mein eigener rausstellte.

Rechts stand der üppig behaarte Anästhesist, zu unterscheiden durch Brille und Sachverstand. An der zweiten Hälfte meines Körpers vermutete ich zwischen zwölf und achtzehn ebenfalls grüne

Personen, die sich an meinem Unterleib zu schaffen machten, abgeschirmt durch einen selbstverständlich grünen Sichtschutz.

Es ist eigenartig: Du spürst alles, den Schnitt, das Geruckel, aber es tut nicht weh. Ich fragte den Operateur, ob er mir bei der Gelegenheit nicht gleich das Fett mit absaugen könne. Der hielt das aber für einen Scherz.

Er sagte: «Gleich werden Sie ein leichtes Drücken und Ruckeln spüren, und dann werde ich Ihr Kind herausheben.»

Ich schaute meinen Mann an. Ich sah nur seine Augen und lächelte ihm zu – ich war ja die einzige Person ohne Mundschutz in diesem Raum.

Ich hatte keine Angst. Ich freute mich auch nicht. Ich war einfach nur wahnsinnig gespannt.

In der Regel enden Geburten mit dem plötzlichen Vorhandensein eines Säuglings. Und das ist nun eine Erfahrung, auf die einen kein Kurs vorbereiten kann.

Ich hatte folgende Standardsätze im Ohr: «Wenn das Baby da ist, ist aller Schmerz vergessen.» Oder: «Die Geburt deines Kindes ist der schönste Moment deines Lebens.» Oder: «Du bist überwältigt vor Glück.»

Johanna hatte mir jedoch gestanden, dass sie bei der Geburt ihres ersten Sohnes überhaupt nicht überwältigt gewesen war. Jedenfalls nicht vor Glück.

Denn so ein Neugeborenes sei erstens kein rundum erfreulicher Anblick, und zweitens, wie der Name schon sagt, ist es neu. Man kennt sich noch gar nicht richtig – und soll sich schon lieben? Johanna musste sich erst an ihren Sohn gewöhnen, der sie in seinen ersten Lebensminuten sehr an einen schielenden Frosch erinnerte. Und woher er diese üppige Nase hat, ist ihr bis heute ein Rätsel.

Wobei die Babynase als solche noch ständigen Verformungen unterworfen ist und somit bis zur Pubertät noch überhaupt keine Aussagekraft besitzt.

Nein, ich wusste aus verschiedenen Erzählungen, dass es nicht immer idyllisch zugehen muss beim Gebären. Mein Freund Christoph zum Beispiel war direkt aus dem Büro zur Geburt seiner Tochter geeilt und entsprechend hochwertig gekleidet. Die ersten Worte seiner Frau, als man ihm das verschmierte Neugeborene reichen wollte: «Pass bloß mit deinem Pullover auf!»

Meine Freundin Monika begrüßte ihr drittes und erstaunlich dunkelhaariges Kind mit den Worten: «Gute Güte, der sieht ja aus wie Costa Cordalis!»

Auch frischgebackene Väter verhalten sich nicht immer so, wie man es sich für eine Eins-a-Vorzeigegeburt wünscht. Mein Cousin zum Beispiel ist ohnmächtig geworden, als man ihm seinen Sohn in den Arm drücken wollte, mein Kollege Alex erschien vollkommen verkatert zur Entbindung und nervte sowohl das Personal als auch seine Frau mit ständigem Gejammere und der Bitte um Aspirin, und der Mann von Conni kam gar nicht erst zur Entbindung, weil ihm in dem Moment, als ihre Fruchtblase platzte, klarwurde, dass er sich für eine Vaterschaft noch nicht reif genug fühlte.

Als der Arzt schließlich um 22 Uhr 45 wie im Kasperletheater meinen Sohn über den grünen Vorhang hob, war ich auf alles gefasst gewesen.

Auf fast alles.

Ich warf einen Blick auf meinen Schlomo – schrumpelig, winzig, die Äuglein verschwollen, in ein blutiges Tuch gewickelt –, und es war, als würde mein Herz im selben Moment geflutet. Ich hatte noch nie etwas Vergleichbares gefühlt.

«Oh mein Gott, ist der süß», stammelte ich dümmlich, denn meine Behauptung entsprach, was Fotos beweisen, ganz eindeutig nicht den Tatsachen.

Schlomo schrie kurz und empört. Aber als er mir in den Arm gelegt wurde, begab er sich sofort konzentriert auf Nahrungssuche. Man muss Prioritäten setzen: Erst mal lecker essen, dann weitersehen. Ganz meine Devise. Der Junge kommt nach mir.

Ich glaube, ich habe ein bisschen geweint. Mein Mann vielleicht auch. Ich bin mir nicht ganz sicher, denn obschon die Location nicht annähernd romantisch, sondern neonlichtbestrahlt und gekachelt war, legte sich über meine Wahrnehmung ein hocheffektiver Weichzeichner.

Während ich unten zugenäht wurde, war ich oben voll klischeemäßig überwältigt vor Glück.

Wenn du in der ersten Nacht mit deinem Baby allein bist, gibt es einen Moment, in dem die Welt um dich herum untergeht.

Wenn dich das Kind zum ersten Mal klar und ruhig anschaut, mitten ins Herz, mit Augen, die bereits alles gesehen haben. Unendlich weise. Unendlich ernst. Und unfassbar traurig.

Als wisse dieses Kind schon alles über die Mühen des irdischen Daseins.

Mir verschlug es den Atem. Das war nicht mein Kind, und ich war nicht seine Mutter. Es war genau andersherum. Das Kind hatte mich geboren.

«Babys riechen nach Zwieback, auch wenn sie keinen essen. Winzige Babys riechen wie ein Kuss auf einer Wiese; nach Milch und Spargel und – eigentlich hängt es ganz von Ihnen ab – den im Butterschmalz Ihrer Jugend gebackenen Pfannkuchen; nach Babyöl, auch wenn man sie nie damit eingeschmiert hat; nach Sonne mitten im Winter und so weiter und so fort. Sie riechen nach all den verlorenen und nun wiedergefundenen Dingen. Babyfüße riechen – befremdenderweise – nach Füßen. Es fängt früh an.»

ANNE ENRIGHT

22. bis 24. April

Zusammen mit dem Baby sind noch andere, ebenfalls sehr seltsame Dinge in mein Leben getreten, an deren Handhabung ich mich erst gewöhnen muss.

Ohne in unappetitliche Details gehen zu wollen, seien hier beispielhaft die Netzunterhosen erwähnt – zu Recht auch Wegwerfslips genannt –, in denen einen wirklich niemand außer den Krankenschwestern zu sehen bekommen sollte. Da könnte ansonsten ein lebenslanges Trauma entstehen. Und außerdem die meterdicken Damenbinden, zu denen das Wort «Dame» so wenig passt wie zu Dolly Buster.

Das Wort «Milcheinschuss» hingegen beschreibt den Vorgang ziemlich gut. Bei mir schwollen die Dinger ohne Vorwarnung ziemlich schmerzhaft an. Ich legte innerhalb einer halben Stunde circa zwei Körbchengrößen zu und wurde zum Säugetier.

Das finde ich unfasslich. Biologie pur.

Ich schaue auf mein Baby herunter – es handelt sich wie erwartet um ein hungriges Exemplar mit bilderbuchmäßigem Saugreflex – und schaue ihm fasziniert beim Trinken zu.

Ich, eine über Jahrtausende degenerierte alte Menschenfrau, kann nicht kochen, kann keine Heizung entlüften, kann nicht

Fahrrad fahren und bin beim «Zumba»-Tanzen und Power-Yoga eine Niete. Aber ich bin tatsächlich in der Lage, ein Kind an meinem Busen zu nähren.

Das hilft mir ein wenig über die Kaiserschnitt-Schmach hinweg. «Ich konnte nichts dafür!», sage ich jedem ungefragt, auf ungemachte Vorwürfe reagierend. Als hätte ich bloß eine Geburt zweiter Klasse gehabt. Ist doch albern, so zu denken. Ich denke auch nicht so. Aber ich fühle so.

Immerhin füge ich dann noch hinzu: «Er hat nicht durchgepasst. Ich bin einfach zu schmal gebaut.»

Dadurch gelingt es mir, einen Teil meiner verlorenen Ehre zurückzugewinnen. Johanna jedenfalls beglückwünschte mich neidisch zum knabenhaften Knochenbau, hatte eine wenig einfühlsame Ärztin ihr doch einst gesagt, sie könne bei ihrer Statur problemlos Zwillinge entbinden, selbst wenn sie Arm in Arm rauskämen.

Auf den Krankenhausfluren sind die Kaiserschnitt-Mütter gut zu erkennen. Sie gehen in gekrümmter, verspannter Haltung hinter ihren Baby-Rollwagen her und sind deutlich blasser als die Spontanentbinderinnen, die beschwingt herumhüpfen, sofern sie nicht längst zu Hause sind.

Mich zieht nichts nach Hause. Im Gegenteil. Am liebsten würde ich noch so zwei, drei Jahre hier bleiben, umgeben von geschultem Fachpersonal, das mir die Bedienung meines Babys so lange erklärt, bis es mir selber sagen kann, was eigentlich los ist.

Denn, wie der Name schon sagt, ist ein Neugeborenes in erster Linie eines: neu.

Erschwerend hinzu kommt: Es spricht nicht. Man kennt sich nicht und kann sich nicht unterhalten. Schwierig.

Da wächst dieses Teilchen vierzig Wochen lang in einem heran, und dann ist man sich trotzdem fremd. Das ist irgendwie enttäuschend. Mindestens so enttäuschend wie der Blick in den Spiegel am Tag nach der Entbindung. «Haben die da noch ein Kind drin vergessen?», fragte ich die Hebamme, missmutig auf meinen Bauch deutend. Schließlich habe ich Heidi Klum vor Augen, die vier Wochen nach der Geburt ihres Kindes schon wieder in Unterwäsche über den Laufsteg geschwebt war.

Das erscheint mir aber bei genauer Betrachtung meines Körpers kaum zu schaffen.

Nein, mir wird ganz bang, wenn ich an meine Entlassung aus dem Krankenhaus denke. «Lasst mich nicht mit diesem Kind alleine», möchte ich verzweifelt schreien und vor dem Schwesternzimmer einen Sitzstreik antreten.

Voller Angst denke ich an Johanna, deren zweiter Sohn an den berüchtigten Dreimonatskoliken litt. Er schrie und schrie und schrie. Tag und Nacht.

Und Johanna weinte am Telefon, wenn wir miteinander sprachen, vor Müdigkeit, vor Verzweiflung, vor bitterer Enttäuschung, dass das Leben mit einem sehnlichst erwünschten Baby so grausam an den Nerven zehren kann, dass du dir nichts mehr wünscht, als endlich mal wieder in Ruhe aufs Klo gehen zu können.

«Arbeiten gehen ist der wahre Mutterschutz», hatte Johanna gesagt und ihren Mann beneidet, der morgens ins Büro floh, während sie ihren bereits wieder schreienden Sohn herumtrug und versuchte, ihn so lange durch Lieder zu beruhigen, bis ihr das Repertoire versiegte und sie heulend sang: «He, ho, wir gehn in Puff nach Barcelona!»

Hatte aber auch nichts gebracht.

Johanna sagte damals zu mir: «Mit der Geburt beginnt der freie Fall. Du bringst etwas zur Welt, das komplett von dir abhängig ist. Aber du hast von nichts 'ne Ahnung. Auf einmal hast du es mit einem echten Menschen zu tun, der leidet, Bedürfnisse hat und Ängste. Ein Mensch, den du mehr liebst als dein eigenes Leben, der sich aber nicht akkurat mitteilen kann. Es gibt kein System, das sicher funktioniert. Dabei sind wir doch gewohnt, dass alles nach einem System funktioniert. Ich habe eine Excel Tabelle mit dem

Schlafprotokoll meines Sohnes angefertigt. Seine Still- und Scheißzeiten hätte ich in einer beeindruckenden PowerPoint-Demonstration präsentieren können. Und? Er schreit einfach weiter. Ich kann meinem Kind nicht helfen. Hilfe! Ich habe die Oberhoheit über mein Leben und meinen Körper abgeben müssen. Ich war noch traumatisiert von den Wehen, bei denen ich dachte, mir explodieren die Augäpfel und Gehirnmasse spritzt mir aus den Ohren. Statt sich davon erst mal erholen zu können, geht der Stress sofort weiter mit einem Körper und mit einem Kind, die beide nicht so funktionieren, wie man das gerne hätte. Wer redet denn schon offen über so ekelige Sachen wie Inkontinenz und Depressionen nach der Geburt? Einmal gehustet – schon ist die Hose voll! Die dritte Nacht mit Baby habe ich durchgeheult. Ich war verzweifelt über die nicht mehr rückgängig zu machende Veränderung meines Lebens und gleichzeitig zutiefst beschämt, dass ich diese Verzweiflung empfand. Ich hatte ein gesundes Wunschkind geboren. Glückseligkeit, dachte ich, müsste doch mein Pflichtzustand sein. Und ganz ehrlich, das Thema Wochenfluss müsste mal im Bundestag debattiert werden, damit man erfährt, was da so rein mengenmäßig auf einen zukommt. Du denkst sonst ja, wenn du nichtsahnend unter der Dusche stehst, du seiest die Hauptdarstellerin in dem Remake von ‹Psycho›. Aber das sagt dir natürlich niemand. Denn drei Monate später hört dein Kind schlagartig auf zu schreien, und du vergisst alles, was davor war.»

Drei Monate später hörte Johannas Sohn schlagartig auf zu schreien, und sie vergaß alles, was davor war.

Ich leider nicht. Ich habe viel zu viele Sätze gehört, die mit den Worten anfingen: «Ganz ehrlich …» oder «Das sagt dir natürlich keiner …». Ehrlichkeit wird meines Erachtens völlig überschätzt, und wenn sich zu bestimmten Themenbereichen keiner detailliert äußern mag, dann hat das vielleicht auch einen guten Grund.

Morgen werden mein Sohn und ich ins wahre Leben entlassen. Ganz ehrlich: Ich rechne lieber mal mit dem Schlimmsten.

«Kinder sind die lebenden Botschaften,
die wir in eine Zeit übermitteln,
an der wir selbst nicht mehr teilhaben werden.»
NEIL POSTMAN

25. April

Das Buch auf dem Nachttisch, aufgeschlagen auf der Seite, die ich las an meinem letzten kinderlosen Abend. Die angebrochene Tube Tomatenmark. Hatte Spaghetti gegessen, kurz bevor es losging. Die DVD im Recorder. Die Mail von den Stadtwerken, dass am einundzwanzigsten April die blauen Altpapiertonnen geleert werden. Im Wäschekorb die Umstandsjeans, die mir jetzt (hoffentlich) zu groß sein wird.

Fremde Welt, in die ich aus dem Krankenhaus zurückkehre. Alles erscheint mir seltsam, weit weg, nichtig. Überbleibsel aus einem fernen Leben, in dem es ihn noch nicht gab.

Mein Vater starb unerwartet. Der Kurzwellenempfänger eingestellt auf den Sender, den er tagein, tagaus hörte: «Radio Freies Europa». Die Schokolade, seine Lieblingssorte «Ritter Sport Nougat», angebrochen im Küchenschrank. Sein Schlafanzug unter dem Kopfkissen roch noch nach ihm. Seine letzten Worte am Telefon, kurz bevor er ins Krankenhaus ging: «Ich hab dich lieb, mein Schätzchen.» Die letzten Worte in seinem Leben: «Macht euch keine Sorgen um mich.»

Fremde Welt, in die ich von seinem Sterbebett zurückkehrte. Alles erschien mir seltsam, weit weg, nichtig. Überbleibsel aus einem fernen Leben, in dem es ihn noch gab.

Ich sah meinem Vater als Kind sehr ähnlich. «Schon rein auf Sicht müsstest du Alimente zahlen», sagte meine Mutter zu ihm. Ein häufig wiederholter Scherz, der meinen Vater stets und immer wieder stolz machte. «Papas Tochter», sagten die Leute. Er konnte es nicht oft genug hören.

Mein kleiner Sohn sieht so haargenau aus wie sein Vater, dass es fast schon lächerlich ist. Selbst mein Mann, der nicht einmal eine Ähnlichkeit zwischen den Kessler-Zwillingen feststellen würde, sagt, es sei befremdlich. Er hätte neulich beim Windelwechseln den Eindruck gehabt, sich selbst zu wickeln.

Sogar diesen hanseatischen, etwas abschätzigen Gesichtsausdruck legt unser Baby schon an den Tag. Mündchen spitz, eine Augenbraue hochgezogen. Beim Stillen sieht er aus, als hätte die Milch Kork und zudem nicht den von ihm bevorzugten Jahrgang.

«Papas Sohn», sage ich dann und freue mich, dass ich wie meine Mutter klinge.

Die ersten drei Wochen

Die Hebamme ist mir, wider Erwarten und wohl auch aus Mangel an Alternativen, sehr ans Herz gewachsen.

Sie kommt jeden Tag und weist mich in den grundlegenden Umgang mit dem Baby und anderen sich nicht selbst erklärenden Dingen ein.

Sie bringt mir und meinem Mann den Fliegergriff bei, eine rasant lässige Art, das Baby auf einem Unterarm zu transportieren. Sie zeigt mir unterschiedlichste Stillpositionen und versucht, klare Antworten zu geben auf Fragen wie: Warum schreit es? Warum schreit es nicht? Was sind das für hässliche Pickel auf seiner Nase? Brauchen andere Leute auch zehn Minuten, um ihr Kind auf dem Autorücksitz festzuschnallen? Schreien andere Kinder auch los, sobald man vor einer roten Ampel zum Stehen kommt? Schläft es endlich? Aber warum so lange?

Denn pennt er nicht, bin ich nicht froh. Pennt er meiner Meinung nach zu lange, ist mir das auch nicht recht, und ich rüttle mal ein bisschen an ihm rum. Mein Sohn, eine ziemliche Schnarchnase, ist wahrscheinlich das erste Baby, das froh ist, wenn seine Mutter endlich durchschläft.

In den ersten Wochen gibt es nichts, was normal ist. Bereits auf dem Weg vom Krankenhaus nach Hause hatte ich bemerkt, dass sich in meiner kurzen Abwesenheit die ganze Welt verändert hatte.

Bäcker, Post, Park: Sollte mir alles vertraut sein, aber es kam mir vor, als sei ich Ewigkeiten fort gewesen. War ich ja auch. Eine Ewigkeit von vier Tagen.

Die Fahrt nach Hause dauerte zwanzig Minuten. Mein Kind, dreieinhalb Kilo schwer und dreiundfünzig Zentimeter klein, saß hinter mir in der heiklen Babyschale, der Vater neben mir, sehr umsichtig fahrend.

Wir sind zu dritt! Und ich wunderte mich zutiefst, dass sich rechts und links keine begeistert jubilierenden Menschenmassen eingefunden hatten, um uns willkommen zu heißen. Wo waren die Spruchbänder, wo die ausgelassen tanzenden Grüppchen, wo die Musikanten, wo die eigens engagierten Artisten?

Ihr Leute in den Autos und auf den Bürgersteigen, habe ich gedacht, merkt ihr es denn nicht? Die Welt ist nicht mehr so, wie sie war. Denn: Mein Baby ist da!

An der ersten roten Ampel stieg ich zur Sicherheit aus, um kurz zu überprüfen, ob das auch stimmte und ob es noch atmete. Ja, Tatsache, stellte ich erleichtert fest: Mein Baby ist da!

In der ersten Nacht zu Hause schlief ich aus zwei Gründen schlecht. Erstens vor Aufregung, weil neben mir im Beistellbettchen mein Sohn lag. Und zweitens, weil die kostbaren Wolle-Seide-Stilleinlagen im feuchten Muttermilch-Milieu meines BHs einen unerträglichen Gestank nach altem, nassem Schäferhund ausdünsteten.

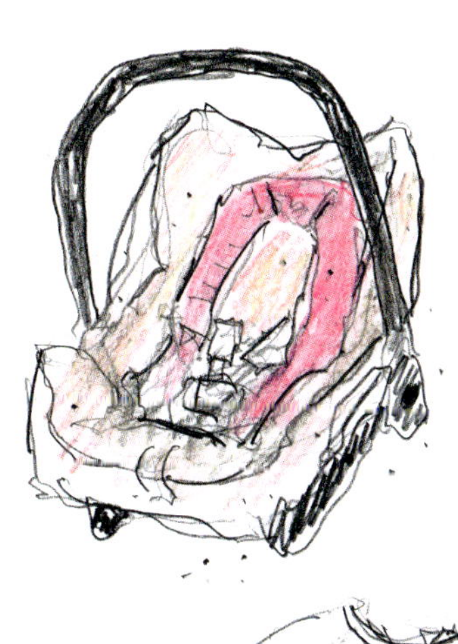

Gleich am nächsten Morgen befahl ich meinem Mann, im Drogeriemarkt selbstklebende Einweg-Stilleinlagen zu kaufen.

Mein Leben ist mit einem Mal voll von tückischen Objekten, voller hinterhältiger Gegenstände, mit denen sich das Zusammenleben nicht immer einfach gestaltet.

Mit meinem Sohn kamen gleichzeitig eine Babyschale für die Autorückbank auf die Welt, mehrere langärmelige Bodys mit Bändchenverschluss und ein Kinderwagen inklusive Regenabdeckung.

Den Einsatz all dieser Dinge sollte man besser ein paarmal in Situationen üben, wenn es nicht darauf ankommt, dass sie funktionieren.

Der Kinderwagen zum Beispiel ist nicht «mal eben schnell» in den Kofferraum zu verpacken, wie ich zehn Minuten vor einer Verabredung feststellte. Die Gebrauchsanweisung lag im Keller, der Wagen unvollständig zusammengeklappt auf der Straße, ein Rad rollte Richtung Westen, und aus dem Auto kam Gebrüll in einer Lautstärke, die man einem halben Meter Mensch nicht so ohne weiteres zutraut.

Auch die Babyschale samt Baby im Auto festzuschnallen, ist eine dreidimensionale Hirnleistung, die jemandem wie mir nicht leicht von der Hand geht. Ich baue auch «IKEA»-Stühle grundsätzlich verkehrt herum zusammen. Und die schreien noch nicht mal.

Zu meinem mangelnden handwerklichen Talent kommt wie bei vielen neugeborenen Müttern noch die sogenannte Still-Amnesie dazu. Eine Vergesslichkeit und Tüdeligkeit, die angeblich hormonell bedingt ist.

Verbürgt ist die Geschichte von der Frau, die beim Spaziergang überraschte Blicke erntete, weil sie nach dem Stillen vergessen hatte, die zuletzt benutzte Brust wieder einzupacken.

Johanna hat mehrmals die Babyschale auf dem Fahrersitz angeschnallt. Meiner Nachbarin Maria war der Vorname ihrer Schwiegermutter entfallen, ich habe meinen PIN-Code mit der Telefonnummer meines Mannes verwechselt und gleich in der ersten Woche die Schnuller, die ich abkochen wollte, auf dem Herd vergessen. Der Topf war hinüber, die Schnuller sahen aus wie verkohlte Hähnchenteile, und der beunruhigende Geruch von versengtem Plastik hing noch tagelang in der Küche.

Schnuller und Feuchttücher haben sich sehr rasch als zwei der absolut unverzichtbaren Accessoires für das zufriedenstellende Zusammenleben mit unserem Kind herausgestellt.

Mein Schlömchen, so die neueste Verniedlichungsform, ist ein zweihundertprozentiges Säugetierchen. Er bevorzugt zum Einschlafen zwei Schnuller: einen im Mund und einen in der Hand.

Mein Mann findet das in erster Linie unmännlich. Ich finde es in erster Linie praktisch. Volume Control ist etwas, das beim Baby nämlich nicht ab Werk mit eingebaut ist.

Der Gebrauch von Feuchttüchern wird dir so selbstverständlich wie das Ein- und Ausatmen. Denn meistens kommt aus irgendeinem Loch deines Babys irgendwas mäßig Appetitliches raus.

Es ist so, dass doch einiges stimmt, was einem erfahrene Mütter und Hebammen erzählen. Leider.

Die Behauptung, dass man als Mutter den Tag über gerne mal im Schlafanzug herumläuft und froh ist, wenn man bis zum Nachmittag überhaupt eine Dosensuppe gegessen hat, hielt ich zum Beispiel für weit hergeholt.

Mein Körper ist an regelmäßige, qualitativ hochwertige und sehr große Mahlzeiten gewöhnt. Und meine Schlafanzüge sind nicht repräsentabel.

Was soll ich sagen? Bereits heute, keine drei Wochen nach der Geburt, wundert sich der Postbote – er kommt so gegen vierzehn Uhr –, wenn ich ihm geschminkt und komplett bekleidet die Tür öffne und meine Haare nicht aussehen, als hätten sie nachts versucht, meinen Kopf zu verlassen – und zwar jedes in einer anderen Richtung.

Dosensuppen sind mir mittlerweile echt zu aufwendig in der Zubereitung. Käsebrot, Schokoriegel, kalte Bockwürstchen mit fertigem Gurkensalat. Alles Delikatessen für Frauen, die gerade das Windelwechseln, Kinderwagenschieben, Stillen, Nervenbewahren, Muttersein erlernen.

Im Grunde genommen bist du den ganzen Tag mit der Säuglingspflege beschäftigt.

Eine weitere betrübliche Tatsache, die leider ebenfalls der Wahrheit entspricht, ist, dass einem mit der Nachgeburt auch der Humor abgeht.

Es ist eine Sache, wenn ich selbst mein Kind als «Dickmops mit Kartoffelnase, der zunehmend aussieht wie Menowin Fröhlich» bezeichne. Ich darf das sagen, denn es entspricht den Tatsachen, aber ich liebe ihn trotzdem.

Aber schon der gehauchte Versuch eines Fremdscherzes auf Kosten meines Sohnes, und jahrzehntelange Freundschaften stehen binnen Sekunden zur Diskussion. Eine Freundin bezeichnete meinen kleinen Jungen neckisch als «langweilig», weil er ihren Besuch verschlief. Und ein Freund aus Berlin sagte belustigt bei seinem ersten Besuch: «Hübsch sieht er ja nicht aus, aber dafür interessant.»

Und als neulich unsere Nachbarin einen Blick in den Kinderwagen warf und rief: «Oh! Der hat aber … äh … süße Socken!», musste mein Mann mich tagelang trösten und an Zeiten erinnern, in denen wir selbst zu den Leuten gehörten, die glaubten, man könne mit Eltern umgehen wie mit ganz normalen Menschen.

Mein Sohn ist kräftig gebaut, daran ist nichts herumzudeuteln. Und mir ist selbst klar, dass es Babys mit, nun ja, feineren Zügen und angesagterer Frisur gibt.

Bei einem Abendessen bei Freunden, das wir am vergangenen Wochenende mit ihm besuchten, kam er bedauerlicherweise neben einem bezaubernden Prachtbaby zu liegen.

Im Keller hatte Flora, die Gastgeberin, einen Au-pair-überwachten Bereich für die beiden angekündigten Neugeborenen und andere schlafbedürftige Menschen, wie zum Beispiel Betrunkene, eingerichtet.

Ich betrachtete meinen weitgehend haarlosen, pickeligen Moppel, der neben dem elfenhaften Mädchen mit dunklen Löckchen keine gute Figur machte, und stellte fest, dass Schlomo der erste Mann ist, den ich bedingungslos super finde und sogar mit Bauch und Glatze liebe.

Gleichzeitig stellte ich fest, dass ich meine Stilleinlagen vergessen hatte. Aber mit der Hilfe des Au-pair-Mädchens gelang es mir, aus zwei Slipeinlagen leidlich tauglichen Ersatz zu basteln.

So viel zur Restwürde frischgebackener Mütter. Die ist kaum größer, als eine Slipeinlage dick ist.

Wie unglaublich gut und beruhigend ist es doch in diesen aufregenden Zeiten, wenn die Hebamme zum täglichen Hausbesuch kommt und dir dein Baby und die traurigen Überreste deines Körpers erklärt.

Ich kann mir nicht vorstellen, wie ich jemals ohne sie leben soll. Ich sehe sie jedes Mal mit Wehmut gehen. Und heute hat sie sich für immer verabschiedet. «Hab Vertrauen in dich und dein Kind», sagte sie.

Ich sah ihr nach. Irgendetwas hing an ihrem Absatz. Ich wollte ihr noch nachrufen. Aber sie war schon zu weit weg.

Es war eine selbstklebende Stilleinlage.

«In der Wahl der Eltern
kann man nicht vorsichtig genug sein.»
PAUL WATZLAWICK

2. Juni

Mein Körper ist ein einziges Ärgernis. Im Spiegel schaue ich nicht so genau hin, und beim Duschen würde ich am liebsten Sichtschutzzäune errichten und den Luftraum über mir weiträumig absperren wie bei der Hochzeit von Angelina Jolie und Brad Pitt.

Die Schwangerschaftshosen passen nicht mehr. Alle anderen sind so dramatisch zu eng, dass ich mir nicht vorstellen kann, jemals hineingepasst zu haben.

Heute habe ich mir tatsächlich – wie tief kann ein Mensch sinken? – bei «Tchibo» einen langen, weißen Rock in Einheitsgröße gekauft. Die Verkäuferin warf einen wohlwollenden Blick auf mich und fragte: «Wann ist es denn so weit?»

4. Juni

Scheiße, die Sonne scheint. Werde ich jemals wieder einen Bikini tragen können, ohne ein öffentliches Ärgernis darzustellen?

5. Juni

Scheiße, mein Leben ist vorbei. Ich werde nie wieder schnellen Sex auf schmutzigen Toiletten haben. Ich bin jetzt für immer Mutter.

PS: Das Schlimmste daran: Ich hatte noch nie schnellen Sex auf schmutzigen Toiletten.

6. Juni

Scheiße, ich habe schon Halluzinationen. Wenn ich dusche, ein Steak anbrate oder Musik anstelle, höre ich mein Baby schreien. Jedes Mal. Dann mache ich alles aus und horche. Stille. Nach zwei Minuten wieder. Mütter hören ihre Babys schreien, auch wenn sie nicht schreien. Crazy.

7. Juni

Scheiße! Treffen mit den Chefredakteuren der «Brigitte» im Verlagshaus. Patentante Mona passt in ihrem Büro auf Schlömchen auf. Ich trage zum ersten Mal seit langem wieder hohe Schuhe und eine gebügelte Bluse.

Ich stille meinen Sohn noch kurz, bevor ich gehe. Sein Bäuerchen kommt schneller und reichhaltiger als erwartet. Säuerliche Milch, versetzt mit halbverdauten Bröckchen auf Bluse und im Haar.

Ich begrüße meine Chefs mit den Worten: «Entschuldigt bitte, ich rieche nach Kotze.»

8. Juni

Scheiße, mein Sohn wird erwachsen! Schon passen ihm die Windeln für Neugeborene nicht mehr, und aus den ersten Stramplern ist er auch rausgewachsen. Bald bekomme ich bloß noch einmal im Jahr eine Weihnachtskarte von ihm und meiner bösen, bösen Schwiegertochter.

Bin untröstlich.

Was ist eigentlich los mit mir? Warum bin ich nicht glücklich? Warum geht mir alles so nah? Warum habe ich so viele Ängste?

Neulich war mein Mann drei Tage und zwei Nächte auf Dienstreise. Meine Horrorvorstellung: Ich falle die Treppe runter, kippe im Bad um oder sterbe einfach so im Bett, mitten in der Nacht.

Mein Baby wacht auf, schreit vor Hunger, schreit und schreit, bis es zu schwach ist, um weiterzuschreien. Mein Mann findet bei seiner Heimkehr zwei Leichen.

Albern? Natürlich! Dämlich? Klar! Unwürdig für einen Menschen, der einmal klar denken konnte? Genau!

Aber trotzdem nicht zu ändern.

«Das ist normal», sagt mein Frauenarzt, bei dem ich zur Kontrolle war. Beim Ultraschallblick in meinen leeren Bauch hätte ich auch schon wieder losheulen können.

«Bei frischen Müttern sind sämtliche Schutz- und Filtersysteme ausgeschaltet, damit sie ihr Baby beschützen können. Sie sind jetzt hochempfindlich. Das muss so sein.»

«Aha. Und was ist damit? Muss das auch so sein?» Ich deutete anklagend auf meinen labberigen Bauch, meine quallenweichen Oberschenkel und auf meinen Bauchnabel, der einmal hübsch und klein gewesen war und jetzt so aussah wie das Triefauge von Karl Dall.

«Ich habe schon Schlimmeres gesehen», sagt mein Frauenarzt. «Ihr Körper hat während der Stillzeit einen Hormonspiegel wie in den Wechseljahren. Das Gewebe bleibt weich. Das ändert sich erst langsam nach dem Abstillen.»

Na, da freue ich mich doch jetzt schon auf die Wechseljahre.

Ich muss sagen, derjenige, der sich den weiblichen Körper und seinen Werdegang ausgedacht hat, war mit Sicherheit kein Feminist.

«Kinder sind fremde Leute.»
GOTTFRIED BENN

15. Juni

Wenn man die ersten anderthalb Monate mit einem neuen Mitbewohner hinter sich hat, kennt man sich einigermaßen. Sollte man meinen. Das ist im Falle eines frisch zugezogenen Säuglings nicht so.

Das Baby an sich erweist sich schnell als unberechenbar und überrascht den Rest der Wohngemeinschaft nahezu täglich mit neuen Schrulligkeiten.

Ich warte auf das erste Lächeln. Stattdessen kommen immer mehr Pickel. «Neugeborenen-Akne» nennt man das. Erstaunlich, wie viel davon in so einem kleinen Gesichtchen Platz hat.

Beim Wickeln pinkelt mein Sohn gerne sich oder auch anderen sehr gekonnt ins Gesicht. Und wenn er kackt, kannst du danach im Grunde genommen renovieren. Seine Exkremente verlassen seinen Mini-Darm mit einem derart bedrohlichen Brodeln, wie man es sonst nur aus Katastrophenfilmen kennt.

Waren es bis vor kurzem noch die von mir inbrünstig gesungenen ungarischen Wiegenlieder, die den Jungen fluchtartig in Schlaf fielen ließen, so erweist sich seit gestern als Schnellschlafmittel Disco-Dancing auf Mutters Arm zu Donna Summers «I Need Some Hot Stuff, Baby, Tonight».

Friedlich schläft mein Kind auch in vollbesetzten Restaurants und beim Spaziergang entlang von Hauptverkehrsadern. Er schlummert selig auf Fremdarmen, wohingegen nachts im Dunkeln im Bett zu liegen sich beim Einschlafen eher als störend erweist.

Meine Nähe scheint ihn nervös zu machen. «Klar, der riecht die Milch», sagt Johanna, «du könntest ja auch nicht direkt neben einem All-you-can-eat-Buffet einschlafen.»

Das leuchtete mir sofort ein.

Die beherrschenden Themen dieser Tage lassen sich in einem Satz zusammenfassen: wenig Schlaf, viel Oberweite. Wobei ich mich nicht über die Nächte beklagen will, da habe ich unverschämtes Glück.

Schlominsky, so die neueste Namensabwandlung, schläft ruhig und friedlich, schmatzt fordernd, wenn er Hunger hat, dann stille ich ihn im Halbschlaf, und wir schlafen beide weiter.

Ab und zu haben wir anstrengende Nächte. Und dann bin ich am nächsten Tag so gerädert, dass ich mir nicht vorstellen kann und mag, wie es Müttern ergehen muss, die über Monate oder gar Jahre pro Nacht nicht länger als ein, zwei Stunden am Stück schlafen.

Was für mich eine ganz ungeheuerliche Erfahrung ist: das Leben mit Brüsten.

Das stellte ich an dem Tag fest, an dem mein Sohn einen Monat und vier Tage alt wurde. Ich fand, es sei höchste Zeit, mich wieder ohne Anhang auf der Partypiste sehen zu lassen. Der Aufwand, stellte sich hinterher heraus, stand allerdings in keinem Verhältnis zum gewonnenen Amüsement.

Hier der Ablauf des Abends im Einzelnen:

1. Baby in Babyschale verpacken und anschnallen (fünfundzwanzig Minuten).
2. An der ersten Ampel feststellen: lebenswichtige Baby-Schmusedecke plus sechs Ersatzschnuller für alle Fälle vergessen. Wenden und zurück (acht Minuten).
3. Baby auf Sofa des Patenonkels stillen, Milchflecken von Sofa entfernen, Milchflecken von tief ausgeschnittener Bluse entfernen (fünfunddreißig Minuten).
4. Handy ausprobieren. Funktioniert der Vibrationsalarm? Ist der Patenonkel, mit dem ich seit fünf Jahren dreimal die Woche telefoniere, auch sicher, dass er meine Nummer hat? (Vier Minuten.)
5. Patenonkel beschwören, gut aufs Baby achtzugeben, und Abschied nehmen von Baby (weitere fünfunddreißig Minuten).

6. Im Treppenhaus kehrtmachen, weil ich das Handy zwar nicht vergessen habe, aber alles andere, zum Beispiel Autoschlüssel, Mantel und Lippenkonturenstift (vier Minuten).
7. Noch mal schnell zu Hause vorbeifahren. Habe dort die Highheels liegenlassen. Hatte mir zum Babytransport praktisches Schuhwerk angezogen und kann unmöglich mit braunen Wanderschuhen zum knielangen Chiffonrock auftauchen (fünfundzwanzig Minuten).

Und dann folgt die erste Party meines Lebens, auf die ich als Mutter gehe. Das bedeutet: sich ständig fragen, wann Baby Hunger bekommt und ob die zweistündige Trennung von Mama bleibende emotionale Schäden hervorrufen könnte.

Wie bereits angedeutet, kann man sich gar nicht genug darüber wundern, wie es ist, ein Fest in Begleitung nennenswerter Brüste zu besuchen. Was ja schon während der Schwangerschaft ein sehr erfreulicher Anblick war, hat sich nun zu einer regelrechten Sensation entwickelt. Ein gut mit Muttermilch gefüllter Busen ist ein echter Hingucker und wirkt sogar persönlichkeitsverändernd. Also ehrlich, ich wurde teilweise gar nicht wiedererkannt!

Was für eine neuartige Erfahrung: Männer schauen mir nicht ins Gesicht, sondern ins Dekolleté und scheinen regelrecht erschrocken, dass ich in zusammenhängenden Sätzen sprechen kann.

Herrlich!

Ich glaube nicht, dass ich eine Ausbildung gemacht, einen Beruf ergriffen oder eigenen Humor entwickelt hätte, wäre ich mit diesen zwei Körbchengrößen mehr auf die Welt gekommen, die ich derzeit stillbedingt mit mir rumschleppe.

Mein Bekannter Bernd vermiest mir allerdings die brustbedingte gute Laune mit der Feststellung: «Du hattest einen Kaiserschnitt? Dachte ich mir schon. Da dauert die Rückbildung ja doch immer um einiges länger.»

Dafür heitert mich Carlo wieder etwas auf. Er findet, ich sehe tipptopp aus, und zeigt sogar Verständnis für mein Gefühl, dass sich mein Baby eigentlich nicht wirklich für mich interessiert. Jeder Besucher wird lange freundlich begutachtet. Ich hingegen bin eine Selbstverständlichkeit, diene als Milchbar und werde als Person kaum wahrgenommen.

Carlo hat zwar keine Kinder, aber zwei Königspudel, denen er selbst die Haare schneidet. Er kennt das Phänomen. Er sagt: «Meine Hunde sind auch bloß zu fremden Leuten nett. Ich bin nur gut zum Dosenaufmachen.»

Die Party beginnt mir zu gefallen, zumal ich die Mischung zwischen gluckenhafter Umklammerung meines Handys und der gleichzeitig betont lässigen und modernen Ausstrahlung «Ja, schon gut, ich habe mal eben ein Kind bekommen, aber das heißt ja nicht, dass mein Leben nicht genauso weitergehen kann wie bisher» ganz gut hinbekomme.

Mein erster Ausflug ins Nachtleben ist also recht erfolgreich – bis zu dem Moment, als eine Bekannte einen unbedachten Witz macht. Wäre ja lustig, meint sie, wenn, während ich hier so megacool rumstehe und auf die moderne Technik vertrauen würde, mein Telefon womöglich kein Netz hätte.

Har, har, lustig.

Nur zur Sicherheit werfe ich einen kurzen Blick aufs Display.

Kein Empfang!

Nie zuvor bin ich auf hohen Absätzen so schnell eine Treppe runtergerannt. Auf den Aufzug will ich nicht warten. Jede Mutter wird das verstehen. Erst vor dem Hauseingang ist mein Handy wieder empfangsbereit. Und piepst sofort los. Vier Kurznachrichten!

Mir bricht der kalte Schweiß aus. Kind in Hungersnot! Während sich die liederliche Mutter von fremden Männern ins zeitlich begrenzte Dekolleté glotzen lässt.

Das werde ich mir nie verzeihen!

Die Nachrichten sind alle vom Kindsvater, der sich, auf Dienstreise befindlich, Sorgen macht, warum er mich nicht erreichen kann, und es jetzt mal beim Patenonkel versuchen will.

Sekunden später das erlösende Gespräch: Baby schläft prächtig. Bloß der Onkel selbst war nicht zur Ruhe gekommen wegen der ständigen Anrufe der nervenschwachen Eltern.

So viel ist also schon mal klar: Natürlich hinterlässt eine zweistündige Trennung von der Mutter bleibende emotionale Schäden. Bei der Mutter.

Meinem Sohn ist es immer noch völlig egal, wo er pennt, aber ich kann seit diesem Abend nur noch einschlafen, wenn er meine Hand hält.

«Es gibt keine großen Entdeckungen und Fortschritte, solange es noch ein unglückliches Kind auf Erden gibt.»
ALBERT EINSTEIN

Im Juli

Ich lasse mein Kind nicht schreien. Ich käme überhaupt nicht auf die Idee. Ausnahmsweise habe ich diesbezüglich einen eindeutigen Instinkt, und der sagt mir: Einen Säugling kann man nicht verwöhnen oder verziehen. Seine Bedürfnisse sollen und müssen unverzüglich erfüllt werden, damit er weiß, dass er geliebt wird, dass die Welt gut und er nicht allein ist.

Für mein Kind ist Hunger eine Katastrophe. Ein Panikzustand des Körpers. Dasselbe gilt für Einsamkeit und für Angst. Mein Kind weiß noch nicht, dass man Hunger eine Weile lang aushalten und Einsamkeit eine Weile lang ertragen kann und dass er keine Angst zu haben braucht, weil seine Eltern doch gleich nebenan sind.

Ich will mein kleines Kind immer so schnell wie möglich von jeglichem Unwohlsein erlösen. Ein Neugeborenes darf nichts aushalten müssen, sonst kann es kein Urvertrauen entwickeln.

Ich habe heute von einem wenige Monate alten Jungen gelesen, der missbraucht wurde. Mich packt bei dieser Vorstellung ein ungeheuerliches Entsetzen, das mir die Kehle zuschnürt.

Natürlich habe ich mich immer schon interessiert für das Leid von Kindern. Und ich bin nicht stolz darauf zu sagen, dass dieses Leid erst durch mein eigenes Kind ein Gesicht bekommen hat.

In Deutschland prügeln fünfzehn Prozent der Eltern ihre Kinder. 1,42 Millionen Kinder werden misshandelt, 49 000 sexuell missbraucht. Die Dunkelziffer, so wird vermutet, liegt deutlich höher.

Und das sind nur die strafbaren Handlungen.

Ein Baby eine Nacht lang schreien zu lassen, ihm Zuwendung zu verweigern oder es die ersten Lebensjahre vor dem Fernseher zu parken, ist ja nicht verboten.

Ich mag keine perfekte Mutter sein. Natürlich nicht. Aber wenn ich auf meinen schlafenden Sohn schaue, denke ich trotzdem, dass er ein ungeheuerliches Glück gehabt hat, unser Sohn sein zu dürfen.

Ich las neulich über die chancenlosen Kinder in Deutschland, wie sie nur ein paar Kilometer entfernt von uns leben. Die soziale Stellung der Eltern beeinflusst die Schulleistungen der Kinder – und zwar in Deutschland so sehr wie in kaum einem anderen Land. Unterschicht ist bei uns quasi erblich. Pech gehabt.

Und was für ein unverdientes Glück für meinen Jungen, zwei Stadtteile weiter geboren worden zu sein, in dem das größte Problem die Mütter sind, die ihre Kinder zu früh zur musikalischen Grunderziehung bringen und ihnen überkandidelt teure Winterstiefelchen kaufen.

Im «Stern» stand:

In den typischen deutschen Unterschichtsvierteln leben die Armen heute in geräumigen Wohnungen mit Einbauküche, Mikrowelle, Waschmaschine, Spülmaschine, Handy, meist mehreren Fernsehern und Videorecordern. Das zeigen die Erhebungen des Statistischen Bundesamtes. Die heutige Unterschicht leidet keine Not, wie sie in Romanen des 19. Jahrhunderts beschrieben wird. Und dennoch lebt sie im Elend.

Das Elend ist keine Armut im Portemonnaie, sondern die Armut im Geiste. Der Unterschicht fehlt es nicht an Geld, sondern an Bildung. In keinem OECD-Land, das hat der Pisa-Test gerade zum zweiten Mal gezeigt, werden Unterschichtskinder im Bildungssystem so skandalös benachteiligt wie in Deutschland. Einmal unten, immer unten.

Bislang glaubten Politik, Sozialwissenschaften und Gesellschaft: Die Lebensformen der Unterschicht und ihre Verhaltensweisen seien die Folge ihrer Armut. Genau das Gegenteil ist richtig: Die Armut ist eine Folge ihrer Verhaltensweise, eine Folge der Unterschichtskultur. In Deutschland sind nicht immer die Armen die Dummen, sondern die Dummen sind immer arm.

Vielleicht, denke ich beim Blick in die Wiege, werde ich etwas klüger und etwas erwachsener durch mein Kind.

So weit zu meinen lichten Momenten. Denn den größten Teil der Zeit verbringe ich im wattigen Nebel der Still-Amnesie und der Hormon-Blödheit.

Es ist mittlerweile fast nicht mehr möglich, sich normal mit mir zu unterhalten. Die gängigsten Worte fallen mir nicht ein. Mein Hirn ist träge und scheint sich allmählich in Muttermilch aufzulösen. Abends bin ich sowieso die Erste, die müde ist, und morgens hänge ich die Stunden, die nachts durchs Stillen verlorengehen, gerne dran.

Die Stimmung bei uns zu Hause ist also, freundlich gesagt, recht gemütlich und weitgehend frei von intellektuellen Aktivitäten.

Bald beginnt der PEKiP-Kurs. Ich hätte mal lieber einen Aufbaukurs «Denken für Mütter» buchen sollen.

Alles, was mich beschäftigt, ist mein Schlomenberger, so die jüngste Namensvariante. Sein Befinden, seine Laune, seine Exkremente. Und da man so ein Neugeborenes bei aller Liebe nicht gerade ein inspirierendes Gegenüber nennen kann, bin ich eben am Totalverblöden. Ist mir aber auch egal.

Mein größtes Problem ist derzeit Schlomos wunder Po.

12. Juli

Ganz dick Creme drauf! Da sind sich alle Experten einig. Aber ansonsten habe ich in den letzten zehn Tagen so viele unterschiedliche Tipps zu beherzigen versucht, dass ich für meine Hausapotheke in absehbarer Zeit ein eigenes Zimmer brauche.

Ich habe mit Wundermitteln aus Übersee gearbeitet, Umschlägen mit fragwürdigen Inhalten und den Klassikern aus deutschen Apotheken. Der Po meines Babys ist allerdings immer noch wund.

Es ist ja schon mal per se nicht schön, wenn man allein nicht mehr weiterweiß. Aber schlimmer ist es noch, dem Rat von mehreren Experten ausgesetzt zu sein.

Wann immer in fröhlicher Runde das Thema auf Altersvorsorge, Krankenversicherung, Pflegeprodukte gegen vorzeitige Hautalterung, die Schulreform und den akkuraten Umgang mit Menschen unter einem Jahr kommt, werde ich einsilbig und nervös.

Denn ich gehöre nicht zu den Leuten, die davon überzeugt sind, es besser zu wissen. Das ist bedauerlich. Denn es kostet Geld und Nerven.

Wann immer ich beispielsweise einen Fachmarkt für Elektroartikel betrete und mich dort auf ein Expertengespräch einlasse, komme ich grundsätzlich mit einem Gerät heraus, von dem ich bisher nicht wusste, dass ich ohne es nicht leben konnte.

Beschämt denke ich an den Luftbefeuchter und die Wetterstation in meinem Keller, aber auch an die unzähligen, nicht zueinander passenden Töpfchen und Tiegelchen in meinem Bad. Sie sind Mahnmale meiner Willenlosigkeit und Manipulierbarkeit. Ich benutze ein Produkt immer genau so lange, bis mir jemand überzeugend genug sagt, dass es etwas Besseres gibt.

Fatal und ruinös sind Besuche in Parfümerien, in die ich bloß kurz reinhuschen will, um die Augencreme meines Vertrauens zu kaufen. Das geschulte Fachpersonal schaut mich dann kritisch und oftmals etwas mitleidig an und sagt betroffen so Sachen wie: «Oh, Sie haben aber sehr feuchtigkeitsarme Haut. Soll ich Ihnen da mal was empfehlen?» Oder: «Ich möchte Ihnen diesen Prospekt mitgeben. Ich denke, die Lektüre sind Sie sich und Ihrer Haut schuldig. Das ‹Age-Management-System› sollte Sie interessieren. ‹Eye-Repair›, ‹Body-Booster› und der ‹Stimulus-Complex› könnten bei Ihnen Schlimmeres verhindern.»

Und ich sehe mich mein Auto verkaufen, um mir wenigstens die Augenreparatur leisten zu können, und greife nach dem Prospekt, in dem es die Kaufpreise der hochwertigen Pflegeprodukte nur auf Anfrage gibt, so wie bei Immobilien in Bestlage und bei Rotweinen, die extra aus dem Keller hochgeholt werden müssen.

Ja, ich gebe es zu: Ich wechsle Kosmetiklinien wie eine Nymphomanin ihre Sexualpartner, und am liebsten würde ich mich auch einmal im Jahr neu krankenversichern lassen und mich monatlich nach einem neuen Steuerberater, Arzt, Stromanbieter, Bodenbelag, Partner und Lippenkonturenstift umschauen.

«Es ist wichtig und richtig, immer eine zweite Meinung einzuholen», tröstete mich neulich Hubertus Primus, Chefredakteur der Zeitschrift «test». «Bei Experten im Fernsehen würde ich grundsätzlich weghören, und bei all den anderen rate ich: Stellen Sie sich dumm, haken Sie nach und lassen Sie sich von Fremdwörtern nicht einschüchtern. Mein Leitsatz lautet: Blamiere dich täglich! Haben Sie keine Scheu, sich nach der Ausbildung des jeweiligen Experten

zu erkundigen, und fragen Sie ihn ruhig mal: ‹Woher wissen Sie das?› Erfahrung zählt, das ist wie im richtigen Leben. Eine Mutter von mehreren Kindern weiß, wovon sie redet, wenn es um Tipps zum Durchschlafen geht.»

Hubertus Primus, der Experte im Umgang mit Experten, ist zufälligerweise Vater von vier Kindern. Und da habe ich ihn aus aktuellem Anlass natürlich gefragt, wie sein Rat gegen den wunden Babypopo lautet. Herr Primus sagte: «Dieses Problem ist bei meinen Kindern schon lange her. Aber eines erinnere ich noch genau: Bloß nicht dick eincremen!»

«Ich fürchte, unsere allzu sorgfältige Erziehung liefert uns Zwergobst.»
GEORG CHRISTOPH LICHTENBERG

15. Juli

Mein Sohn lächelt!

Dafür hat er allerdings jetzt fast gar keine Haare mehr. Alle weg, bis auf einen Kranz dürrer blonder Löckchen, die an eine Tonsur erinnern. Von hinten sieht mein Schlominsky aus wie ein fetter kleiner Mönch. Von oben wie ein unsachgemäß gerupfter, kleiner dicker Spatz. Und von vorne immer noch eins zu eins wie der Vater.

Immerhin ist sein Po nicht mehr wund.

Hätte gleich auf meine anbetungswürdige Kinderärztin hören sollen: Teebeutel mit schwarzem Tee aufkochen, abkühlen lassen, auf den Po legen, Windel zu und nach zwanzig Minuten rausholen. Das Ganze mehrmals am Tag.

Nach zwei Tagen war alles wieder gut und ich voller Stolz. Das sind sie also, die Erfolgserlebnisse der Säuglingsmütter. Nicht gerade als aufsehenerregender Partytalk verwendbar, nichts, womit man gutaussehende Männer um sich scharen könnte.

Bei solchen Geschichten hängen dir nur Muttis an den Lippen.

Es wird also Zeit, dass ich mich mal unter meinesgleichen mische, Mütter- und Babybekanntschaften schließe und endlich einsehe, dass sich überschüssige Schwangerschaftspfunde nicht freiwillig verabschieden.

Acht Wochen nach der Niederkunft ist die Schonfrist vorbei. Und zwar für alle, die direkt an der Geburt beteiligt waren. Das bedeutet: Bildung für das Baby und Rückbildung für die Mutter.

Mein unsensibler Frauenarzt hatte mich schon frühzeitig darauf hingewiesen, dass es keinen Grund gäbe, während der Stillzeit für zwei zu essen. Natürlich wohl wissend, dass ich sowieso immer mindestens für zwei esse, egal ob ich gerade noch jemanden miternähre oder nicht.

Mir hatten allerdings mehrere stillerprobte Frauen versichert, sie hätten nach zwei bis drei Monaten Stillen angefangen, rapide an Gewicht zu verlieren. Sie sprachen von eingefallenen Wangen, dahinschmelzenden Oberschenkeln und schlabberigen, die schlanken Hüften sanft umspielenden Jeans in Größe 27. «Während der Stillzeit konnte ich essen, was ich wollte. Es war herrlich!»

Das hatte ich so oft gehört, dass ich mich bereits vor der Geburt meines Sohnes mit mehreren Familienpackungen Eiscreme und einer raumgreifenden Kollektion «Ritter Sport»-Schokoladen eingedeckt hatte.

Es war mir zwar nicht gelungen, das ganze Zeug bis zur Niederkunft unberührt zu lassen, aber ich hatte die leeren Lager rechtzeitig wieder aufgefüllt, sodass ich gutgerüstet in die Zeit ging, in der ich zum ersten Mal in meinem Leben hohlwangig sein würde.

Darauf warte ich bis heute. Und damit ist jetzt Schluss.

Mein Baby und ich, wir haben uns lange genug gehenlassen. Haben bis mittags in unseren Schlafanzügen auf dem Bett rumgelegen, dem lieblichen Rascheln von Pralinenpapier gelauscht, dem Kindsvater per Telefon durchgegeben, was wir am Abend zu essen wünschten. Nur ab und zu wurde das idyllische Miteinander unterbrochen, weil Mutter sich kurz aufraffte, um im Spiegel nachzuschauen, ob ihre Wangen schon eingefallen waren.

Jetzt beginnt der Ernst des Lebens für uns beide. Frühkindliche Förderung steht auf dem Programm. Außerdem der Besuch eines Rückbildungskurses zur Straffung des Beckenbodens, der Bauchdecke, der Pomuskulatur, der Oberschenkel, na ja, eigentlich des Komplettkörpers. Für mich kaufte ich also eine Übergangssporthose, in die ich mit meiner neuen Figur reinpasste, und mit meinem Sohn ging ich in zwei verschiedene PEKiP-Kurse und einen Babymassage-Kurs.

Das mag man nun als etwas übertrieben empfinden, aber ehrlich gesagt, fange ich langsam an, mich allein mit Schlomenberger zu Hause zu langweilen, und finde, etwas Abwechslung könnte uns beiden nicht schaden.

Den Babymassage-Kurs besuchte ich allerdings genau einmal.

Ich tue mich ja wie gesagt schwer mit Frauen, die sanfte Stimmen ihr Eigen nennen. Die machen mich aggressiv, wenn sie immer so betont leise sprechen und damit alle anderen zwingen, auch ganz leise zu sein.

Ich bin nicht gern leise, und mein Sohn ist durchaus daran gewöhnt, dass ich in normaler Lautstärke mit ihm spreche.

Jedoch, die Massagekurs-Leiterin begrüßte uns flüsternd und sagte, sie heiße Marianne und habe zwei große Söhne. Dann sollten wir uns und unsere Kinder einander vorstellen.

Nach der Vorstellungsrunde – es waren unter anderem zwei Emilys anwesend, ein Leo, ein Lennart und ein Leon – kramte Marianne in ihrer Tasche, zog ein schmuddeliges Stofftier hervor, schaute bedeutungsschwanger in die Runde der auf Matten hockenden Mütter, warf mir plötzlich das Tier zu und sagte sanft: «Hallo, liebe Ildikó.»

Ich verstand nicht ganz und schaute befremdet auf den gelben Stoff-Frosch in meinen Händen.

«Damit wir uns besser kennenlernen, werden wir uns von nun an zu Beginn jeder Stunde den Frosch zuwerfen. Du, Ildikó, wirfst das Tier jetzt einer anderen Mutter zu und begrüßt sie und ihr Kind ebenfalls mit Namen. Und so weiter.»

Sonst noch Wünsche? Selbstverständlich hatte ich mir keinen einzigen Namen gemerkt. Schon unter normalen Bedingungen habe ich ein absolut unzuverlässig funktionierendes Namensgedächtnis. Ich flüsterte also beschämt was von Stilldemenz und dass ich nicht richtig aufgepasst hätte, aber beim nächsten Mal bestimmt eine zufriedenstellendere Leistung erbringen würde, und schob den Frosch beschämt zu meiner Nachbarin rüber.

Das war also schon mal nicht gut losgegangen.

«Wir werden jetzt ganz langsam und vorsichtig unsere Kinder bis auf die Windel ausziehen», sagte Marianne. «Aber es ist ganz wichtig, dass ihr dabei die Wünsche eures Kindes beachtet. Ich mache das mal an dieser Puppe vor. Sie heißt Lena.»

Marianne begann also die Puppe Lena zu entkleiden und sprach dabei mit selbstverständlich ultrasanfter Stimme auf sie ein: «Ist es in Ordnung, kleine Lena, wenn ich dir jetzt dein Pullöverchen ausziehe? Jetzt käme dann die Hose an die Reihe. Und nun, Lena, würde ich dir gerne, aber nur, wenn du einverstanden bist, den Body gaaaanz vorsichtig über den Kopf ziehen.»

Die Lena hatte überraschenderweise nichts einzuwenden und lag schließlich nackt, wie der Hersteller sie geschaffen hatte, auf der Matte.

Ich wollte meinen Schlomo in einem von der Marianne unbeobachteten Moment ruck, zuck ausziehen. Denn langsam und vorsichtig ist der nicht gewohnt von seiner Mutter. Da würde der Lunte riechen, dass hier was nicht stimmte. Aber Marianne zwang uns, zu jedem entfernten Kleidungsstück eine Liedstrophe zu singen.

Auf die Melodie von «Bruder Jakob» hörte ich mich also tatsächlich folgenden Blödsinn von mir geben:

«Kleines Kindchen, kleines Kindchen,
gib fein acht, gib fein acht,
werd dich jetzt ausziehen, um dich zu
berühren,
wenn du magst, wenn du magst.»

Noch am selben Abend rief ich Johanna an, um mich bei ihr zu beschweren. Schließlich war sie es gewesen, die mich in diesen Kurs-Blödsinn reingequatscht hatte.

«An sanfte Stimmen wirst du dich gewöhnen müssen», sagte Johanna ungerührt. «Und auch daran, dass du Dinge tun wirst, die du niemals für möglich gehalten hättest und bei denen du auch unter keinen Umständen von normalen Menschen beobachtet werden möchtest. Ich habe mich für meine Söhne zum Affen gemacht und im PEKiP-Kurs mit sechs anderen Müttern um unsere Babys herum im Kreis Tarantella getanzt.»

«Oh. Herzliches Beileid.»

Überflüssig. «Wenn du dich einmal darauf einlässt, kommst du dir nicht einmal mehr blöd vor.»

«Ich glaube, so weit möchte ich es nicht kommen lassen. Und wie läuft's bei dir so?»

«Mein Fünfjähriger schläft jetzt wieder bei uns im Bett.»

«Ist doch süß.»

«Heute Nacht hat er mir im Schlaf ins Gesicht getreten. Ich hatte eine Stunde Nasenbluten. Genieß bloß die Zeit, solange sich deiner noch nicht richtig bewegen kann.»

Am nächsten Tag ging ich naturgemäß voller Vorbehalte zum ersten PEKiP-Kurs und war schon heilfroh, als uns die Kursleiterin in Zimmerlautstärke begrüßte und mich nicht mit schrabbeligen Stofftieren bewarf.

Patentante Mona hatte ich vor wenigen Wochen erleichtert berichtet, dass ich den letzten freien Platz in dieser Gruppe ergattert hatte. Um PEKiP- und Kindergartenplätze bemüht man sich nämlich am besten bereits vor der Zeugung des Kindes.

Ich hatte etliche Absagen bekommen, teilweise mit so ermunternden Äußerungen wie: «Glauben Sie mir, es geht auch ohne PEKiP. Mein Sohn zum Beispiel hat trotzdem studiert.»

Ich möchte ja auch gar nicht unbedingt, dass mein Sohn studiert. Mein Mann hat studiert, und ich weiß, was dabei herauskommt: Wenn man den Videorecorder programmieren oder ein «IKEA»-Regal aufbauen will, muss eine hochbezahlte Fachkraft engagiert werden.

Mein Sohn soll das tun, womit er glücklich wird. Hauptsache, er lässt sich nicht tätowieren, feiert Weihnachten bis Mitte dreißig zu Hause, lässt die Tür zu seinem Zimmer einen Spaltbreit auf, wenn er Mädchenbesuch hat, und wird Elektriker, Trockenbauer oder Schönheitschirurg. So was kann man zu Hause immer gebrauchen. Mehr verlange ich ja gar nicht.

«PEKiP? Was 'n das?», hatte Mona ahnungslos gefragt. «Die

Abkürzung steht für Prager Eltern-Kind-Programm», erläuterte ich altklug, kam aber nicht weiter, weil sie begeistert schrie, da würde sie unbedingt mitmachen wollen, auch ohne eigenes Baby, und wann sie den Schlomenberger denn mal dorthin begleiten könne.

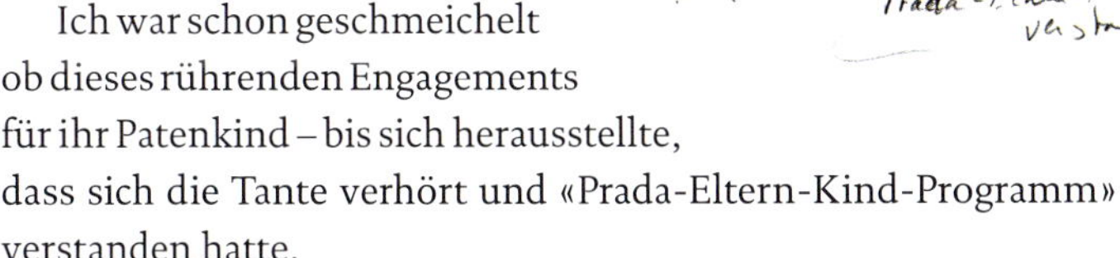

Ich war schon geschmeichelt ob dieses rührenden Engagements für ihr Patenkind – bis sich herausstellte, dass sich die Tante verhört und «Prada-Eltern-Kind-Programm» verstanden hatte.

«PEKiP» ist eine Versammlung nackter Babys, die in einem warmen Raum auf Gummimatten rumliegen und von ihren engagierten Müttern früh gefördert werden.

Viel kann ich dazu noch nicht sagen, außer, dass mir die Chefin Petra robust und sympathisch erschien, mein Sohn das jüngste und dennoch dickste Kind war, eigentlich die meiste Zeit schrie und seinem Unmut zusätzlich Ausdruck verlieh, indem er das neben ihm liegende Mädchen anpinkelte. Sie hieß Emily, wie die meisten anderen Mädchen in diesem Raum auch.

Als wir wieder zu Hause waren, schlief Schlomenberger auf der Stelle in vorwurfsvoller Körperhaltung für den Rest des Tages ein.

Schlomo ist zwölf Wochen alt.

Wenn ich meinem Sohn seine Rassel vors Gesicht halte, folgt er ihm mit den Augen! Rechts, links, rechts, links, rechts, links.

Ich erwäge, das Nobelpreiskomitee zu informieren.

Immerhin bin ich verstandesmäßig noch in der Lage, festzustellen, dass ich jetzt eine von denen bin. Eine von denen, die mir früher immer auf den Senkel gegangen sind.

Ich bin eine von denen, die viel Platz wegnehmen, die Leute stören und ein Chaos hinterlassen. Eine, die ihre mühselig verdiente Kohle nicht in die neue Generation Smartphones, sondern in ein Babyphon investiert. Hinter mir bilden sich lange, zischelnde Schlangen, wenn ich mal wieder an der Kasse stecken bleibe, weil der verdammte Kinderwagen nicht durchpasst.

Wenn ich in einen vollen Bus einsteigen will, werden Morddrohungen schon mal offen formuliert, besonders dann, wenn das Baby nicht nur schreit, dass beinahe die Scheiben platzen, sondern das Gebrüll kurz unterbricht, um halbverdaute Milch in säuerlichen Bröckchen schwallartig über die Fahrgäste zu verteilen.

Und wenn du mit drei Müttern aus deinem Frühförderungskurs plus den dazugehörigen Kindern, Kinderwagen und Wickeltaschen ein Café ansteuerst – die übrigen Gäste könnten nicht erschrockener aussehen, würde eine Herde außer Kontrolle geratener Wasserbüffel auf sie zugaloppieren.

Am schlimmsten ist es ja – ich weiß das, denn es ist mir selbst früher ab und zu passiert –, wenn man als kinderlose Frau in eine Horde solcher engagierter Muttertiere gerät.

Ein biologisch bedingtes Grundinteresse voraussetzend, quatschen die einen schonungslos voll mit uninteressanten und teilweise auch unappetitlichen Geschichten.

Dabei ist es nicht so, dass jede Frau, weil sie theoretisch Kinder kriegen kann, auch automatisch Kinder mag. Ich persönlich konnte mit Kindern unter, na ja, sagen wir fünfundzwanzig Jahren immer nur wenig anfangen.

Und als ich schwanger wurde, nahm ich mir fest vor, keine typische Mutti zu werden. Muttis reden nur über Kinder, zeigen sich schnatternd gegenseitig ihre Kaiserschnittnarben und tragen entweder bereits vollgekotzte Pullover oder aber solche, bei denen es nicht schade drum wäre, wenn sie vollgekotzt würden.

Muttis trinken entkoffeinierten Kaffee und schuckeln dabei versonnen und ozeanisch lächelnd ihren Kinderwagen.

Johanna, die ja zwei Kinder großgeschuckelt hat, ist die stetige, rüttelnde Bewegung in Fleisch und Blut übergangen. Noch heute steht sie manches Mal an der Wursttheke, um dort selbstvergessen das Rinderhack anzulächeln, gleichzeitig ihren Einkaufswagen zu schuckeln und sich darüber zu freuen, dass keiner schreit.

Ich aber wollte unbedingt eine lässige, eine untypische Mama werden. Das hatte ich mir geschworen, als sich beim Pipi-Test die zweite Linie zeigte. Gut gekleidet, gut verdienend, gut ausgeschlafen, gut informiert über das Weltgeschehen und mit einem Freundeskreis, in dem über neue Filme und nicht über neue Windelentsorgungssysteme diskutiert wird.

Ich muss mir leider eingestehen, dass mir das nicht zu hundert Prozent gelungen ist. Ich renne vollkommen begeistert zu jedem sich mir bietenden Kursus: Frühförderung, Babyschwimmen, Rückbildung. Typisch überengagierte Spätgebärende.

Ich gehe meinem Sohn rund um die Uhr auf die Nerven, und Informationen aus dem wirklichen Leben erreichen mich nur höchst spärlich.

Ich hänge tagsüber schuckelnd in Cafés rum mit Müttern, von denen ich nicht weiß, was sie beruflich machen oder wo sie wohnen. Ich kenne teilweise ihre Vornamen nicht beziehungsweise gebe mir keine Mühe, sie mir zu merken.

Aber ich kenne das Geburtsgewicht ihrer Kinder, ich weiß, ob ihre Babys die Flasche nehmen, Verdauungsschwierigkeiten haben, bei welchem Lied sie am besten einschlafen, wie oft sie nachts aufwachen und auf welche Windelsorte sie mit Pickeln am Po reagieren. Ein dankbares, immer wieder aufkommendes und ebenso unerschöpfliches Thema in meiner Mütterrunde ist auch: Väter und was alles dabei herauskommt, wenn sie versuchen, sich nützlich zu machen.

Der Vater meines Kindes hat bisher noch keine größeren Schäden angerichtet – wenn man mal davon absieht, dass er bis heute nicht die Notwendigkeit von Bodys anerkennen will und die Jeans gerne direkt über die Windel zieht. Mützen und Strumpfhosen hält er für verweichlichende, unmännliche und im Grunde nutzlose Accessoires.

Was mir Sorgen bereitet, ist, dass er unseren Schlomuckel, so die neueste Variante, ständig fotografiert. Ich befürchte mittlerweile, dass unser Sohn demnächst jeden Touristen und jeden üblen Paparazzo wohlwollend und vertrauensselig mit «Papa!» begrüßt.

Das sind meine Probleme, das sind meine Themen, das sind meine Leidenschaften.

Ich habe völlig unterschätzt, wie sehr die Baby-Welt mich in ihren Bann zieht und mit welcher Neugier und Intensität ich mich darauf einlassen kann.

Das fiel mir mal wieder eindringlich auf, als ich jüngst einem Exemplar dieser absonderlichen Spezies «neugeborene Mutter» beim Einkaufen begegnete.

Und nein, mit Einkaufen meine ich natürlich nicht, dass ich in einer teuren Boutique meterhohe Wedges-Sandaletten oder Tops in modischen Sorbet-Farben anprobierte.

Unter Einkaufen verstehe ich derzeit, mannshohe Windelpakete aus Drogeriemärkten zu schleppen oder verzückt eine Menge Geld in topflappengroße Kordhöschen zu investieren.

«Hallo, wie geht's?», fragte ich also die mir namentlich natürlich nicht bekannte Mutter von Amelie, vier Monate alt, hinter einem Berg aus Feuchttüchern und Wickelunterlagen hervor. Und die Amelie-Mutter sagte: «Geht so. Wir haben seit gestern grünflüssigen Durchfall.»

Das mag nun in den Ohren des einen oder anderen eklig klingen. Aber das ganz besonders Schlimme an dieser befremdlichen Antwort ist, dass ich mich keine Sekunde darüber wunderte. Im Gegenteil.

Hochmotiviert und interessiert ließ ich mich auf ein längeres Gespräch über Kot-Konsistenz ein und wie man durch die eigene Ernährung die Verdauung des Babys positiv beeinflussen könne.

Eine Unterhaltung über die aktuelle Sommermode, den neuen Walser-Roman, den letzten Woody-Allen-Film hätte nicht anregender sein können.

Wir fühlten uns beide so unglaublich gut verstanden, dass wir noch bis zur Kasse weiter über zähen Nasenschleim fachsimpelten und wie man ihn am besten aus Babys Nase heraussaugt.

Zum Abschied sagte die Mutter von Amelie: «Aber das mit eurem gelben Kopfgrind ist besser geworden, oder?»

Ich nickte und bemerkte sie nicht, die Blicke der normalen Menschen.

Nein, Mütter sind nicht absolut normal. Und das ist auch gut so. Denn gerade die Frischlings-Mutter findet sich häufig in Situationen wieder, die man als gängig empfindende und denkende Person nicht bewältigen könnte – zumindest nicht, ohne psychisch Schaden zu nehmen.

Beispiel: Milch abpumpen. Ich muss sagen, ich habe selten einen beschämenderen Vorgang erlebt als die Gewinnung von Muttermilch. Es ist tatsächlich noch weitaus schlimmer, als im Winter in einer Sammelumkleidekabine Bikinis anzuprobieren.

Von Johanna hatte ich mir das relativ aktuelle Pumpenmodell «Medela Swing» ausgeliehen, nicht ganz so innovativ wie die «Medela Freestyle», mit der man beidseitig und freihändig abpumpen kann.

Ich fühlte mich wie eine Kuh an der Melkmaschine, mit dem Unterschied, dass wahrscheinlich noch keine Kuh die Befürchtung hegte, von dem Apparat gänzlich aufgesogen zu werden.

Und wenn man endlich die kostbaren 150 Milliliter zusammengepumpt hat, müssen die ja auch irgendwie heil und ohne Nährstoffverlust zum Patenonkel gebracht werden, der das Baby während des ersten Kinobesuchs der Eltern grundversorgen soll.

«Eltern müssen sich unbedingt Zeit für sich selbst nehmen.» Das hatte ich gelesen, und dem wollte ich natürlich Folge leisten.

Für den Transport der Muttermilch hätte ich mir ja am liebsten eine Eskorte vom Bundesgrenzschutz und einen Behälter organisiert, in dem sonst innere Organe zu Transplantationen gebracht werden. So aber sah man mich verkrampft auf dem Beifahrersitz hocken, die Flasche in eine Kühlmanschette gewickelt und fest umklammert.

Die Eröffnungsfanfare des Films war noch nicht verklungen, ich hatte gerade pseudoentspannt den Kopf an die Schulter meines Mannes gelehnt, als mein Handy vibrierte. SMS des Onkels: «Schlomo will die Flasche nicht. Bitte schnell mit Brust vorbeikommen!»

Damit hatte ich gar nicht gerechnet, dass mein Sohn womöglich etwas ablehnen könnte, was mit Nahrungsaufnahme zu tun hat.

Wir rasten also zurück, ich gab schweißgebadet dem verärgerten Kind die Brust und beschloss, mir für meinen Mann erst nach dem Abstillen wieder Zeit zu nehmen.

Den Stress tue ich mir nicht mehr an. Die Muttermilchpumpe habe ich Joanna zurückgegeben. Ich kann gut ein halbes Jahr lang auf ein ausschweifendes Nachtleben verzichten. Bin sowieso froh, wenn ich früh im Bett liege. Und bei Kinofilmen kommen für mich im Grunde ja sowieso nur Zeichentrickfilme ohne Altersbeschränkung in Frage. Für alle anderen ist mein Nervenkostüm zu schwach.

22. August

Baby ist vier Monate alt und wiegt: genug.
Mutter wiegt: mehr als genug.
Außentemperatur: 32 Grad im Schatten.
Innentemperatur: kurz vorm Siedepunkt, denn ich muss heute meine «Brigitte»-Kolumne abgeben.

Der Schlomenberger guckt mich kritisch an, und ich versuche, mich davon nicht ablenken zu lassen.

Er liegt, halb aufrecht, in einer Babywippe, die auf meinem Schreibtisch gleich neben meinem Computer steht. Bekleidet ist er mit einem sogenannten Spielanzug mit Kragen und kurzem Bein im für Babys dauerangesagten Matrosenlook.

Draußen ist es sehr heiß, und in drei Stunden muss ich meinen Text an die Redaktion schicken. Alle zwei Wochen erscheint die Zeitschrift «Brigitte» und mit ihr, auf der letzten Seite, meine Kolumne «Problemzonen».

Das heißt, alle zwei Wochen gehöre ich zur Gattung «berufstätige Mutter», wenn ich versuche, über zwei, drei Tage verteilt ein Telefoninterview zu führen, Material zum Thema zu lesen und schließlich meinen Text aufzuschreiben.

Der Schlom glotzt nach wie vor mäßig interessiert auf meinem Schreibtisch rum. Ich nutze die Stille und schreibe eilig den ersten Absatz:

Männer sind ja wirklich Geschmackssache. Und ich bin immer wieder verblüfft, zu was für eigenartigen Paarungen es kommen kann. Die Liebe, das muss man so sagen, führt manche vernunftbegabte Frau an die Seite von seltsamen Männern, im schlimmsten Fall von solchen, die mit Rucksack ins Büro gehen und sich die Zehennägel in der Küche schneiden.

Ich hätte zum Beispiel dem Albert von Monaco nicht mein Ja-Wort gegeben. Ich bin allerdings, um ganz ehrlich zu sein, auch nicht gefragt worden. Der Mann hat zu viel Bauch, zu viel Glatze bei ansonsten zu wenig gleichen Interessen. Ich hätte überhaupt keine Lust, bei den ganzen Staatsbanketten auf den Nachtisch zu verzichten,

Der Schlom gähnt! Ich nicke ihm freundlich und ermutigend zu. Es geht doch nichts über ein schlafendes Kind.

bloß um neben dem Monarchen-Moppel auf dem roten Teppich eine gute Figur zu machen. Nun, jetzt ist er ja zum Glück vom Markt, und ich muss mir diese Fragen gar nicht mehr stellen.

Wenn es um das heikle Thema Partnerwahl geht, verstehen Menschen ja oft nur wenig Spaß, und so manche Freundschaft hat nur Bestand, weil die besten Freundinnen sich nie gesagt haben, was sie wirklich von ihren jeweiligen Ehemännern halten. Ich bin sicher, auch im

Der Schlom fängt an zu meckern, windet sich und tritt mit seinen leckeren, prallen Weißwurstbeinchen in die Luft.

Ich rufe mit meiner lieblichsten Kindergärtnerinnenstimme: «Mein Schlömchen, lass deine Mama doch noch ein bisschen arbeiten! Schau mal, was ist das denn Tolles!?»

Ich drücke dem widerwilligen Kind eine Plastikgiraffe in die Hand und schreibe gehetzt weiter:

Bekanntenkreis von Elizabeth Taylor hat sich der ein oder andere mächtig auf die Zunge beißen müssen, als sie mit dem struppigen Bauarbeiter Larry Fortensky ankam. «Unbalanciertes kognitives System» heißt das, wenn meine Freundin einen anderen Geschmack hat als ich und sie das auch ganz klar so sagt. Das habe ich aus dem hochinteressanten Buch «Alles über die Liebe» von Professor Manfred Hassebrauck gelernt.

Der Mann weiß alles über die Geheimnisse der Partnerwahl. Leider kann der Professor meine Theorie nicht bestätigen, dass Paare, die einander ähnlich sehen, besonders gute Chancen auf eine lange und zufriedene Ehe haben – so wie Prinz Charles und Camilla beispielsweise, mit ihren lustigen Pferdegesichtern, oder Victoria von Schweden und Daniel, die beiden freundlichen Bratpfannen. Statistisch bedauerlicherweise nicht belegbar, ich glaube es aber trotzdem.

«Hingegen eindeutig erwiesen ist»,

Der Schlom schreit wütend. Die Giraffe ist ihm aus der Hand gefallen. Ich gebe sie ihm zurück.

sagt mir Herr Hassebrauck, «dass Paare sich im Laufe der Zeit äußerlich immer ähnlicher werden und Gemeinsamkeiten das Schmiermittel einer guten Beziehung sind. Wenn zwei ohnehin das Gleiche vorhaben, dann müssen sie sich nicht streiten. Deswegen haben Verbindungen, die über Partnerschaftsagenturen im Internet zustande kommen, höhere Haltbarkeitsquoten. Dort wird gezielt nach Übereinstimmungen gesucht.»

Und was muss übereinstimmen?

Der Schlom schreit mich böse an. Die Giraffe langweilt ihn offensichtlich. Ich versuche, ihn zu ignorieren.

Klugheit und Humor schon mal nicht, das beweist mein lustiger und gescheiter Freund Heiner, der eine so unerträglich doofe, junge und fade Tusnelda geheiratet hat, dass er sie bei Abendeinladungen getrost vor der Tür vergessen könnte – es würde niemandem auffallen, und wenn doch, würde es niemanden stören.

«Die interne

Der Schlom steigert seine Lautstärke und ist jetzt ein echter Störfaktor. Konzentration unmöglich. Ich muss härtere Geschütze auffahren. Ich greife nach dem «Activity Center» – jener bunten, knisternden, blinkenden Erlebnisdecke mit Spielebogen – und hänge sie mir über die linke Schulter. Es ertönt in Endloswiederholung die nervtötende digitale Melodie von «Fuchs, du hast die Gans gestohlen».

Der Schlom schweigt verblüfft und betrachtet seine ganz offensichtlich durchgeknallte Mutter mit stillem Mitleid.

Buchführung muss stimmen», erklärt Professor Hassebrauck solch sonderbaren Paarungen, «und es sollte Übereinstimmung in drei wesentlichen Punkten geben: bei der Einstellung zu Treue, zu eigenen Kindern und beim Bedürfnis nach Nähe beziehungsweise nach Unabhängigkeit. Im Übrigen profitieren Männer von jüngeren Partnerinnen: Je jünger sie im Vergleich zu ihm ist, desto höher ist seine Lebenserwartung. Frauen hingegen leben mit einem gleichaltrigen Partner am längsten.»

Dann werden uns Jean Pütz, Flavio Briatore und mein Freund Heiner ja noch eine ganze Weile erhalten bleiben.

Hauptsache, das kognitive System ist ausbalanciert, sag ich immer.

Die Anziehung zwischen Ähnlichen reicht laut Studien sogar bis zu den Vornamen von Paaren: Wenn die mit demselben Buchstaben anfangen, ist die Beziehung stabiler.

Mein Mann betritt ohne Vorwarnung das Arbeitszimmer, sieht mich als «Activity Center» verkleidet und sagt: «Ich gehe mal 'ne Runde mit Schlömchen spazieren. Der arme Kerl ist ja ganz verstört.»

Der Schlom seufzt erleichtert «Raghööhl» und lässt sich von seinem Vater raustragen, ohne mich noch eines einzigen Blickes zu würdigen.

Ich schalte die «Aktivitätendecke für dynamischen Spielspaß» aus, summe meschugge «Fuchs, du hast die Gans gestohlen» vor mich hin und schreibe den letzten Satz:

Na also, hab ich's doch gewusst: Camilla und Charles forever!

«Deine Kinder sind nicht deine Kinder. Sie sind die Söhne und Töchter der Sehnsucht des Lebens nach sich selbst. Sie kommen durch dich, aber nicht von dir, und obwohl sie bei dir sind, gehören sie dir nicht. Du kannst ihnen deine Liebe geben, aber nicht deine Gedanken; denn sie haben ihre eigenen Gedanken. Du kannst ihrem Körper ein Haus geben, aber nicht ihrer Seele; denn ihre Seele wohnt im Haus von morgen, das du nicht besuchen kannst – nicht einmal in deinen Träumen.»

KAHLIL GIBRAN

1. September

Wenn mein Sohn vom Arm seines Vaters aus auf mich herabschaut, kann ich seinen Ausdruck nur als überheblich bezeichnen.

Die beiden passen gut zueinander und geben mir manchmal das Gefühl, ziemlich überflüssig zu sein. Ich liebe das. Das ist genau das, was ich immer wollte.

Ich habe nicht diesen fragwürdigen Ehrgeiz vieler Mütter, die unverzichtbar sein wollen, die ihren Männern nicht zutrauen, das Kind zu wickeln, zu beruhigen, warm genug anzuziehen, die sich klammern an das emotionale Monopol auf ihre Kinder, weil es ihnen Sicherheit und Macht verschafft.

Schrecklich, diese zickig gezischten Maßregelungen von Müttern, adressiert an die Väter ihrer Kinder: «Pass doch auf, du hältst ihn viel zu fest!», «Achtung, du lässt sie ja gleich fallen!», «Nimm ihr die Mütze ab, das ist doch viel zu warm!», «Du musst ihn über die Schulter legen, sonst beruhigt er sich nie!», «Das ist doch viel zu viel Brei auf dem Löffel!».

Vom ersten Tag an habe ich mir innerlich immer sofort auf die Finger gehauen, wenn ich mich bei einer derartigen Bevormundung ertappte.

Eine Mutter, die den Vater nicht ans gemeinsame Kind lässt, die alles besser weiß und alles selber macht, tut niemandem damit einen Gefallen.

Unser Sohn schläft in den Armen seines Vaters genauso selig ein wie in meinen. Trost sucht und findet er bei mir ebenso wie bei seinem Vater.

Würde ich Schlomo nicht stillen, ich könnte problemlos ein paar Tage abhauen – was ich garantiert nach dem Abstillen tun werde! –, ohne mir auch nur einen Gedanken machen zu müssen.

Mein Mann kennt unseren Sohn genauso gut wie ich. Er hält ihn anders als ich, wenn er ihn beruhigen will. Es funktioniert trotzdem.

Wenn er unseren Schlomenberger tollkühn und in meinen Augen lebensgefährlich herumwirbelt, sage ich nichts und gucke woandershin.

Und wenn ich sehe, wie Vater und Sohn Arm in Arm eingeschlafen sind, decke ich sie zu und weiß, dass mein Sohn ein ungeheuerlich privilegierter Junge und mein Mann ein ungeheuerlich privilegierter Vater ist.

Eigentlich ist es erstaunlich, warum nicht viel mehr Väter diesen Luxus der Nähe zum eigenen Kind einfordern. Fast automatisch denken wir immer noch, Kinder gehörten zur Mutter und dass sie es ist, die auf ihre Karriere zugunsten der Familie verzichten soll, muss oder auch darf.

In der «Süddeutschen Zeitung» schrieb der Schriftsteller Ralf Bönt dazu:

«Die noch andauernde Fixierung des feministischen Diskurses auf eine Karriere jenseits der Familie erweist sich aber nach den großen Erfolgen, die bei den Suffragetten nicht anfingen und bei Alice Schwarzer nicht aufhören, als Falle. Das Ziel muss natürlich sein, wählen zu können. Eine Gesellschaft, die das Glück, mit Kindern zu leben, geringschätzt, ist dumm und impotent, durch ihre Städte und Landkreise fahren meist leere Cayennes. Ein Doktortitel, ein Ministeramt oder ein Kontoauszug? Leck mich am Arsch. Oder anders gesagt: Nichts ist öder als eine Gesellschaft, in der jetzt nicht nur jeder Mann, sondern auch noch jede Frau Karriere machen muss. Familien werden zu Firmen, in denen jeder Chef sein will. Ein großes neoliberales Projekt zur Verkümmerung des Menschen.

Heute fehlt mehr denn je die Freiheit, sich gegen eine Karriere zu entscheiden. Wir wissen, wie stark schon kleine Jungs unter der Frage ‹Was willst du denn mal werden?› zu leiden haben. Es ist die Vorbereitung auf ein Leben, in dem jeder nach Länge, Höhe, Breite taxiert und am Ende immer aussortiert wird.»

Ralf Bönt, der nachdenkliche Vater zweier Söhne, hat für das intensive Zusammensein mit seinen Kindern seine außergewöhnliche Physikerkarriere beendet. Ich habe ihn zum Erscheinen seines Buches «Das entehrte Geschlecht. Ein notwendiges Manifest für den Mann» interviewt. Er sagte mir:

«Frauen behandeln Männer wie Analphabeten in Sachen Kindererziehung – und solange Männer keine Forderungen stellen, wird das so bleiben. Wenn mein Kind in meinen Armen einschläft, entspannt sich mein Körper, und ich kann die Welt da draußen für diesen Moment vergessen. Das will ich erleben. Stattdessen aber gehen Männer ins Büro, weil sie zu Hause stören, versuchen Helden zu sein und machen ihre Gesundheit kaputt. Männer müssen die Chance bekommen, sozial halbwegs anerkannt zu Hause bleiben zu können. Die Vereinbarkeit von Familie und Beruf ist für den Mann aber nicht schwierig wie für die Frau. Sie ist unmöglich. Sie ist nicht mal Thema. Komisch, dass Männer nie aufbegehrten, dass sie nie ihre eigenen Ansprüche auf Freiheiten formulierten und sagten: Okay, nehmt, was ihr wollt, und gebt, was ihr habt. Dass sie nie empört streikten. Gerade stellte eine schwedische Studie fest, dass Männer, die sich nach der Geburt ihres Kindes mehrere Monate freinehmen, länger leben. Nach zwanzig Jahren ist die Mortalität um fünfundzwanzig Prozent geringer. Bei vielen hunderttausend in Deutschland geborenen Kindern sind das schon wirklich sehr viele Lebensjahre in sehr vielen Männerleben, über die hier geredet beziehungsweise nicht geredet wird. Männer müssen sich artikulieren. Und da das als unsexy gilt und es sonst keiner tut, mach ich das jetzt eben. Ich bin Schriftsteller, ich darf das. Aber der Müllkutscher, der sich manchmal wünscht, den Tag mit seinen Kindern im Mutter-Kind-Café mit Indoor-Sandkasten zu verbringen, der darf es nicht.»

3. September

Zustand: Mein Buch «Endlich!» erscheint. Ich halte es begeistert im Arm, betrachte es von vorne und von hinten. Alles dran, alles drin, sieht super aus. Ich bin sehr stolz! Mein zweites «Baby» in diesem Jahr. Morgen Abend bin ich zur Talkshow von Markus Lanz eingeladen. Was soll ich anziehen? Na ja, viel Auswahl habe ich nicht. Mein derzeit bevorzugter Stil: weichfallende Tuniken über bequem sitzenden Leggins, in denen sich mein Bauch frei entfalten kann. Sehe echt scheiße aus. Werde also durch Witz, Schlagfertigkeit und Wortgewandtheit von meinen äußerlichen Mängeln ablenken müssen. Schwierig, mit Stilldemenz und ohne gewohnten Wortschatz. Bin sehr aufgeregt.
Gewicht: Ach, was sind denn schon Äußerlichkeiten?

Ich war schon in einigen Talksendungen zu Gast. Aber so eine schlechte Stimmung wie bei «Markus Lanz» habe ich noch nie erlebt. Alle, abgesehen vom Moderator, sind gestresst und geben sich keine Mühe, das zu verbergen.

Die Redakteurin, die mich betreut, ist sichtlich genervt von mir und meiner kleinen Reisegruppe – Schlomenberger und meine Freundin Kathrin, die netterweise während der Sendung auf ihn aufpassen will.

Ich hatte schon bei der Vorbesprechung am Telefon gesagt: «Ich bin kein zuverlässiger Gast, denn ich stille noch. Ich bringe mein Baby mit, und wenn es die Sendung nicht durchhält und Hunger bekommt, müssen Sie mich aus der Aufzeichnung rausholen.»

Das sei überhaupt kein Problem, hatte man mir versichert. Aber anscheinend hat die Redakteurin noch nie ein echtes Baby gesehen. Sie ist nervös, sie macht mich nervös.

Ich sitze in meiner Garderobe und stille mein Kind. In fünf

Minuten geht es los. Ich sage noch mal zu Kathrin und zu der unangenehmen Redakteurin: «Wenn er schreit, müsst ihr mich rausholen.»

Dann zupfe ich mein selbstredend weitfallendes Kleid zurecht, checke, ob sämtlich Brüste und Stilleinlagen sich an Ort und Stelle befinden, und gehe ins Fernsehen. Nicht auszudenken, würde mir dort vor laufenden Kameras eine entfesselte Stilleinlage übers Gesicht krabbeln oder zwischen meinen Füßen auf den Studioboden platschen.

Denn ja, auch ich als Frischmutter verfüge über, wenn auch weitgesteckte, Grenzen der erträglichen Peinlichkeit.

In der Runde mit mir sitzt der Comedian Michael Mittermeier, der ein Buch namens «Achtung Baby!» geschrieben hat. Direkt neben mir sitzt seine Frau, die eine Platte aufgenommen hat.

Sie berichtet davon, wie ihre zweijährige Tochter ihr Leben bereichert, wie toll es ist, ein Kind zu haben, ins Studio zu gehen, kreativ tätig sein zu können, während ihr Mann dann auch mal zurücksteckt.

«Man darf den Künstler in sich nicht sterben lassen», sagt der Herr Mittermeier.

Ich berichte von akuter Verdummung, Konzentrationsschwierigkeiten, wie ich neulich beim Friseur eingeschlafen bin und mich als Aktivitätendecke verkleidete, um ein paar Minuten arbeiten zu können.

Nein, das könne sie nicht bestätigen, sagt Frau Mittermeier milde lächelnd. Ihr Kind sei ein uneingeschränkter Zugewinn. Im Tonstudio könne sie völlig abschalten und sich ganz der Kunst hingeben.

Gerade will ich sie fragen, was die Mittermeiers im Monat für Kinderbetreuung ausgeben, und darauf hinweisen, dass ihr Leben womöglich nicht der Realität der Mehrheit deutscher Mütter entspricht, als Markus Lanz mir freundlich zulächelt und sagt: «Ihr Baby schreit.»

Ich lächele freundlich zurück und halte das für einen recht lustigen Scherz. Vielleicht will er mich auch loswerden, weil ich nicht seinen Vorstellungen von einem gelungenen Gast entspreche.

«Nein, wirklich, Ihr Baby schreit, und die Regie bittet Sie, kurz rauszukommen.»

Da sieht man aber eine mollige Mama mit wehendem Haar aus dem Studio eilen!

Kathrin reicht mir den jämmerlich schreienden Schlominsky.

«Tut mir leid. Er war nicht zu beruhigen. Seit zehn Minuten sage ich der Redakteurin, sie soll dich holen. Aber sie hat sich geweigert, weil die Sendung gerade so gut liefe. Ich musste sie regelrecht bedrohen, bis sie endlich Bescheid sagte.»

Im Nachhinein denke ich, das Interessanteste an der Sendung war mein Still-Abgang. Immerhin kann ich dem Schlom in zehn Jahren ein Foto zeigen, auf dem er glücklich auf dem Arm von Markus Lanz sitzt, und davon berichten, wie er eine Fernsehsendung zusammengebrüllt hat.

21. Oktober

Schlomenberger wird heute ein halbes Jahr alt, und für uns beide ist es ein großer Tag.

Dieser zarte, reine, kleine Körper, dieses überirdische, von allem Weltlichen bisher unberührt gebliebene Wesen, diese unbefleckte Speiseröhre, dieser engelgleich sauber strahlende Darm: Das alles wird heute entweiht.

Nun ja, ich könnte es natürlich auch weniger pathetisch formulieren, etwa so: Mein Junge wird heute sechs Monate alt und bekommt zum ersten Mal Brei. Bio-Kürbisbrei, um genau zu sein. Selbstverständlich nicht selbstgekocht. Für mein Baby nur das Beste!

Ich traue meinen Kochkenntnissen nicht über den Weg, in Sachen Kürbisgemüse geht meine Erfahrung gegen null, und ich möchte meinen Sohn nicht bei seiner ersten Begegnung mit einem Nahrungsmittel für immer traumatisieren.

Ich meine, man muss sich das mal vorstellen, da hat einer sein Leben lang bisher nur Muttermilch gesüffelt, schön fein körperwarm, immer frisch direkt rein ins Minimaul. Und mit einem Mal gibt es Kürbis vom Löffel. So roh und derb, so profan und unvermittelt.

Ach, mein armer kleiner Engel!

Ich versetze mich in die Lage meines Babys und nähere mich ihm mit Respekt, gespielter Lässigkeit und einem breigefüllten Löffel in meinen schweißnassen Händen.

Will noch beruhigende Worte formulieren, ein ablenkendes Liedchen anstimmen – da ist es bereits passiert.

Schlurp!

Dieses Kind schaufelt den Brei in sich hinein, als würde es sich seit seiner Geburt auf den Tag freuen, an dem es endlich mal was Ordentliches zu essen gibt. Eigentlich auch kränkend Mutter und Muttermilch gegenüber.

Mein Mann meint, das würde ihn überhaupt nicht wundern. Zurückhaltung beim Essen sei in der Tat das Letzte gewesen, womit er bei einem Kind, an dessen Erzeugung eine Kürthy beteiligt ist, gerechnet hätte. Ich solle bloß mal an den zweiten Geburtstag des Nachbarsjungen Liam denken, an dem ich den Kindern in wenigen Minuten sämtliche frischgebackenen Waffeln weggefressen hätte.

Von meinem Vater erzählt man sich, er habe sich nachts regelmäßig in die Küche geschlichen, um dort Nutella direkt aus dem Glas zu konsumieren.

Es stimmt schon, wir Kürthys sind gute Esser.

Mit einer Mischung aus Wehmut und Stolz betrachte ich das leere Gläschen. Heute beginnt der Abschied von dieser symbiotischen, verzauberten Stillzeit.

Johanna hat, als ihr ältester Sohn ein halbes Jahr alt wurde, wieder angefangen, voll zu arbeiten. Ihr Mann ist das zweite halbe Jahr mit dem Kind zu Hause geblieben.

Martina, meine Nachbarin, war zwei Wochen nach der Geburt in ihre Anwaltskanzlei zurückgekehrt. Eine Kinderfrau hat ihre Tochter tagsüber betreut.

Cora hat nach drei Monaten auf ihrer alten Stelle als Redakteurin wieder angefangen und ihren Sohn acht Stunden täglich in eine Kita gegeben.

Melanie war drei Jahre zu Hause und hat dann eine Teilzeitarbeit begonnen.

Karina hört jetzt, wo ihre Tochter fünf und ihr Sohn acht ist, erst mal wieder auf zu arbeiten, weil sie am Rande der Erschöpfung ist und so nicht weitermachen will.

Meine Freundinnen haben ihre Entscheidungen aus den unterschiedlichsten Gründen getroffen.

Aus finanziellen Zwängen. Aus Lust am Arbeiten. Aus Lust am Zu-Hause-Bleiben. Aus der Überlegung, den Anschluss im Beruf nicht verlieren zu wollen, oder aus der Überzeugung heraus, ein Kind sei in seinen ersten Jahren am besten zu Hause bei seiner Mutter aufgehoben.

Oder schlicht aus Überforderung, weil Kind und Karriere eben nicht ohne weiteres vereinbar sind.

Das sind die Fragen, die ich mir oft stelle:

Wie will ich in Zukunft als Frau mit Kind leben?

Wie viel Mutter möchte ich sein? Wie viel Mutter kann ich sein, ohne dass es zu sehr auf Kosten meiner Arbeit und meines Einkommens geht?

Wie viel Mutter muss ich sein, damit mein Kind keinen Schaden nimmt?

Im «Spiegel» las ich ein mich beruhigendes Interview zu diesem Thema mit der Entwicklungspsychologin Lieselotte Ahnert. Darin sagt sie:

Wir vertreten das Konzept der «hinreichend guten» Mutter. Sie muss eben nicht perfekt sein. Sie legt nicht, was viele immer noch denken, in den ersten zwei oder drei Jahren mit jeder ihrer Taten unwiderruflich das Fundament für alles, was später aus dem Kind wird. Und sie muss auch nicht, wie es lange Doktrin war, mit Haut und Haar und Tag und Nacht ausschließlich für den Nachwuchs da sein. Mütter, entspannt euch!

Es kommt auf die Qualität der Bindung des Kindes zur Mutter an. Und dafür ist vor allem eines wichtig: dass sie seine wirklich wichtigen emotionalen Bedürfnisse wahrnimmt. Dies wiederum gelingt ihr oft sogar besser, wenn sie das Kind auch mal abgeben kann – wer über ein zuverlässiges Betreuungsnetz verfügt, ist eine bessere Mutter mit mehr Humor, mehr Spielideen, einem feinfühligeren Umgang.

Aber es gibt natürlich auch Frauen, die ein Problem damit haben, ihr Kind abzugeben. Zweifel, Schuldgefühle – darunter leiden immer noch viele Frauen, gerade in der westdeutschen Gesellschaft mit ihrem Muttermythos. Solche Unsicherheiten spiegeln sich in einer messbar brüchigeren, oft ambivalenten Bindung zum Kind wider. Was Kinder brauchen, ist eine Mama, die entspannt ihre Rolle ausüben kann, und das kann sie nur in einem gesellschaftlichen Klima, in dem es zur Selbstverständlichkeit gehört, sein Kind auch anderen anvertrauen zu können.

Es ist doch so: Mütter möchten berufstätig sein und Kinder haben. Das geht nur mit Betreuungsnetzwerken. Also müssen wir Wissenschaftler herausfinden, welche Art von Betreuung am wenigsten Risiken fürs Kind mit sich bringt.

Im November

Mein Sohn ist so derart begeistert vom Essen, dass er sich kurz nach seiner ersten Mahlzeit unbemerkt zwei Zähne zulegte, um für die Delikatessen dieser Welt frühzeitig gerüstet zu sein. Damit ist er in seinem PEKiP-Kurs der Erste mit Zähnen.

Ich weise oft und gerne darauf hin, auch um von den immer noch etlichen kahlen Stellen auf seinem Kopf abzulenken.

Generell, so hat sich mittlerweile rausgestellt, bevorzugt Schlomo große Portionen. Gesunde Sachen wie etwa Hirsebrei nimmt er nur zu sich, wenn sie mit sehr viel süßem Obstbrei getarnt werden. Gemüse pur lehnt er ab. Spuren dieser Abneigung finden sich auf dem Sofa, dem hellen Teppich und auf den Hemden meines Mannes. Es scheint ein Gesetz zu sein, dass Babys sich besonders gerne dort übergeben, wo man die Speisereste am besten sehen kann.

Bei unserem Sohn habe ich sogar den Eindruck, dass er regelrecht darauf wartet, bis man ihn mal zufällig über das einzige helle Stückchen Teppich im ganzen Haus hält oder ihn sein Vater, auf dem Weg zu einer Hochzeit, noch mal kurz auf den Arm nimmt. «Hui, ein Smokinghemd, da kotze ich doch gleich mal drauf!», scheint Baby zu denken und freut sich dann auch sehr über den fluchenden Papa, die hektische, ungeschickt mit Lappen hantierende Mutter und das hübsche kürbisfarbene Muster.

Das kürbisfarbene Lätzchen, beinahe unnötig zu erwähnen, bleibt hingegen oft tagelang unbefleckt.

Fleisch findet Schlominsky übrigens am allergrößten. Dieses Kind entwickelt sich bedauerlicherweise immer mehr zu einem allen Klischees entsprechenden Mann: ein Fleischfresser mit Haarausfall, Bauchansatz und fragwürdigem Frauengeschmack, der beim Anblick eines Balles durchdreht.

Denn es gibt nur eins, was meinen Sohn mehr fasziniert als bunte Bälle: wasserstoffblonde Frauen mit großen blauen Augen, Riesenbrüsten, langen Beinen und Haaren bis zum Hintern.

«So was kennt er halt von zu Hause nicht», meinte der Patenonkel uncharmant, als mein Sohn eine seinem Geschmack entsprechende Kellnerin belästigte.

Und als uns Lisa besuchte, eine lebendige Barbiepuppe, war der kleine Macho völlig aus dem Häuschen und kurz davor, das Laufen zu erlernen, bloß um irgendwie auf Lisas Schoß zu gelangen.

Es war mir peinlich, denn Patentante Mona, auch eher kleinbrüstig und brünett, saß gänzlich unbeachtet und deutlich beleidigt daneben.

Doch zurück zum Thema Nahrungsaufnahme und zu einer damit zusammenhängenden unbequemen Wahrheit, die man bedenken sollte, bevor man die Pille absetzt. Solange man ein Kind stillt, ist der Windelwechsel eine harmlose, nahezu geruchlose Angelegenheit. Sobald aber zum ersten Mal Fleisch den jungfräulichen Darm passiert hat, ist diese Idylle Vergangenheit.

Mich traf diese Erkenntnis unvermittelt, und man sah, wie ich mich keuchend und grünlich und einer Ohnmacht nahe zur Mülltonne vorm Haus schleppte, um die kontaminierte Windel außerhalb des Wohnbereiches zu entsorgen. Gleichzeitig mit einem Kind sollten Sie sich also einen gut schließenden Windeleimer anschaffen.

«Eine Mutter kann immer nur so glücklich sein wie ihr unglücklichstes Kind.»
TOMI UNGERER

30. November

Wir dachten, ein paar Tage Urlaub seien eine gute Idee.

Das stimmte aber nicht.

Gerade sind wir zurückgekommen aus Kitzbühel, und selten war ich so froh, wieder zu Hause zu sein.

Im Hotel hatte sich außer uns noch die gesamte russische Verkaufsmannschaft von Mercedes zur Tagung einquartiert. Die Sauna war voll von behaarten, massigen Männern, die gierig glotzten und Aufgüsse mit Wodka veranstalteten.

Die wenigen deutschen Gäste beschwerten sich, dass Jenny Elvers das beste Zimmer bekommen hatte, obschon sie nicht zu den Stammgästen zähle.

Die österreichische Babysitterin, die abends auf Schlominsky aufpassen sollte, war eine fiese, alte Übelkrähe, die ständig in schnarrendem Dialekt Horrorgeschichten von Kleinkindern erzählte, die wahlweise und immer sehr plötzlich an Hirnhautentzündung, Unterkühlung oder Austrocknung gestorben waren.

Unseren sowieso schon etwas quengeligen Sohn versuchte sie durch derart talentfreies Schütteln zu beruhigen, dass sich mir allein beim Zuschauen die restliche Milch im Busen zu saurer Sahne verfestigte.

Am dritten Tag bekam Schlomo hohes Fieber. Die Babysitterin wurde entlassen, und ich befand mich in ständigem Telefonkontakt mit der Kinderärztin in Hamburg.

Zäpfchen und Wadenwickel nutzten nichts, und so verbrachten wir die letzte Nacht unseres Urlaubs im Krankenhaus, wo bei Schlomo eine Mittelohrentzündung inklusive beginnender Mandelentzündung diagnostiziert wurde.

Mein armes, krankes Küken lag mal in Vaters und mal in Mutters Arm. Wimmerte und schnaufte, denn es ist schon übel, wenn die Nase verstopft ist, man aber dennoch nicht auf die Benutzung eines Schnullers verzichten möchte.

Um uns herum schrien Kinder im Schlaf nach ihren Müttern, ein Mädchen weinte die ganze Nacht lang vor Schmerzen, und ich heulte so unauffällig wie möglich mit.

Das eigene Kind leiden zu sehen, ist wieder einmal eine ganz neue Gefühlsdimension, die mit dem Baby auf die Welt gekommen ist. Es zerreißt dich, wenn dein Kind dich anschaut, erschrocken, weil es nicht versteht, warum du ihm nicht hilfst und warum es Schmerzen hat, obschon du bei ihm bist.

Wie schafft man es, stark zu bleiben? Ruhe zu bewahren und auszustrahlen? Ich weiß nicht, ob ich dem, was da noch auf mich zukommt, gewachsen bin. Ob ich es schaffe, meinem Kind in seinem Leid, das ich ihm nicht werde ersparen können, als zuverlässiger Halt zur Seite zu stehen? Ich muss ein Fels in der Brandung sein, aber ich bin schon nach einer Mittelohrentzündung ein Wrack.

Mir graut es gerade, und Gebete bleiben mir nach dem, was diesen Sommer geschah, sowieso im Halse stecken.

Dieser Sommer ging mir zu nah. Vielleicht, weil ich ein kleines Kind habe und mich verwundbarer und schutzbedürftiger fühle als je zuvor.

Vielleicht bedarf es aber auch eines gewissen Alters und des damit einhergehenden Verlusts an Naivität, um zu begreifen, dass angesichts des Weltgeschehens Gottvertrauen eine übermenschliche Leistung ist. Vielleicht bin ich aber auch einfach nur ein Spätzünder. Seit diesem Sommer bin ich jedenfalls nicht mehr gut auf Gott zu sprechen.

Am zweiundzwanzigsten Juli diesen Jahres sitzt Schlomo um fünf Uhr nachmittags mit mir in der Badewanne. Zu dieser Zeit fallen die ersten Schüsse. Um halb sieben stille ich ihn, ziehe ihm seinen Schlafanzug an. Mein Sohn riecht nach Babyöl und Milch mit Honig.

Innerhalb dieser anderthalb Stunden werden auf einer norwegischen Ferieninsel neunundsechzig Jugendliche von einem Attentäter erschossen.

Um sieben Uhr bringe ich meinen Jungen ins Bett und spreche ein kurzes Kindergebet. «Vater, lass die Augen dein über meinem Bette sein …»

Um diese Zeit erfahren in Norwegen die ersten Mütter, dass ihre Gebete umsonst waren.

An den Tagen danach die Fotos: Kinder schwimmen in Todesangst von der Insel weg. Der Schütze zielt und richtet sie im Wasser hin. Dunkle Planen decken die Leichen nur unzureichend ab. Füße schauen hervor, die in hellen, knöchelhohen Turnschuhen stecken.

Seither fühle ich mich zu beschämt, um für meinen Sohn zu beten. Beschämt und betrogen. Es nutzt ja doch nichts.

Ich habe sogar den Pastor meiner Gemeinde angerufen, um mich persönlich bei ihm über Gott zu beschweren.

Der Mann ist ein kluger und menschenfreundlicher Fachmann in Sachen Glauben und Unglauben. Er sagte: «Die Bibel ist voll von Zweifel und Zorn und Ringen mit und um Gott. Man darf Gott in Gebeten auch anklagen, wenn einen das Entsetzen so derart packt wie Sie und mich und viele andere, nach dem, was in Norwegen geschehen ist. Aber: Gott leidet doch auch! Die Frage ist, ob es Ihnen jetzt gelingt, aus dem zerbrochenen Kinderglauben herauszuwachsen, Abschied zu nehmen von der Vorstellung, Gott sei eine allmächtige Person. Diese Gottesvorstellung hat sich doch bereits als naiv erwiesen, als sein eigener Sohn am Kreuz starb. Auch Ihr Sohn hat keine besseren Überlebenschancen, weil Sie für ihn beten. Es gibt keine Sonderversicherung für Gläubige. Glauben macht das Leben nicht unbedingt leichter. Im Gegenteil: Der Zweifel daran kann quälen. Und ich finde Ihre Zweifel absolut angemessen angesichts des Unglücks in Norwegen, wo sich die Fratze des Bösen gezeigt hat. Ihr Gottesbild ist zerbrochen. Aber es gibt andere Gottesbilder, andere Möglichkeiten zu glauben, und es ist für Sie wohl an der Zeit, erwachsen zu werden. Gott wendet die Katastrophen und den Tod nicht ab – aber vielleicht stirbt es sich anders, wenn jemand für einen betet.»

Die Vorstellung, dass einer wie Gott eventuell auch Trost braucht, fand ich wiederum irgendwie tröstlich. Eventuell werde ich erwachsen.

Anne Enright sagt: «Ich war, dachte ich mir, auf eine andere und vielleicht radikalere Weise Mensch geworden. Hatte etwas in den Strom der Zeit gleiten lassen. Was kann man da anderes tun, als dem Fluss zu vertrauen, als alles in die Hände einer höheren Macht zu legen? Ach ja.»

Ach ja, vielleicht. Trotzdem hoffe ich auf ein neues Jahr, in dem es sich leichter glauben lässt.

> *«Kinder fördern zu wollen,*
> *ist Unsinn. Es reicht, ihnen ihre*
> *Phantasie nicht auszutreiben.»*
> ANDRÉ HELLER

Anfang Dezember

Schlomo ist sieben Monate alt.

Jetzt ist die Sache eindeutig. Da nutzt kein Leugnen und kein Schönreden mehr.

Es gibt eine sehr betrübliche Tatsache, das Wesen meines Sohnes und einige Bereiche seines Körpers betreffend, die ich lernen muss zu akzeptieren. Ich will es ohne Umschweife sagen: Mein Sohn kommt stellenweise sehr nach mir. Und zwar an solchen Stellen, bei denen ich es mir nicht ausdrücklich gewünscht habe.

Nehmen wir zum Beispiel seine kräftigen Oberschenkel. Oder die gnubbeligen Knie. Gut, vielleicht wächst sich das noch zurecht. Was bleiben wird, ist das Leberfleckchen an seinem unteren Rücken. Sieht ein wenig so aus, als hätte er sich in etwas Unappetitliches reingelegt.

Schon mehrfach versuchten wohlmeinende, meist etwas kurzsichtige Fremdmütter den vermeintlichen Schmutz mit Feuchttüchern von seinem Körper zu rubbeln.

Die wenigen Haare unseres Sohnes haben eine Tendenz zur Lockenbildung am Hinterkopf, besonders bei hoher Luftfeuchtigkeit. An einem schwülen Sommertag sehen Mutter und Sohn Kürthy gerne mal aus wie gerupfte Küken mit Dauerwelle.

Schlomo ist derzeit blond, so wie ich und mein Mann früher auch. Das ist bedauerlich, aber ich hoffe, das ändert sich noch im Laufe der ersten Jahre. Denn Männer mit blonden Locken haben es nicht leicht im Leben.

Sie sehen aus wie Thomas Gottschalk, die Mädchen laufen ihnen in Scharen nach und finden sie «süüüß!», und auf Partys müssen sie sich von beschwipsten Frauen Fragen gefallen lassen wie: «Sag mal, Engelchen, hast du etwa auch blonde Schamhaare?»

Und wenn blonde Männer ergrauen, sieht das immer irgendwie so aus, als würden sie obenrum verschimmeln.

Eventuell ist es etwas früh, sich darüber Sorgen zu machen. Aber zwanzig, dreißig Jahre sind schnell vergangen. Am liebsten würde ich ja auch jetzt schon die Schnittchen vorbereiten, die ich meinem Jungen in kurzen Abständen und ohne Anklopfen in sein Zimmer bringen werde, sobald er mit seinem ersten Damenbesuch darin verschwindet.

Aber sei's drum, Schenkel, Haare, Pigmentierung – das alles sind Äußerlichkeiten, auf die man ja bekanntermaßen sowieso nicht so viel Wert legen soll.

Jedoch, auch die Persönlichkeit meines Kindes trägt einige Züge, für die ich verantwortlich bin. Er ist beispielsweise kein Freund übergroßer Anstrengung.

«Halt ihm doch was vor die Nase, was ihn interessiert. Dann wird er schon loskrabbeln.» So lautete der Rat meiner resoluten PEKiP-Gruppenleiterin.

Ich lockte mit bunten Tüchern, Bauklötzen und pädagogisch fragwürdigem Plastikspielzeug.

Aber Schlomuckel interessiert sich nicht für Dinge, die außerhalb seiner Reichweite liegen oder deren Erreichen mit für ihn unakzeptablen Mühen verbunden ist.

Er ist, um es freundlich auszudrücken, eher der gemütlich-bedächtige Typ. Während mehr als die Hälfte der Kinder in seiner Gruppe schon krabbelt oder robbt, um die Welt zu erkunden, wartet mein Kind unaufgeregt in entspannter Bauchlage, bis etwas Interessantes so nah an ihm vorbeikommt, dass er nur die Hand danach ausstrecken muss.

«Das ist doch ein sehr effizientes Verhalten», versuchte mich die Mutter von Amelie zu trösten, während ihr Blick stolz ihrer Tochter folgte. Die krabbelte gerade mit einhundertzwanzig Stundenkilo-

metern an meinem faulen Sohn vorbei und verpasste ihm dabei einen lässigen Tritt.

Was ihn allerdings auch nicht interessierte.

«Ist doch toll, der Junge ist Natur-Buddhist!» So die Diagnose von Mona, die sich ja nun allerdings überhaupt nicht mit Kindern auskennt. «Die spricht ja schon in ganzen Sätzen», hatte sie neulich anerkennend zur Mutter einer Sechsjährigen gesagt.

«Bewegungstalent ist größtenteils genetisch veranlagt», meinte die PEKiP-Chefin streng in der gestrigen Stunde. Und ich murmelte beschämt was von «aktive Zumba-Kurs-Teilnehmerin und Ehrenurkunde bei den Bundesjugendspielen 1981» und wedelte beschwörend mit einer roten Fliegenklatsche vor der Nase meines Sohnes herum.

Ich schubste ihn von hinten, zog ein bisschen von vorne. Nichts. Der rührte sich nicht vom Fleck. Hatte sich offensichtlich gerade gedacht: «Warum in die Ferne schweifen, wenn das Gute liegt so nah?», und sich in das Studium seiner eigenen Hände vertieft. Die hat man ja immer dabei, und sie sind somit das ideale Spielzeug für die gemächlich strukturierte Persönlichkeit.

Die Leiterin der Gruppe sagte beschwichtigend: «Wahrscheinlich kann er dafür etwas anderes besonders gut.»

Was sollte ich denn da sagen? Etwa: «Er macht in seinem Jurastudium schöne Fortschritte»?

Johanna riet mir dringend, nicht nervös zu werden. «Beim zweiten Kind habe ich das Vergleichen und Spekulieren aufgegeben. Manche krabbeln mit sieben, manche mit zehn Monaten. Andere wiederum krabbeln überhaupt nicht, sondern stehen irgendwann auf und gehen los. Einige sehen mit einem halben Jahr aus wie kleine, dicke, verwarzte Kröten und tragen achtzehn Jahre später einen Lackledermini von Prada auf dem Cover der amerikanischen ‹Vogue›. Mein jüngster Sohn sagte bis zu seinem zweiten Lebensjahr nur ein Wort, und zwar Kaka. Mittlerweile ist er fast sechs und belästigt mich nahezu rund um die Uhr mit seinem riesenhaften Wortschatz. Also, reg dich ab.»

«Aber die Mutter von Mia hat mich erst gestern gefragt, ob ich es normal fände, dass mein Sohn mit fast acht Monaten noch nicht mal ansatzweise krabbelt. Sie schlug vor, ich solle mal zum Physiotherapeuten gehen. Ihre Tochter würde nämlich schon die ersten Schritte machen.»

«Ich könnte kotzen, wenn ich das nur höre! Diese verdammten Mütter, die ihr Kind für den Nabel der Welt halten und das auch noch raushängen lassen, sind doch wirklich widerlich. Das sind genau die unterzuckerten Pissnelken, die ihren Kindern schon vor der Schule Lesen und Schreiben beibringen und sich dann wundern, warum die im Unterricht ständig stören. Hüte dich vor anderen Müttern. Sie sind deine schlimmsten Feindinnen!»

Sehr hilfreich war auch das Kapitel «Müsste er das nicht schon lange können?» aus dem Buch «Muttergefühle» von Rike Drust.

«Mein Sohn konnte wirklich gar nichts, was er laut Buch hätte können sollen. Zum Beispiel:

‹Es kann ein einfaches dreiteiliges Puzzle zusammensetzen.›

Er hat zwei Teile weichgespeichelt. Das dritte ist verschwunden.

‹Es findet selbst ein Objekt, das er als Laufhilfe benutzt.›

Er zieht sich am Wohnzimmertisch hoch, schwankt ein bisschen und fällt wieder um.

‹Es stellt sich auf den Kopf, ehe es mit Ihrer Hilfe einen Purzelbaum schlägt.›

Er krabbelt und hält manchmal an, um an einer Teppichfranse zu lutschen.

‹Wenn Sie fragen: Wo ist deine Nase?, zeigt es auf seine Nase.›

Er schaut orientierungslos im Raum herum, will auf seinen Vater zeigen und sticht sich dabei ins Auge.

‹Es bürstet seine Haare.›

Er hat keine Haare. Aber er haut sich mit der Bürste.

‹Es pustet sein Essen kalt, bevor es einen Bissen nimmt.›

Er versucht, sein Essen zu kühlen, indem er es durch die Luft wirft. Danach schreit er, weil er Hunger hat.»

Ich bin jetzt genauso entspannt wie mein Sohn, blicke buddhistisch auf das wuselige Treiben in der Babygruppe um ihn herum und streiche ihm milde und stolz lächelnd über die Thomas-Gottschalk-Frisur.

«Keine Vergleiche», lautet von nun an die Devise, an die ich mich halte. Fast immer.

Weil, mir ist jetzt etwas sehr Beruhigendes aufgefallen, und ich werde nicht müde, die anderen Mütter dezent darauf hinzuweisen: Mein Sohn hat unendlich schöne und lange Wimpern! Und die sind viel länger als die der anderen Kinder!

Von mir hat er die allerdings nicht.

«Das Beste ist, wenn Kinder mit echten Menschen aufwachsen und nicht mit Schauspielern, die immerzu ihre Elternrolle aufführen.
Wer dauernd pädagogisch handelt, zieht den Nachwuchs zu Gefühlskälte heran.»
JESPER JUUL

10. Dezember

Schon wieder tue ich etwas, was ich nie tun wollte: Ich verschicke Weihnachtskarten mit meinem Kind drauf.

Ich möchte ganz einfach die Zeit ausnutzen, solange sich Schlomenberger noch nicht wehren kann, dass ich ihn nach Herzenslust verunstalte und dekoriere.

Also habe ich ihm bei «H&M» einen Weihnachtsanzug inklusive Weihnachtsmann-Zipfelmütze gekauft, ihn auf unser Sofa zwischen einen Stoff-Elch und einen Weihnachtsengel gesetzt und so lange fotografiert, bis ein Bild gelungen war, auf dem alle drei einigermaßen gut aussahen.

Versehen habe ich das Ganze selbstverständlich mit einem selbstironischen Text, in dem ich mich über mich selbst lustig mache und mein Kind bedauere.

Aber macht es das wirklich besser?

Was bleibt, ist ein Fotobeweis, mit dem mein Sohn später einmal alle Schuld auf mich schieben kann. Egal, ob er faul, ungehorsam, internetsüchtig oder ein ekelhafter Streber wird, er wird immer behaupten können, es habe am frühkindlichen Zipfelmützen-Trauma gelegen.

Egal. Mütter sind eben auch nur Menschen. Ich kann einfach nicht anders.

Nicht auszudenken, hätte ich ein Mädchen bekommen. All die Feen- und Prinzessinnen-Outfits, ich hätte es niemals geschafft, sie links liegenzulassen.

Ich hätte eine «Lillifee»-Selbsthilfegruppe besuchen und eine Schuldenberatung in Anspruch nehmen müssen, und aus meiner Tochter wäre womöglich eine Art Paris Hilton des Hamburger Mittelstands geworden, eine rosafarbene Witzfigur mit schwerer Shoppingneurose und null Ambition in Sachen Gleichberechtigung.

Es ist also doch alles gut so, wie es ist.

Dennoch werfe ich sehnsüchtige und neidvolle Blicke in die Mädchenabteilungen, wo die Mütter sich beladen mit Tüll-, Samt- und Blümchenstoffen und mit entzückenden «Hello Kitty»-Haarspängchen für nahezu haarlose Einjährige.

Mein Sohn ist leider jetzt schon aus dem Alter raus, wo er hellblau gestreifte Strampler, Mützchen mit Öhrchen dran und pastellfarbene Bärchenpullis tragen könnte. Dazu ist er, nun ja, zu massiv.

Am besten sieht er aus, wenn ich ihn anziehe wie einen Mann in den besten Jahren: dunkelblaue Pullunder, braune Kordhosen und Strickjacken mit Lederflicken an den Ellenbogen.

Irgendwie ist mein Schlominsky kein Baby mehr, und ich habe tatsächlich vor einer Woche zum letzten Mal gestillt.

Eigentlich wollte ich das Ganze noch ein wenig hinziehen, genaugenommen bis Silvester, das ich nämlich gerne in Anwesenheit erwähnenswerter Brüste gefeiert hätte.

Aber plötzlich ging das Abstillen schneller als erwartet. Komplikationen, mit denen ich fest gerechnet, auf die ich eigentlich fast gehofft hatte, blieben aus. Ich wurde ohne größere Schwierigkeiten ersetzt durch Kürbisgemüse, Pastinakenbrei, Dinkelflocken und Pulvermilch.

Das ist einerseits erfreulich. Andererseits hart. Schließlich muss sich nicht nur mein Sohn daran gewöhnen, nicht mehr gestillt zu werden, sondern auch ich muss mich daran gewöhnen, nicht mehr zu stillen.

Ich scheine da etwas empfindlicher als er zu reagieren. Auf einmal bin ich nicht mehr unersetzlich, wir sind keine untrennbare Einheit mehr, mein Körper ernährt niemanden mehr außer mich, das biologische Wunder ist vorbei, die Symbiose gelöst, ich bin wieder ganz ich selbst.

Die Stillzeit ist vorbei. Und ich stehe verblüfft da mit schwindender Oberweite und sinkender Stimmung.

«Warum können Frauen nicht zugeben, dass es unerträglich sein kann, einen ganzen Tag mit einem kleinen Kind zu verbringen? Deshalb ist man doch nicht gleich eine schlechte Mutter.»
ELISABETH BADINTER

15. Dezember

Zurzeit, ich muss das so offen sagen, gehen mir sehr viele Leute auf den Wecker. Im Grunde genommen alle.

Ich kann aus diversen, fadenscheinigen Gründen meinen Mann nicht leiden, und das ist einer friedlichen Stimmung zu Hause schon mal gar nicht zuträglich.

Kinderlose Menschen nerven mich ungeheuerlich mit der beknacktesten Frage von allen: «Und? Wie ist das jetzt so mit Kind?»

Ja, was soll ich dazu sagen? Es gibt darauf doch überhaupt keine Antwort, die nicht weniger als achtundvierzig Stunden Zeit beanspruchen würde. Meist schweige ich dann in stiller Verachtung und zucke viel- beziehungsweise nichtssagend die Schultern.

Was allerdings etliche Fragesteller dazu ermuntert, sich die ihrer Meinung nach passende Antwort gleich selbst zu geben. Und die lautet immer: «Ist schon was ganz anderes irgendwie, oder?»

Nobelpreisverdächtig, dieser Satz. So kurz, so richtig, so doof. Wenn ich sehr schlecht gelaunt bin – und das ist wie gesagt derzeit meistens der Fall –, antworte ich, Verblüffung heuchelnd: «Wieso anders? Nein, wie kommst du darauf?» Und damit ist das Gespräch dann auch beendet.

Leute mit Kindern gehen mir jedoch keinen Deut weniger auf den Zeiger. Auf einmal behandeln sie einen so, als sei man einer geheimen Bruderschaft beigetreten, die allein den Weg zu Glückseligkeit und Erfüllung kennt.

«Kinder geben einem Leben doch erst den wahren Sinn», raunen sie einem verschwörerisch zu, während sie ihr tropfnasiges Baby, das gerade meinem Baby eine Dinkelstange ins Ohr bohrt, beseelt anlächeln, als handele es sich um einen Engel. Ach, was sage ich, um einen Erzengel!

Die Kinderreichen, deren Leben demnach ganz besonders viel wahren Sinn haben muss, fragen dann noch gerne: «Und, wann kommt das Nächste?»

Darauf reagiere ich besonders allergisch. Denn ich sehe sowieso immer noch so aus, als sei ein zweites Kind bereits längst unterwegs. Und außerdem will ich mein altes Leben zurück. Wenigstens Teile davon!

Ich habe meinen knackigen Personal Trainer gegen eine gestrenge Krankengymnastin eingetauscht, die versucht, meine durch Gewicht und Verspannung verschobenen Knochen wieder ins rechte Lot zu bringen. Ich bin irgendwie schief, und über meinem Bauch schließen sich die Muskeln nicht so, wie sie es tun sollten.

Sie quält mich mit Übungen und sagt, ich solle mich gedulden. Bei älteren Müttern könne es bis zu zwei Jahre dauern, bis der Körper sich von einer Schwangerschaft erholt habe. Und in der letzten Stunde wies sie deutlich darauf hin, dass es sich bei meinem Bauchproblem nicht nur um eine gymnastische, sondern auch um eine subkutane Herausforderung handle.

Ich arbeite stoßweise und viel zu wenig. Nur wenn Schlomo schläft oder mit seinem Vater unterwegs ist.

Nein, mit mir ist zurzeit nicht gut Kirschen essen. Und die Verantwortlichen für meine Verstimmungen habe ich auch bereits gefunden, und ich bin sehr froh, dass ich mal wieder überhaupt nichts dafür kann.

Schuld sind nämlich die Hormone. Die sind es ja irgendwie immer. Aber nach dem Abstillen spielen die Dinger ganz besonders verrückt. Stürzen im Steilflug nach unten. Dem Höhenrausch folgt ein Tiefenrausch. Und das zu einer Zeit, in der man den ein oder anderen körpereigenen Stimmungsaufheller gut gebrauchen könnte.

Abstillen bedeutet nämlich Abschied. Von der innigen, körperlichen Mutter-Kind-Bindung, der unsichtbaren Nabelschnur und so weiter. Vor allem aber bedeutet es, ich erwähnte es bereits: Abschied von den Brüsten. Und der ist auch verdammt bitter.

Innerhalb weniger Wochen gehört man wieder zu der Sorte Frau, der erst ins Gesicht geschaut wird, dann auf die Hände, dann ins Dekolleté und dann, na ja, dann wird sie gefragt, was und wo sie studiert hat.

Wer jemals in den Genuss der Privilegien kam, die ein gut ausgefülltes C-Körbchen mit sich bringt, wird sich daran ein Leben lang schwer- und wehmütig erinnern.

Johanna lächelt bloß noch gequält, wenn es ums Thema Oberweite geht. Früher, beim Volleyball in der sechsten Klasse, trug sie einen Sport-BH, während mir ein Hemdchen ohne was drunter vollkommen ausreichte. Sie wurde von dem anbetungswürdigen Marco O. aus der Elften um eine Verabredung gebeten, während mir Bruno K. aus der Parallelklasse nachstellte, den alle wegen seiner ausgeprägten Pubertätsakne nur «Streuselbrötchen» nannten.

Es ist ja so: Je weniger Busen man hat, desto lauter beschwert man sich über die Oberflächlichkeit von Männern und darüber, wie erbärmlich es ist, mit anzusehen, wie gut gebaute Frauen diese unverdienten Reize einsetzen statt scharfen Verstand und klugen Humor.

Gehörst du aber für kurze Zeit deines Lebens einmal selbst zu den Titten-Tussen, wirst du begeistert mitmachen, tiefste Dekolletés tragen und nicht aus feministischen Gründen jeden Drink ablehnen, der dir spendiert wird.

Heute klagen Johanna und ich gemeinsam. Über Männer, Hormone und Bindegewebe, das seinen Namen nicht mehr verdient, weil es eigentlich nicht mehr viel verbindet.

Und wo ich schon mal gerade dabei bin – meine Güte, meine Laune ist wirklich unterirdisch –, kann ich ja auch gleich noch mein absolutes Lieblings-Jammer-Thema anschneiden.

Stichwort: die Nacht.

So relativ geruhsam die Nächte im ersten halben Jahr nach Schlomos Geburt waren, so nervenzehrend sind sie derzeit. Man freue sich folglich nicht zu früh und posaune es nicht in prahlerischer Absicht herum, wenn das Kind durchschläft. Das kann sich ganz schnell ändern.

Es gab ja Zeiten, wo man weit nach Mitternacht gemütlich ins Kissen geschnorchelt oder in einer angesagten Bar den dritten Cuba Libre geordert hat oder in den Armen eines angesagten Mannes fand, dass die Nacht doch eigentlich noch jung und viel zu schade zum Schlafen sei.

Heute werden meine Nächte steinalt. Und ich mit ihnen.

Zunächst lehnt mein Sohn es grundsätzlich ab, in seinem Bett einzuschlafen. Er besteht darauf, es sich auf Vaters oder Mutters Arm bequem zu machen und dann eine Weile – eine lange Weile – vor sich hin zu sinnieren, Laute zu murmeln und an seinem Schnuller zu saugen, als sei er mit Flüssigschokolade gefüllt.

Wenn die Geräusche leiser werden, versuche ich ihn Zentimeter für Zentimeter in sein Bettchen hinuntergleiten zu lassen. Das geht in der Regel schief, und bevor Schlomos Körper die Matratze überhaupt berührt hat, erklingt bereits zorniges Protestgeschrei.

Ich also zurück auf den Sessel. Warten. Warten. Warten.

Liegt der Sohn endlich schlafend im Bett, kommt es darauf an, sich geräuschlos aus dem Zimmer zu schleichen. In einem Altbau mit knarrenden Dielen keine ganz leichte Unternehmung.

Höchstkonzentriert balanciere ich also zwischen den potenziell gefährlichen Knarz-Stellen hindurch bis zur rettenden Tür. Neulich übersah ich dabei ein Spielzeug. Ich trat drauf, die Gummigiraffe quietschte, ich fluchte, der Schlomenberger schrie.

Auch gegen halb drei Uhr morgens bin ich öfter mal wach, und man sieht mich in der Wohnung auf und ab gehen und singen.

Es gibt einen seltsamen Konstruktionsfehler bei fast allen Babys, irgendwer muss da bei der Erfindung gepennt haben. Sie schlafen nicht gern ein, sie schlafen nicht gern durch, und sie schlafen nicht gern aus. Und wenn, nur auf Objekten mit Herzschlag, die sich rhythmisch bewegen und «Lalalala» machen.

Dieses Objekt heißt im Zweifelsfall Mama oder Papa, und wehe, es bleibt stehen oder wagt gar, sich mit Baby im Arm einigermaßen bequem hinzusetzen. Sofort werden Äuglein und Mäulchen sperrangelweit aufgerissen, lautstark Beschwerden geäußert, Menschenrechtsorganisationen um Hilfe angerufen.

Und schon sieht man sich wieder hundemüde auf und ab schlurfen, mittlerweile ist es halb vier, und auf längst und zu Recht vergessen geglaubtes Liedgut zurückgreifen.

Mein Sohn braucht im Schnitt sechs «La Le Lu», zwei «Über sieben Brücken musst du gehen» und anderthalb «Mer losse der Dom en Kölle». Dann ist er leidlich zuverlässig wieder eingeschlafen und verbringt den Rest der Nacht da, wo der schlafende Mensch hingehört: im Bett.

Ich bin sehr ungern um vier Uhr morgens wach. Es sei denn, ich spiele betrunken mitten auf einer Tanzfläche Luftgitarre zu «Smoke on the water». Alles andere ist indiskutabel.

Vier Uhr ist eine leblose, eine unheimelige Zeit. Selbst die, die sehr spät ins Bett gehen, schlafen schon. Und selbst die, die sehr früh aufstehen müssen, schlafen noch.

Und du lehnst mit deinem halbschlafenden Kind im Arm am Fenster, und in den Häusern gegenüber brennt nirgends Licht.

Da kann man sich ganz schön allein fühlen und sich nichts

sehnlicher wünschen, als in direkter Nachbarschaft einer 24-Stunden-Tankstelle oder eines durchgehend geöffneten Sexclubs zu wohnen.

Wie lange das noch so weitergeht?

Wenn ich eines als tiefe Wahrheit verinnerlicht habe in der kurzen Zeit meines Daseins als Mutter, dann ist es der Satz: DAS IST NUR EINE PHASE.

Damit rettet man sich von einer durchwachten Nacht zur nächsten. Von der Virusinfektion über die Mittelohrentzündung bis zur Maul-und-Klauen-Seuche.

Alles geht immer irgendwann vorbei. Allerdings sind auch die guten Phasen nichts, worauf man vorschnell Wetten abschließen sollte.

Neulich sagte mir der Vater eines Fünfjährigen: «Der Benni

kommt jetzt fast jede Nacht wieder zu uns ins Bett. Meine Frau und ich können überhaupt nicht mehr fernsehen.»

Wenn du denkst, du seist aus dem Gröbsten raus, hast du falsch gedacht.

Als Johannas großer Sohn seine chronische Bronchitis überwunden hatte, kam er in eine lange und laute Trotzphase. Als er endlich trocken war, bekam er einen kleinen Bruder und pinkelte wieder zweimal am Tag in die Hose. Seit Monaten schläft er laut schnarchend durch. Im Elternbett.

Leider – auch hier hat der Erfinder nicht richtig nachgedacht – gehört kaum ein Baby zur Gattung «Langschläfer». Jüngst klingelte bei mir morgens um sieben das Telefon. Es war Ulla aus dem PEKiP-Kurs, die wissen wollte, ob ich vier Gläschen Pastinake-Kartoffel-Fenchel-Brei gebrauchen könnte. Ihre Tochter hätte ihre Einstellung gegenüber Pastinake geändert und würde sie jetzt grundsätzlich ablehnen.

«Mein Junge macht sich nichts aus Fenchel», sagte ich bedauernd, und dann plauderten wir noch eine Weile wie selbstverständlich. Morgens um sieben. Noch vor zehn Monaten hätte ich jeden wegen Hausfriedensbruch angezeigt, der es gewagt hätte, mich um diese Zeit anzurufen.

So, es ist spät geworden und Zeit, mein Baby auf und ab zu tragen, diesen kleinen Engel. Ach, was sage ich: Erzengel!

17. Dezember um 22 Uhr 30

Ich sitze in einem Hotelzimmer in Köln und komme mir großartig vor. Gerade habe ich meinen Auftritt in der Talkshow «Kölner Treff» hinter mich gebracht. Ich fand mich gigantisch. Was damit zusammenhängen dürfte, dass ich während der Aufzeichnung zügig zwei Glas Sekt trank und mich so in einen redseligen und der Welt zugewandten Zustand versetzte, bei dem kritische Selbst-

wahrnehmung nicht gerade an erster Stelle steht.

Blöd war allerdings, dass ich kurz vor der Sendung auf die Toilette musste und in meinem angespannten Zustand vergaß, dass ich bereits verkabelt war und mir ein Sender in der hinteren Hosentasche steckte. Der platschte peinlicherweise ins Klo.

Ich hoffte noch, dass es niemand bemerken würde, und trocknete das Teil gerade ab, als ich schrille Stimmen auf den Fluren hörte: «Wir haben sie verloren!»

«Das Sendesignal zur Kürthy ist weg!»

Betreten trat ich aus dem WC. Die Redaktionsassistentin versicherte mir, dass so was hier nicht zum ersten Mal passiere. Nach der Sendung gestand sie mir, dass das eine Lüge gewesen sei.

Dennoch war ich in Hochstimmung. Ich mag die Moderatorin Bettina Böttinger besonders gerne leiden, und ich genoss jeden der fünfhundert Kilometer, die zwischen mir und meinem Sohn lagen.

Ich pichelte und kicherte ständig vor mich hin, während Gregor Kremp über Schauspieler lustige Sachen sagte wie: «Ob wir Othello geben oder einfach nur einatmen – die Leute müssen es mitkriegen.»

Und als Frau Böttinger sich unvermittelt an mich wandte, dem Publikum erklärte, dass ich gerade einen neuen Roman geschrieben, ein Kind geboren und abgestillt hätte und nun zum ersten Mal wieder Alkohol tränke, und freundlich fragte: «Wie geht es Ihnen, Frau von Kürthy?», rief ich fröhlich und untermalt mit weit ausladenden Armbewegungen: «Bestens! Von mir aus kann die ganze Runde nach Hause gehen. Ich mach dann hier alleine weiter. Ich finde, wenn man schon mal im Fernsehen ist, dann soll sich das auch lohnen!»

Das Publikum spendete irritiert Beifall.

Und als ich zum Schluss der Sendung von der Moderatorin gebeten wurde, ein Wort zu sagen, das mich am besten beschreibt, fiel mir nichts Besseres ein als: «Prost!»

Ja, ich denke, dieser Auftritt war mehr als gelungen.

Zu Hause an der Babyfront ist alles ruhig, versicherte mir der Ehemann per SMS.

Meine erste Nacht ohne Kind! Was für eine Wonne! Was soll ich damit bloß anfangen? Ausgehen? Spätfilm? Frank anrufen, der vor zwanzig Jahren mal mein Verehrer war? Mit meiner Freundin Anke bis zum Morgengrauen Gin Tonic saufen und von den Zeiten schwärmen, als wir noch keine Mütter waren?

Herrlich, was für ein bunter Strauß von Möglichkeiten! Diese Freiheit, wie ich sie vermisst habe. Und verdammt noch mal, ich werde sie nutzen!

Zwei Minuten nach elf mache ich das Licht aus.

«Und was bleibt noch zu sagen? Die letzten an mich gerichteten Worte meiner Mutter: ‹Du musst mehr Obst essen.› Nicht einmal das habe ich wirklich befolgt. Eine Krankenschwester, die viel mit Sterbenden zu tun hat, erzählt, dass es die letzten ‹großen Worte› Sterbender nicht gibt. Die Sterbenden rufen nach ihrer Mutter. Männer wie Frauen.»
SILVIA BOVENSCHEN

20. Dezember

Mein Kind ist fast acht Monate alt.

Heute ist mein Hochzeitstag.

Heute ist ein schrecklicher Tag.

Mein Handy klingelte um kurz nach fünf. Ich hatte gerade mit meinem Freund Philipp Kaffee getrunken und schlenderte mit ihm durch die weihnachtsbeleuchtete Innenstadt. Abends wollte ich mit meinem Mann essen gehen.

Ich bemerkte zwar, wie die Hormon-Watteschicht um mich herum langsam endgültig verschwand und wie das Leben, ich meine das wahre Leben, wieder nach mir griff, aber noch befand ich mich einigermaßen wohlbehütet in dem Kokon, der Mütter und ihre Neugeborenen sanft umschließt.

Bis zu diesem Moment.

Als ich die Stimme meiner Cousine hörte, wusste ich sofort, was passiert war. Obwohl ich nicht eine Sekunde lang damit gerechnet hatte. Plötzlich wusste ich, dass ich die Zeichen übersehen hatte, weil ich genauso empfunden hatte, wie meine Freundin Britta wenig später sagte: «Aber das kann doch nicht sein! Sie war doch immer da!»

Noch am Telefon verlor ich die Fassung. Ich weinte, haderte, rief dumme Sachen, die mit «Aber!» und «Wieso das denn?» begannen, und wusste gleichzeitig, wie lächerlich das war.

Als ich auflegte, sagte ich zu Philipp: «Meine Tante ist tot.»

Und Philipp sagte: «Und ich dachte schon, es sei was Schlimmes passiert.»

Er hat ja recht. Wenn betagte Tanten sterben, fällt das wirklich unter «der Lauf der Dinge». Sie war lange krank gewesen, ein Wunder, dass sie überhaupt so alt wurde. Sie hatte fast alle ihre Geschwister, inklusive meiner Mutter, um viele Jahre überlebt.

Als meine Mutter im Sterben lag und ihre Schwester Hilde das Krankenzimmer betrat, sagte sie: «Na, jetzt kann ja nichts mehr schiefgehen.» Der ironische Unterton war nicht zu überhören.

Als ich meine Tante Hilde vor einem Monat das letzte Mal besuchte, es war kurz nach ihrem dreiundsiebzigsten Geburtstag, war sie zu schwach gewesen, um aufzustehen.

«Was ist denn los, Tante Hilde?», hatte ich etwas ungehalten gefragt. «Hast du schlecht geschlafen? Es ist doch schon bald elf!»

Ich kannte sie nur auf ihrem roten Sofa sitzend, energisch Hof haltend, niemals müde, niemals leise, immer voller Liebe für die, die sich von ihr lieben ließen. Dazu gehörte ich.

Sie sagte leise, fast beschämt: «Ich bin irgendwie müde.» Schlominsky betrachtete fasziniert ihr orthopädisches Bett, das sie ihm zuliebe immer wieder rauf- und runterfahren ließ. Sie streichelte ihn. Erst jetzt begriff ich, dass sie zu schwach gewesen war, ihn zu halten.

Nicht im Traum wäre mir eingefallen, dass ich am Bett einer Sterbenden saß. Sterben passte einfach nicht zu meiner Tante Hilde. Dieser Meinung war auch sie selbst. Als sie ins Krankenhaus gebracht werden sollte, wurde mir erzählt, krallte sie sich voller Wut in die Wand neben ihrem Bett. Zehn Minuten später war sie tot.

Wenn man ein Kind hat, weiß man erst, was man verliert mit jemandem, der einen ohne Bedingungen liebt. Als meine Eltern starben, wusste ich das noch nicht. Als meine Tante starb, wusste ich es.

22. Dezember

Die letzten Hormone verlassen nun endgültig und scharenweise das sinkende Schiff.

Ich habe das Gefühl, als würde mit der Muttermilch mein Lebensmut versiegen.

Ich sitze beim Rückbildungsyoga auf der Matte, und als uns die Kursleiterin fragt, wie es uns geht, breche ich auf der Stelle und ohne Vorwarnung in Tränen aus.

Das kommt allen hier irgendwie bekannt vor. Vier der Frauen haben etwas ältere Kinder und das Tal der Tränen schon hinter sich.

Kursteilnehmerin Michaela erzählt, dass ihr der schwere Start ihres Sohnes – er kam zwei Monate zu früh zur Welt – erst beim Abstillen mit aller Macht ins Bewusstsein drang. Sie besuchte eine Therapeutin, um ihren Kummer und ihre nachträglichen Ängste in den Griff zu kriegen.

Sabine kannte die Depressionsphase vom ersten ihrer beiden Söhne. «Ich hatte keine Ahnung, was mit mir geschah. Ich stürzte in einen dunklen Abgrund und schämte mich vor meinem Mann und vor meinem Kind für meinen Kummer und für meine schlechte Laune. Mein Frauenarzt wusste nicht, warum ich diese schrecklichen Ängste hatte. Diese Ärzte kennen ja nur Schwangere und frisch entbundene Frauen. Die kennen eine postnatale Depression. Aber dass es nach ein paar Monaten noch mal so richtig tief in den Keller gehen kann, das wissen die nicht. Bei meinem zweiten Kind war ich nicht willens, das Ganze noch mal durchzustehen. Ich bin mir auch nicht sicher, ob meine Ehe das überlebt hätte. Beim ersten Mal war es schon echt knapp. Bei den ersten Anzeichen des Abstillkummers habe ich mir diesmal ein Antidepressivum verschreiben lassen. Das nehme ich jetzt seit zwei Monaten. In einem Monat werde ich es langsam absetzen. Ich bin guter Dinge, und meine Ängste und Sorgen sind beherrschbar. Ich würde nie wieder ohne Hilfe durch dieses Tal gehen. Die Gefahr, dabei einen Schaden anzurichten, der nicht wiedergutzumachen ist, wäre mir viel zu groß.»

Noch am selben Tag rufe ich meine großartige Heilpraktikerin an. Sie kennt das Phänomen und verschreibt mir hochdosiertes Johanniskraut. Rein pflanzlich, aber nicht zu unterschätzen.

Wenn das nach drei Wochen nicht wirkt, solle ich bloß keine Hemmungen haben, mir ebenfalls ein Antidepressivum oder einen Angstlöser verschreiben zu lassen.

Ich bin froh und dankbar, dass ich nicht allein bin.

Glück ist nicht Pflicht. Kummer ist erlaubt. Da geht es mir doch gleich besser.

«Alles fügt sich und erfüllt sich,
musst es nur erwarten können
und dem Werden deines Glückes
Jahr und Felder reichlich gönnen.»
CHRISTIAN MORGENSTERN

Erster Weihnachtstag um 0 Uhr 50

Meine Familie schläft.

Ich sitze im Wohnzimmer neben dem reichlich geschmückten Tannenbaum. Er ist wieder zu groß. Und ich war noch nie ein Freund spärlicher Dekoration.

Dieses Weihnachten war so überschattet und so glücksbeschienen wie nie ein Weihnachten zuvor.

Die Mixtur aus tiefer Trauer, fassungsloser Dankbarkeit, Johanniskraut und einer Flasche Champagner, getrunken auf das Wohl unseres Sohnes und auf die Himmelfahrt unserer Tante, führt in mir zu einer trägen und traurigen, achselzuckenden Freundlichkeit der Welt gegenüber. Ich nehm noch ein Schlückchen.

Und ich weine friedlich und feierlich vor mich hin.

Ich gönne mir noch eine Handvoll Kekse, die teuren, gekauft natürlich. Wie in jedem Jahr hatte ich mir fest vorgenommen, Plätzchen zu backen, sie in selbstdekorierten Tütchen hübsch einzuwickeln und an die Nachbarn, die Briefträgerin und die Männer von der Müllabfuhr zu verteilen.

Und wie in jedem Jahr habe ich es wieder nicht getan.

Ich habe auch keine Strohsterne gebastelt, keine bezaubernden Kunstschneebilder an die Fenster gesprüht, keinen Stollen gebacken und den Adventskranz nicht selbst geflochten.

Irgendwie hatte ich gehofft, dass man mit einem Kind das Bastel- und das Back- und das Mehrgängige-Menüs-aus-dem-Hut-zaubern-Gen gleich frei Haus mitgeliefert bekommt. Das ist aber nicht so.

Nicht nur die Kekse, auch den Rotkohl habe ich gestern Vormittag fertig gekauft. Mit Schlomo auf dem Arm stand ich in der kilometerlangen Schlange an der Kasse und betrachtete vorweihnachtlich milde gestimmt das geschäftige Treiben. Ich nickte freundlich hierhin und dorthin.

Bis ich wahrnahm, dass die Blicke, die mich trafen, nicht getränkt waren von vorweihnachtlicher Nächstenliebe.

Jetzt bemerkte auch ich es. Es hatte eine Zeitlang gedauert, bis sich der Geruch durch meine abgehärteten Nasen-Schleimhornhäute durchgefräst hatte. Dann aber traf mich der Gestank wie ein Schlag.

Der Schlomenberger schaute lächelnd in die Menge. Wie kann ein so kleiner Mensch so bestialisch stinken? Das fragte ich mich, während ich hektisch und vergebens nach einem anderen Kleinkind in der Nähe Ausschau hielt, um es anklagend anzustarren und ihm die Schuld in die Windel zu schieben. Leider kein Kind weit und breit.

Die ersten Leute hielten sich die Nase zu. Die Frau hinter mir murrte: «Eine frische Windel wäre vielleicht nicht schlecht.»

Was sollte ich tun? Rausgehen und Weihnachten ohne Kekse und Rotkohl feiern? Oder aber riskieren, dass der Laden, womöglich der ganze Stadtteil, evakuiert werden müsste?

In diesem Moment wurde eine zweite Kasse geöffnet, und ich wurde bereitwilligst vorgelassen.

Den anschließenden Windelwechsel zu Hause hätte ich wirklich filmen sollen, damit so ein Kind mal ein Gespür dafür bekommt, was man als Eltern alles so durchmachen muss, bis es groß ist, sprechen, multiplizieren und allein in die Toilette kacken kann.

Es handelte sich um einen sogenannten Rückenkrabbler – ein Fachterminus aus der Welt der undichten Babys, die ihre Windeln sprengen und denen der Kot bis zur Halskrause «hochkrabbelt». Wieder was dazugelernt.

… unter dem
Weihnachtsbaum
ist kein
Platz mehr.

Unter dem Weihnachtsbaum ist kein Platz mehr. Natürlich hat sich niemand an die Vorgabe gehalten, Schlominsky nur ein Geschenk zu machen. Wir auch nicht.

Das hatte zur Folge, dass unser Kind in einem großen Haufen Geschenkpapier verschwand. Der Kleine war rundum begeistert von bunten Schleifen, knisternden Folien und geheimnisvollen Schachteln.

Mein Rat für alle Eltern von Kindern bis zu anderthalb Jahren: Schenken Sie ausschließlich Verpackungsmaterial.

Frohe Weihnachten!

«Ich habe meine drei Kinder beobachtet und eindeutig festgestellt: Je mehr sie ignoriert wurden, umso besser.»
TOM HODGKINSON

2. Januar

Unfassbar: Mein Sohn hat schon wieder eine Kleidergröße mehr! (Nun ja, ich auch, aber das wollte ich an dieser Stelle eigentlich nicht thematisieren.)

Heute Morgen hörte ich fremdartige Geräusche aus seinem Zimmer. Als ich nachschaute, stand Schlomo frohlockend in seinem Bettchen. Zum ersten Mal. Ein stehendes Kind! Ich fiel fast um vor Schreck.

Seit einer Woche robbt er hurtig durch die Gegend wie ein Soldat in der Grundausbildung. Wenn das so weitergeht, wird er bald ausziehen und uns nur noch an hohen Festtagen besuchen. Mir blutet das Mutterherz bei dieser Vorstellung.

Habe heute jedoch in der Zeitung eine aufmunternde Meldung gelesen und ausgeschnitten:

Junge Deutsche tun sich schwer mit dem Ausziehen aus dem «Hotel Mama». Im Jahr 2010 wohnten in Deutschland 64 Prozent der 18- bis 24-Jährigen noch bei ihren Eltern, wie das Statistische Bundesamt in Wiesbaden am Dienstag berichtete. Vor allem Söhne können sich kaum vom Elternhaus trennen: Während nur 57 Prozent der jungen Frauen bis 24 Jahre noch bei ihren Eltern lebten, waren es 71 Prozent bei den jungen Männern.

Das ist, aus meiner Sicht, ein sehr erfreulicher Trend! Ich finde, Selbständigkeit wird heutzutage absolut überbewertet, und ich wüsste nicht, was dagegen spräche, einem 24-Jährigen sein Käsetoast in mundgerechte Häppchen zu zerteilen. Mama macht das doch gern.

«Das Leben mit Kind ist eine
fast schon stupide Lebensform.»
CORINNE MAIER

3. Januar

Die Zukunft meines Sohnes ist fürs Erste gesichert. Habe heute die Bestätigung für einen Krippenplatz bekommen. Ende April, kurz bevor er ein Jahr alt wird, beginnt die Eingewöhnungsphase, und wenn alles glattläuft, wird er vier Wochen später sechs Stunden pro Tag fremdbetreut.

Fremdbetreut. Irgendwie kein schönes Wort. Trotzdem klingt es wie Musik in meinen Ohren.

Denn bei aller Liebe ist die Rund-um-die-Uhr-Beschäftigung mit einem Menschen, der nichts lustiger findet, als wenn ich laut und schrill «Schnuuuuuuurzipuuuurziiii» brülle, mich auf ihn stürze und dann auf seinem nackten Bauch mit meinen Lippen groteske Furzgeräusche fabriziere, irgendwie auf die Dauer nicht bewusstseinserweiternd.

Ein verregneter Nachmittag in alleiniger Gesellschaft eines neun Monate alten Kindes kann sich wirklich verdammt lang hinziehen.

Ich langweile mich mit meinem kindischen Kind.

So, jetzt ist es raus.

Und ich bin mir ganz sicher: Mein Kind langweilt sich auch mit mir.

Ich glaube, mein Junge freut sich insgeheim auf den Tag, an dem er einen Teil des Tages in der Obhut von pädagogisch geschultem Fachpersonal verbringen darf, das ihn artgerecht beschäftigt.

Schlomo und ich, wir haben nämlich sehr unterschiedliche Interessen und Auffassungen darüber, was unter einem kurzweiligen Tag zu verstehen ist.

Will ich mal eben meine Mails abrufen, findet er von meinem

Schoß aus garantiert mit schlafwandlerischer Sicherheit die «Alles für immer und unwiederbringlich löschen»-Taste.

Will ich im Fernsehen die Nachrichten schauen, möchte er derweil checken, ob auch auf allen Steckdosen Strom drauf ist.

Und will ich einfach mal zwei Sekunden meine Ruhe haben, möchte er mir seine Schaufel auf die Nase hauen oder einen Finger ins Auge piksen.

Es wird Zeit, dass wir getrennte Wege gehen.

Seltsamerweise plagt mich deswegen nicht mal der Hauch eines schlechten Gewissens. Ehrlich gesagt: Ich hätte das Gefühl, etwas fundamental falsch zu machen, würde ich ein oder zwei weitere Jahre ausschließlich auf Kleinkindniveau verbringen.

Als ich diesen Gedanken neulich in meiner Krabbelgruppe äußerte, brach sofort die Hölle los. Denn es ist ja so: Egal, welchen Lebensentwurf du als Frau für dich wählst, es gibt immer eine, die ihren für besser hält und dir das auch ungefragt mitteilt.

Die hitzigste Auseinandersetzung findet längst nicht mehr zwischen Männern und Frauen statt. Es sind die Frauen, die wohlhabenderen, die bürgerlichen, die sich bekriegen, die giftig und vehement ihr eigenes Lebensmodell verteidigen. Die einen machen Karriere, die anderen Kinder, und unter denen, die Mutter werden, tobt der Kampf am härtesten. «Mommy wars» heißt das in Amerika.

Denn wenn deine Art, zu leben und zu erziehen, nicht das beste, das alleinseligmachende Konzept ist: Was bedeutet das dann für dein Kind, für dessen Entwicklung? Nichts Gutes.

Wenn es um das Wohl des eigenen Kindes geht, hört der Spaß auf. Da werden in den «besseren Gegenden» die manikürten Krallen ausgefahren. Ich spreche von Sandkastenschlachten zwischen Vollzeitmüttern und berufstätigen Müttern, die sich gegenseitig für das Schlimmste halten, was einem Kind passieren kann.

Ich spreche von neurotischen Glucken, überengagierten Stillkühen, radikalen Rohkostschnipplerinnen und hochnäsigen Rabenmüttern, die sich selbst als ebensolche bezeichnen, weil sie sich überlässig finden.

Und ja, ich spreche von dem bedrohlichen Wettrüsten auf Kindergeburtstagen. Johanna berichtete mir neulich von einer Einladung zu einem fünften Geburtstag, wo die gegnerischen Mütter mit bezahlten Artisten, personalisierten Muffins und einer monatelang geplanten Schnitzeljagd eingeschüchtert werden sollten.

Mütter, so leider auch meine Erfahrung, stellen sich untereinander schmallippig fiese Fragen:

«Ach, du willst tatsächlich nur vier Monate stillen?» Oder auch: «Was, du stillst immer noch?»

«Du fütterst Gläschenkost? Interessant. Mir war es wichtig, dass die Geschmacksknospen meines Kindes in ihrer Entwicklung durch frische Nahrung optimal gefördert werden.»

«Oh, dein Kind soll in eine städtische Kita? Bewundernswert, dass dich die großen Gruppen und der elend hohe Lärmpegel dort nicht stören.»

«Was, dein Kind soll erst in der Schule lesen und schreiben lernen?»

Und wenn gar nichts mehr hilft, greifen die listigen Schlangen-Mütter auf einen Satz zurück, der gerne benutzt wird, wenn man sich beispielsweise entschieden hat, dem Sohn Nasentropfen zu geben, statt ihn weiträumig mit Majoranbutter einzureiben: «Das musst du selber wissen. Ist ja schließlich dein Kind.»

Da kann man schon mal durchdrehen, und der Glaube, man könne Beruf, Nachwuchs, Beziehung, Fettverbrennung, Freundschaften und musikalische Früherziehung unter einen Hut kriegen, löst sich in Luft auf.

Es ist, als wenn du mit einem Topflappen eine vierköpfige Familie zudecken willst: Irgendwas guckt immer raus und kriegt kalte Füße.

Mittlerweile sind in Deutschland zwei Drittel aller Mütter mit minderjährigen Kindern berufstätig. Jede fünfte Frau arbeitet

Vollzeit, vierzig Prozent Teilzeit. Das sind Tatsachen. Diskutieren braucht man sie nicht mehr.

Frauen haben Kinder, und Frauen arbeiten. Bald wird es auch bei uns kaum noch Frauen geben, die für viele Jahre komplett aufhören zu arbeiten, wenn die Kinder kommen. Ich kenne keine einzige.

Mütter haben, das ist Emanzipation, ihre Berufstätigkeit hinzugewonnen. Aber sie haben blöderweise an anderer Stelle nichts abgegeben.

Sie planen immer noch wie die Verrückten Kindergeburtstage, rennen nach der Arbeit zum Ballett, zum Fußball, zum Klavierunterricht, besorgen im Laufschritt Kommunionsgeschenke, beantragen Kita-Gutscheine per Blackberry, und wenn die Kinder schlafen, bügeln sie deren Schlafanzüge, zumindest die Mütter, die ganz hart drauf sind.

Perfektion ist eine gefährliche und ermüdende Illusion, es sei denn, man entschärft gerade eine Bombe. Und bei dem Versuch, eine «gute» Mutter zu sein, immer beherrscht, immer pädagogisch wertvoll, immer pünktlich und selbstverständlich selbstlos, kann man nur kläglich scheitern. Jeden Tag aufs Neue. Und das verdirbt früher oder später allen Beteiligten die Laune.

Meine Freundin Katja hat einen vierjährigen Sohn, ist alleinerziehend, arbeitet fünfundzwanzig Stunden die Woche für verdammt wenig Geld, kann sich kein Auto und keinen Babysitter leisten und ist in ihrer Freizeit damit ausgelastet, eine gute Mutter zu sein. Auf die Frage «Wann hattest du deine letzte ruhige Minute?» weiß sie keine Antwort. Sie hat sogar schon ein schlechtes Gewissen, wenn sie aufs Klo geht. «Kack doch, wenn dein Kind schläft», raunt die innere Übermutter ihr dann zu.

Das schlechte Gewissen und Übermüdung sind ihre treuesten Begleiter. Obwohl sie immer am Rande des Zusammenbruchs lebt, würde sie nie eine Backmischung nehmen. Als ich sie neulich anrief, deutlich nach Mitternacht, war sie gerade dabei, einen Hefeteig anzusetzen.

«Warum tust du das?»

«Ich habe versprochen, etwas fürs Kita-Sommerfest beizusteuern.»

«Aber warum keinen Butterkuchen von Aldi? Glaubst du etwa, die Kinder schmecken den Unterschied?»

«Nein», sagte Katja kleinlaut, «aber die Mütter.» Nach zähen Verhandlungen habe ich sie jetzt dazu überreden können, wenigstens die Frikadellen beim nächsten Kindergeburtstag nicht mehr selbst zu machen. Ein Achtungserfolg.

Jede Mutter möchte – manchmal mit geradezu brutaler Hingabe – dem eigenen Kind nur das Bestmögliche angedeihen lassen. Und jede Mutter, die es anders macht als man selbst, glaubt doch im Grunde, dass du es falsch machst und froh sein kannst, wenn aus deinem Kind kein Kettensägenmörder wird, weil du per Kaiserschnitt entbunden, Gläschenkost gefüttert oder dich nicht rechtzeitig zum PEKiP-Kurs angemeldet hast.

Locker bleiben? Noch so ein Anspruch, den man als moderne Mutter erfüllen muss. Bei dem ganzen Stress soll man auch noch superlässig wirken, regelmäßig Yoga machen und einen Körper haben, dem man nicht ansieht, dass damit mal Kinder geboren wurden. Deshalb fühlen sich viele verunsichert und durch den permanenten Druck überlastet. Sie verdecken, was sie an Ängsten mit sich herumschleppen, und schieben im Beruf «einen Termin» vor, wenn der Kindergarten früher schließt.

In Wahrheit wünschen sie sich vor allem eines: sich vom Ideal der Supermama verabschieden zu können.

Aber warum verdammt fällt dieser Abschied so schwer? Alle modernen Erziehungsberater predigen uns doch immer und immer wieder Gelassenheit und den Abschied vom verheerenden Perfektionismus.

Hier das Ergebnis meiner Recherchen: Die Entwicklungspsychologin Lieselotte Ahnert sagt: «Eine Mutter muss nicht perfekt sein. Es reicht, wenn sie hinreichend gut ist. Kindererziehung kann nur dann gelingen, wenn Mütter parallel auch ihren nicht mütterlichen Teil entwickeln.»

Der Kinderpsychoanalytiker Donald Winnicott sagt: «Eine Mutter, die sich jenseits der ersten Lebensmonate perfekt an die Bedürfnisse ihres Kindes anpasst, ist keine gute Mutter.»

Der Familientherapeut Jesper Juul sagt: «Kümmere dich um dich selbst, so gut und so oft es geht, denn für Kinder ist es wichtig, dass es ihren Eltern gutgeht. Kinder fordern ständig Aufmerksamkeit – aber sie brauchen sie nicht immer. Erziehung ist viel zu sehr zum Leistungssport geworden. Dabei weiß niemand, wie perfekte Erziehung geht. Die besten Eltern machen zwanzig Fehler pro Tag. Das ist normal.»

Und Ayelet Waldmann, vierfache Mutter, schreibt in ihrem Buch «Böse Mütter»: «Ich möchte versuchen, eine Mutter zu sein, die nicht so viel darüber nachdenkt, ob sie eine gute oder schlechte Mutter ist, sondern anerkennt, dass sie beides und nichts davon ist. Eine Mutter, die ihr Bestes tut und für die das gut genug ist. Auch wenn sich am Ende herausstellt, dass ihr Bestes einfach nur nicht schlecht ist.»

Und wenn ich jetzt auch noch mal was sagen darf, nach neun Monaten mit einem Kind: Die allerbeste Frühförderung für ein Kind ist seine zufriedene Mutter.

2. Februar

Ich bin nicht zufrieden. Im Gegenteil.

Ich dreh bald durch.

Seit einer Woche herrscht hier Terror pur. Dieser böse Zwerg will auf keinen Fall mehr allein einschlafen. Vorbei die Zeiten, wo wir Schlomo um sieben hinlegten und ihn dann getrost für die nächsten etwa zwölf Stunden vergessen und um Viertel nach acht den «Tatort» sehen konnten.

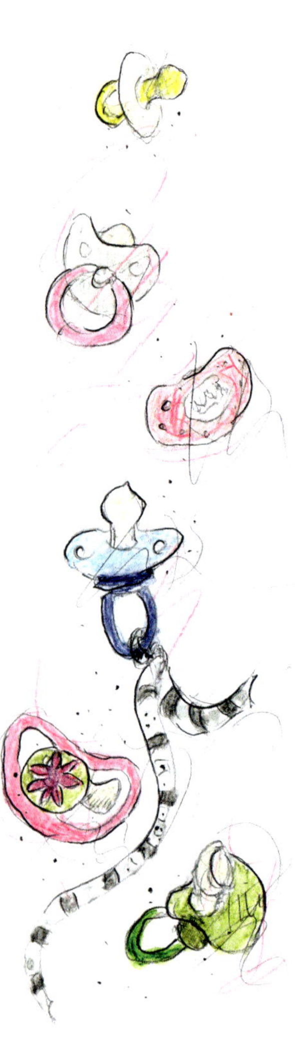

Jetzt stehe ich oder der Kindsvater – je nachdem wer sich gerade für nervlich belastbarer hält – manchmal zwei Stunden lang an Schlomos Bett, bis er sich endlich gnädig grunzend auf die Seite dreht, sein Schnuffeltuch ergreift und losratzt.

Bis dahin ist er wach. Und wie.

Stellt sich hin. Schmeißt sämtliche Schnuller aus seinem Bett. Freut sich zunächst. Schreit dann erbost los, weil jemand sämtliche Schnuller aus seinem Bett geschmissen hat.

Man reicht ihm zwei Schnuller zurück. Er braucht einen für den Mund und einen in der Hand. Quasi als Kuschel-Schnuller.

Das Kind legt sich hin. Man atmet auf.

Das Kind findet keine bequeme Liegeposition. Es dreht sich maulend durch sein Bett wie ein seniler Dackel in seinem Hundekorb.

Es hält einen Moment inne. Es glotzt starr in die Luft.

Das Elternteil spricht, ganz ratgebergemäß, mit einschläfernder, freundlicher Stimme ein paar beruhigende Worte: «Wenn du jetzt nicht gleich einschläfst, du nervtötende Kröte, beginnt der Krimi ohne mich, und dann bekomme ich richtig schlechte Laune – und das willst du doch nicht, oder?»

Daraufhin streicht man es sanft über den Kopf und verlässt mit gespielter Selbstverständlichkeit und innerer Hochspannung das Zimmer.

Du hast die Hand noch nicht an der Klinke, da wackelt das Bettchen vor wüstem Geschrei.

«Lass dich nicht erpressen», sagst du dir. «Das ist ein Machtkampf. Dieses Kind darf sich nicht daran gewöhnen, nur in Begleitung einzuschlafen.»

Und dann stehst du draußen vor der Tür.

Wie lange hältst du aus? Eine Minute? Drei? Eventuell fünf. Dann nimmt das Schreien eine Verzweiflungsfrequenz an, die für Verwandtschaft ersten Grades nicht erträglich ist.

Und da stehst du also wieder. Und das Kind auch. Puterrot an den Gitterstäben festgekrallt, ruft es so etwas Ähnliches wie «Mama!».

Du nimmst es hoch, obschon doch in jedem Ratgeber steht, dass man genau das nicht tun soll. Der kleine Körper wird von heftigen Nachbeben erschüttert. Das Schluchzen verebbt langsam zu einem schluckaufartigen Seufzen.

Das Kind legt seine triefende Nase an deinen Hals, beruhigt sich, atmet tief. Das ist sehr anrührend. Die ersten paar Male.

Ich habe an der Wand des Kinderzimmers auf meiner Schulterhöhe einen kleinen Spiegel angebracht. In ihm kann ich sehen, ob Schlomos Augen zufallen. Ist das der Fall, warte ich noch zwei, drei Minuten, um ihn dann vorsichtig in Richtung Kinderbett abzusenken.

Er brüllt dann meistens schon los, bevor sein Körper die Matratze überhaupt berührt hat, und ich schnelle beflissen in die Ausgangsposition zurück und tue so, als hätte ich nichts Böses im Sinn gehabt und als handele es sich um ein Missverständnis seinerseits.

Es ist zermürbend.

Meine Nerven liegen blank.

Und ich schäme mich für meine Ungeduld, für meinen harschen

Ton und für meine Aggression. Das macht alles nur noch schlimmer, das weiß ich, aber dieser Giftzwerg treibt mich zur Weißglut. Und das ganz ohne arglistige Absicht. Ich darf ihm also nicht mal böse sein.

Bin ich aber.

5. Februar

Aber es kann ja immer auch noch schlimmer werden.

Der Schlom schläft jetzt nicht nur nicht gut ein, sondern wacht dafür neuerdings auch noch sehr früh auf. Und mit früh meine ich früh.

Um fünf Uhr morgens ist das Kind voller Tatendrang. Ganz im Gegensatz zu mir oder zu meinem Mann, der derzeit allerdings drei Tage in der Woche in Berlin arbeitet. Beneidenswert.

Denn diese stockdunklen Stunden allein mit einem wachen, nölenden Kind sind schrecklich. Und wenn endlich der Morgen graut, graut mir vor dem Tag und der nächsten Nacht und der übernächsten und der danach.

Ich weiß, ich weiß, es ist nur eine Phase. Aber ich fühle mich am Ende meiner Kräfte. Und das Geräusch – es ist eine Kriegserklärung an meinen inneren Frieden! – eines auf dem Boden landenden Schnullers werde ich mein Lebtag nicht mehr vergessen.

«Wenn man zu sehr auf seine Erwartungen fixiert ist, wird man blind für das Wunder, das die Kinder bereits sind.»
AYELET WALDMANN

28. Februar

Schlomo ist zehn Monate alt, ich sehe aus wie hundert. Haaransatz, Haut: alles grau in grau.

Endlich! Er schläft wieder besser! Auch das wird nur eine Phase sein. Aber sie kommt gerade rechtzeitig. Das war knapp. Noch mehr Schlafentzug hätten meine strapazierten Nerven und meine strapazierte Ehe wohl kaum ausgehalten.

Ich bin bloß froh, dass dieses Johanniskraut zu wirken scheint. Zumindest die übergroßen Ängste und Stimmungsschwankungen, die erdrückende Düsternis sind verschwunden.

Was bleibt, ist ganz normale Überlastung, Übermüdung und schlechte Laune.

Es wundert mich gar nicht mehr, dass so viele Beziehungen in den ersten zwei Jahren nach der Geburt eines Kindes scheitern.

Mir scheint, dass besonders die Paare gefährdet sind, die entweder noch nicht lange zusammen sind, wenn das erste Kind kommt, oder die Paare, bei denen der männliche Part eitel und dumm ist, was ja leider gar nicht so selten vorkommt.

Das ist natürlich generell nie schön, aber solange noch kein Kind da ist, das dem selbstverliebten Gecken die Schau und den Applaus der Partnerin stiehlt, fällt es einfach nicht so auf.

Ein Mann, der sich nicht zurücknehmen kann, der es persönlich nimmt, wenn seine Alte keine Lust mehr auf Sex hat oder darauf, ihrem Mann tagtäglich seine eigene Großartigkeit zu bestätigen, ist als Vater nahezu untauglich.

Zwei meiner Freundinnen haben sich von ihren Männern getrennt, weil sie das Gefühl hatten, sich auf einmal um zwei Babys kümmern zu müssen.

«Er empfindet das Kind als Konkurrenz», sagte Gina, nachdem sie Hans, den Vater ihrer sieben Monate alten Tochter, zum Teufel geschickt hatte. «Er ist beleidigt, weil er nicht mehr im Mittelpunkt steht, und ich würde mich nicht wundern, wenn er anfinge, wieder in die Hosen zu pinkeln, bloß um meine Aufmerksamkeit zu bekommen.»

Gina und Hans waren noch keine drei Jahre zusammen gewesen, als Gina schwanger wurde. Ein absolutes Wunschkind, während der Schwangerschaft waren beide selig, und Hans nahm vor lauter Glück und Stolz und Solidarität mit seiner angebeteten Frau zwölf Kilo zu.

Aber das echte Kind störte das junge Glück.

Manchmal bin ich froh, dass sich unser Schlomo so viel Zeit gelassen hat auf seinem Weg zu uns, auch wenn ich die Jahre des vergeblichen Hoffens und Wartens nicht noch einmal erleben möchte. Aber als wir begannen, zu dritt zu sein, waren wir vorher lange genug zu zweit gewesen.

Das Kind war nicht unsere erste Krise. Wir hatten schon aus anderen Gründen Nächte durchwacht, Stimmungstiefs durchschritten und Trennungen nur haarscharf umschifft.

Und ich habe das Glück, einen Mann ergattert zu haben, der denken kann und der, das ist noch wichtiger, seine Gefühle durch seine Klugheit beeinflussen und lenken kann.

Das ist zum Beispiel bei mir nicht der Fall. Ich kann zwar auch denken, aber das führt nicht sehr oft zu handfesten Veränderungen meines Verhaltens. Ich tue relativ oft Dinge, von denen ich relativ genau weiß, dass ich sie nicht tun sollte.

Und auch auf emotionaler Ebene ist mir das Gefühl näher als der Verstand. Selbst wenn ich sehr genau weiß, dass ich nicht sauer, beleidigt oder bekümmert sein sollte – bin ich es meist trotzdem.

Das ist außerordentlich bedauerlich.

Noch aber nehme ich grundsätzlich alles persönlich, und ich wäre ein sehr, sehr schlechter Ehemann und Vater geworden, von dem sich die Frau garantiert noch während der Eröffnungswehen getrennt hätte.

Ich hoffe jeden Tag, dass unsere Ehe hält und sich mein Mann nicht von mir, meinen Stimmungs- und Gewichtsschwankungen, meinen unförmigen Schlafanzügen und meiner Egozentrik in die Flucht schlagen oder sich abwerben lässt. Ich hoffe, dass er mich tapfer weiterliebt, mein Fels in der Brandung bleibt. Dass er die Nerven bewahrt, wenn ich durchdrehe, und eisenhart auch bei Schneeregen gegen meinen Willen mit unserem Kleinen spazieren geht, damit der keine verweichlichte Superlusche wird.

Ich wollte meinen Mann immer schon gern behalten. Aber jetzt ist er nicht nur mein Mann, sondern auch der Vater meines Sohnes. Ich hätte also, sollte ihm einfallen, eine neue Existenz mit einer dünnen Blonden gründen zu wollen, nicht nur Angst vor dem Alleinsein, sondern, viel mehr noch, vor dem Alleinerziehendsein. So allgegenwärtig, so nahezu selbstverständlich es auch ist, in Patchworkfamilien zu leben, Papa-Wochenenden und Unterhaltsverpflichtungen auszuhandeln – mir wird erst jetzt bewusst, was man verliert, was alle verlieren, wenn Eltern auseinandergehen.

Ich bewundere und ich bemitleide Gina, die Tag für Tag und Nacht für Nacht allein mit ihrem Sohn und der Verantwortung für ihn ist. Sie kann die täglichen kleinen Sorgen nicht teilen und nicht das Glück, nicht die plötzliche Angst. Und die Momente, in denen ihr Sohn aussieht wie sein Vater, rühren sie nicht.

Sie tröstet ihren Jungen, wenn er Sehnsucht nach seinem Vater hat, der ihn wieder nicht abgeholt hat. Sie tröstet ihren Jungen, wenn sie es mal wieder nicht vermeiden konnte, dass er seine streitenden Eltern im Treppenhaus hören konnte.

Und so ganz nebenher arbeitet sie ja auch noch halbtags, wäscht, kocht, putzt, kauft ein, geht zum Kinderarzt, durchwacht Nächte am Kinderbett, bestückt Adventskalender und besucht einen Kinderpsychologen, weil sie fürchtet, dass das vaterlose Aufwachsen, das viele Hin und Her und der Streit nicht spurlos an ihrem Jungen vorbeigehen werden.

Es ist aufwühlend, ein Kind zu haben. Es hat seinen Sinn, dass man dabei zu zweit ist, und ich möchte es gern bleiben. Ich sollte vielleicht meinen Charakter etwas partnerschaftstauglicher gestalten. Zumindest aber neue Schlafanzüge kaufen.

«Erziehung ist Atmosphäre,
weiter nichts.»
THOMAS MANN

1. März

Jetzt ist es an der Zeit, sich um eine Sache verstärkt zu kümmern: die Verwandlung der eigenen Wohnung in einen Hochsicherheitstrakt.

Aus rein ästhetischen Gesichtspunkten handelt es sich hierbei nicht um eine positive Veränderung. Sowohl Mütter als auch Immobilien neigen dazu, sich durch die Anwesenheit eines Babys in praktische, durchdachte Zonen zu verwandeln, bei denen auf unnötigen oder gar gefährlichen Schnickschnack wie Halsketten, Ohrringe, Bodenvasen und feingeschliffene Kristallglaskerzenständer auf kniehohen Beistelltischen verzichtet wird.

Es ist nämlich so, dass sich der kniehohe Mensch generell nicht für das für ihn vorgesehene Spielzeug interessiert. Man kann zum Beispiel davon ausgehen, dass sich ein Kind, das sich zeitgleich in einem Raum mit sechs Teddybären, einer Kugelbahn, zwei Bobbycars und einem schweineteuren, nagelneuen Mobiltelefon mit integrierter Tausend-Megapixel-Kamera befindet, sich auf der Stelle auf das Handy stürzen und ausprobieren wird, wie bruchsicher eigentlich das Display ist.

Die besonders neunmalklugen unter den Eltern – zu denen gehöre ich – rennen dann augenblicklich zum nächstgelegenen Baby-Markt, um dort ein Baby-Handy zu kaufen. Bunt, strapazierfähig, und wenn man auf die Taste mit dem Hörersymbol drückt, dann sagt es «Hallo» oder «Dingeldingelding». Mein Sohn schenkte der Telefonattrappe gerade mal eine halbe Minute Aufmerksamkeit. Dann durchschaute er das Ablenkungsmanöver, bedachte mich mit einem Blick voller Verachtung und robbte anschließend würdevoll und dennoch zügig auf die Stereoanlage zu.

Wenn man also nicht den ganzen Tag «Finger weg, du doofes Baby!» schreien, sich panisch zwischen Treppenabsatz und Kind schmeißen und Schmuckstücke sowie technisches Gerät zu teuren Reparaturen bringen will, bleibt einem nichts anderes übrig, als sich selbst und die Wohnung kindgerecht zu gestalten.

Das zehn Monate alte Kind ist, ähnlich wie ein Hefekuchen, ein wunderbares, allerdings völlig unkalkulierbares Geschöpf. Es bewegt sich, jedoch ohne zu wissen, wohin. Leider wächst mit der zunehmenden Mobilität des Babys der Verstand nicht proportional mit.

Mein Sohn freut sich jeden Tag aufs Neue, dass er nicht nur krabbeln, sondern sich auch an Tischdecken hochziehen, an wackeligen Handtuchständern entlanghangeln und sich seinem Vater wie ein liebestoller Terrier ans Bein klammern kann.

Jetzt beginnt die Phase – und mir wurde von erfahrenen Müttern angedeutet, sie würde etwa fünfundzwanzig Jahre dauern –, in der man sich nach der Zeit zurücksehnt, als das Kind ein Säugling war und nur rumliegen und schreien konnte. Leider wusste man diesen Zustand damals nicht zu schätzen, weil man keine Vorstellung hatte, was die Zukunft bringen würde.

Jetzt schreit das Kind nicht nur, sondern es kneift und tritt gleichzeitig, oder es droht damit, sich irgendwo hinunterzustürzen oder ein Erbstück von hohem ideellem und finanziellem Wert zu zerstören.

Jeden Tag sieht man mich schmallippig in den Keller hinuntersteigen, um erneut ein liebgewonnenes, zerbrechliches Dekorationsobjekt in Sicherheit zu bringen. Jeden zweiten Tag sieht man mich, noch etwas schmallippiger, an den Mülltonnen, um erneut ein liebgewonnenes, zerbrochenes Dekorationsobjekt zu entsorgen. Vor der Bewegungsfreude eines zehn Monate alten Kindes ist nichts und niemand sicher.

Und auch als Mutter schwebt man pausenlos in Gefahr. Mein Junge zum Beispiel ist jetzt dazu übergegangen, mir seine Zuneigung nicht mehr bloß durch ein engelsgleiches Lächeln zu zeigen. Stattdessen stürzt er sich gerne aus heiterem Himmel kreischend auf mich, um mir wahlweise in Nase, Wange oder Hals zu beißen oder mich mit einer gezielten Kopfnuss niederzustrecken.

Diese anfallartigen Sympathiebekundungen enden nicht selten blutig oder mit deutlich sichtbaren Abdrücken von insgesamt vier Zähnen in meinem Gesicht.

Mein Mann öffnete neulich dem Paketboten die Tür, ohne zu bemerken, dass sein Sohn ihm die Stirn zerkratzt hatte. Mit dem Rinnsal Blut zwischen den Augen sah er original so aus wie die Opfer in amerikanischen Actionfilmen, die von einem Scharfschützen mit einem einzigen Schuss niedergestreckt wurden.

Das Gesicht unseres Sohnes sieht allerdings oft nicht viel besser aus. Bedauerlicherweise hat er meinen blassen Teint geerbt, auf dem jeder Kratzer und jeder blaue Fleck einen ungeheuer intensiven Eindruck hinterlässt.

Ich muss hier einmal etwas über Tür- und Treppenschutzgitter loswerden. Sollten Sie irgendwelche Probleme beim Zusammenbauen oder Anbringen dieser Sicherheitsvorrichtungen haben, dann fragen Sie auf keinen Fall mich um Hilfe. Und meinen Mann auch nicht. Ich möchte an dieser Stelle auf seinen Abschluss in Literaturwissenschaft und die entsprechenden handwerklichen Unfähigkeiten hinweisen.

Es macht mich grundsätzlich skeptisch, wenn ich in Gebrauchsanweisungen Begriffe lese wie «kinderleicht» oder «mit wenigen einfachen Handgriffen zu montieren».

Ich habe schon Stunden mit angeblich «kinderleichten» Selbstbaumöbeln verbracht, eines von ihnen steht immer noch auf dem Dachboden. Ein trauriger Bretterhaufen, aus dem nie auch nur annähernd das geworden ist, was er «mit wenigen einfachen Handgriffen» angeblich hätte werden können.

Unsere Tür- und Treppenschutzgitter wurden jedenfalls von

einem Fachmann befestigt. Mir selbst hätte ich in dieser Angelegenheit nicht über den Weg getraut, und eine von mir gesicherte Treppe halte ich für tausendfach gefährlicher als eine gänzlich ungesicherte.

Ich fühlte mich jedenfalls enorm erleichtert beim Anblick der diversen Gitter. Ich atmete auf, mein Sohn war gerettet. Tags darauf kam der kinderlose Marcel zu uns zu Besuch.

Mir liegt viel an der Freundschaft zu Menschen ohne Kinder. Ehrlich. Aber es ist nicht immer einfach. Ich bemühe mich schon redlich, ziemlich wenig und nur auf einigermaßen aufrichtige Nachfragen über mein Baby zu sprechen.

Alles, was die Konsistenz seiner Exkremente, sein engelsgleiches Äußeres und seine fraglos überwältigende Intelligenz betrifft, lasse ich ganz weg. Ich habe kein Foto von ihm als Bildschirmschoner oder auf dem Handy-Display, und ich verschicke nur selten ungefragt minutenlange Videosequenzen als E-Mail-Anhang, auf denen mein Sohn einfach nur so rumliegt und faszinierend grunzt.

Ich erinnere mich noch gut daran, wie herrlich es war, kein Kind zu haben – solange mich nicht Eltern mit den stinklangweiligen Anekdoten ihres Nachwuchses angeödet haben. Kinder sind was für Eltern, habe ich damals gelernt. Und ich habe es mir bis heute zu Herzen genommen.

Aber heute leide ich manches Mal unter der Rüpelhaftigkeit der Menschen, die keine Eltern sind. Ist es wirklich nötig, lieber Marcel, unser Wohnzimmer mit den Worten zu kommentieren: «Rein designmäßig betrachtet habt ihr euch durch das Kind ja nicht gerade verbessert.»

Klar, so ein Laufstall vor dem Regal ist nicht jedermanns Sache, das weiß ich selbst, und auch, dass der Flachbildfernseher einen Gutteil seiner Würde verloren hat, seit er als Halterung für ein bei Babys sehr beliebtes Vögelchen-Mobile missbraucht wird.

Und ja, auch ohne sachdienliche Hinweise ist mir bewusst, dass der Art-déco-Esszimmertisch keinen tiefen Eindruck mehr macht, seit ein dunkelbrauner, psychedelisch gemusterter Plastik-Hochstuhl mit abnehmbarem Tablett und Anti-Schmutz-Beschichtung davorsteht.

Ich liebe ja auch sehr die Leute, die bisher von eigenem Nachwuchs verschont geblieben sind und mir mahnend zuraunen: «Du, du hast da einen Fleck.»

Ach was? Ich habe ständig irgendwo einen Fleck – wenn ich Glück habe. Meistens habe ich aber achtzehn Flecken unterschiedlichster Herkunft, hier etwas Pastinake, da ein bisschen Nasenblut oder Dinkel-Heidelbeer-Gemisch.

Der Höhepunkt aber war, als mein Freund David neulich seinen Besuch ankündigte. «Komm doch eine halbe Stunde früher», sagte ich, «dann ist Schlominsky noch wach, und du kannst ihn dir anschauen.» Seine Reaktion: «Warum? Ich weiß doch, wie er aussieht. Du hast mir erst letzten Monat Fotos geschickt.»

Es ist nun mal so: Leute, die gewohnt sind, sich in ganzen und verständlichen Sätzen zu unterhalten, empfinden ein Kleinkind nicht als anregenden Gesprächspartner. Sie sehen die Schönheit nicht, die in einer gut gefüllten Windel verborgen liegt. Sie hören nicht die holde Melodie hinter dem schmetternden Bäuerchen, und sie empfinden es nicht als pädagogisch wertvolles Geräusch, sondern schlicht als ohrenbetäubenden Lärm, wenn dein Kind mit einer Blechdose auf Steinboden haut.

Auch wenn es wehtut, man muss sich als Mutter immer wieder klarmachen: Ein Baby ist kein interessanter Mensch. Und nein, da gibt es keine Ausnahme.

Fast keine.

«Heute sind Kinder ein Juwel – und müssen funkeln, sonst hat es sich nicht gelohnt.»
REMO LARGO

3. März

Rituale, die früher in reibungsloser Harmonie abliefen, geraten jetzt zu ernstzunehmenden Herausforderungen.

Die Nahrungsaufnahme: Da das Kind mittlerweile weiß, wie man brav ein Gläschen Bio-Müsli ohne nennenswerte Verzögerung aufisst, möchte es jetzt zeigen, was es noch alles kann, nämlich die Küche innerhalb weniger Minuten in einen dringend renovierbedürftigen Raum zu verwandeln. Der Brei geht ja nicht nur in den Mund rein, er kommt auch wieder raus – toll! Und wenn ich bloß heftig genug mit den Armen herumfuchtele, bekommt auch Mamas weiße Bluse was zu essen – toll! Und wenn ich mit beiden Händen nach dem Löffel greife und mir dann das Möhrenmus in die Haare schmiere, ist das ein ganz neuartiges haptisches Erlebnis – toll!

Das Baden: Vorbei die Zeit, in der Baby sich behaglich und entspannt in der Wanne aalte wie eine greise Seekuh. Jetzt dient das Badewasser hauptsächlich einem Zweck: so viel wie möglich davon durch intensives Planschen und Strampeln aus der Wanne heraus- und auf den Badezimmerboden zu befördern. Ein ernsthafter Wasserschaden, der auch die Nachbarschaft in Mitleidenschaft ziehen wird, ist nur noch eine Frage der Zeit.

Das Einschlafen: Nach wie vor schläft das Kind am besten auf einem beweglichen Untersatz ein, der Mama, Papa oder Patenonkel heißt. Bloß wiegt das gute Stück mittlerweile fast so viel wie ein Kasten Mineralwasser! Ich denke, die spätgebärende Mutter tut gut daran, sich beizeiten einen ausgezeichneten Orthopäden zu suchen.

Und einen hervorragenden Psychiater, denn das Windelwechseln ist mittlerweile zu einer nervlich kaum mehr zumutbaren Belastung geworden. Einem sehr beweglichen und übellaunigen Objekt die Hose und die Windel auszuziehen, den Hintern abzuputzen, womöglich noch einzucremen und das Ganze wieder sauber zu verpacken, ist eine ungeheure physische und psychische Leistung. Ehrlich, da wäre ich auch lieber Vorstand einer Bank und käme nach neun nach Hause, wenn die Kinder sicher schlafen.

Nun will ich aber nicht unerwähnt lassen, dass das Zusammenleben mit einem Zehn-Monats-Baby auch seine Vorteile hat. Man kommt zum Beispiel viel an die frische Luft. Mein Sohn findet das Zusammensein mit mir allein auf Dauer nämlich zu langweilig. Deswegen sind tägliche Spaziergänge und Besuche auf dem Spielplatz angesagt.

Da sitzt er dann rum, versucht den Sandkasten leerzuessen und die Förmchen der anderen Kinder in seinen Besitz zu bringen. Dabei tut er die ganze Zeit so, als gäbe es mich gar nicht, und winkt aufdringlich fremden Eltern zu, als wolle er unbedingt adoptiert werden.

Bloß wenn es Probleme gibt – Hunger, Windel voll, Hintern kalt, oder ein Kind nimmt ihm ein Spielzeug weg, das ihm sowieso nicht gehört –, dann bin ich meinem Sohn wieder gut genug. Da werden die Ärmchen hochgerissen, nach einem Erziehungsberechtigten krakeelt, und jeglicher Wunsch nach Abnabelung und Selbständigkeit ist auf der Stelle vergessen.

Na ja, Hauptsache frische Luft und viel Bewegung, sag ich immer. Außerdem kann man auf dem Spielplatz ganz wunderbares Sozialkino in 3-D erleben.

Es gibt die Mütter, die immer alles dabeihaben. Und zwar strategisch so überlegen gepackt, dass sie eine komplette Überlebensausrüstung inklusive Sitzkissen, Sandspielzeug, Thermoskanne, Wechselwäsche, Feuchttüchern, Apfelstückchen, Möhrenschnitzen und Fieberzäpfchen in einer einzigen Wickeltasche, die am Kinderwagen hängt, unterbringen können.

Wenn ich ausnahmsweise mal alles dabeihabe, muss ich mit dem Auto fahren.

Meistens haben die Mütter, die immer alles dabeihaben, Töchter. Die tragen winzige Ugg-Boots, schmalgeschnittene Jeans und rosafarbene Daunenjacken von Ralph Lauren. Diese zuckersüßen kleinen Damen spielen im Sand, ohne sich schmutzig zu machen oder sich gegenseitig mit Schaufeln oder Ästen zu bedrohen.

Missmutig und neidisch beobachten Johanna und ich die Mädchenmütter, die ab und zu ihren kleinen Engeln ein Spängchen ins Haar schieben, das fliederfarbene Kleidchen zurechtzupfen – das am Abend noch genauso sauber sein wird wie am Morgen – und ansonsten entspannt ihr Gesicht in die Sonne halten oder sich auf ihrem Sitzkissen in ein Buch vertiefen, während das Selbstgezeugte anmutig und ruhig ein Sandküchlein für ihre Puppe backt.

Johanna hingegen ist nur in Sachen Schadensbegrenzung unterwegs. Irgendeiner ihrer Söhne tut immer gerade etwas, was nicht so gern gesehen wird. Mit Sand schmeißen, Schimpfworte brüllen, Mädchen ärgern, sich in eiskalten Pfützen suhlen.

Mädchenmütter springen nur dann panisch auf, wenn sich ein Junge mit Spaten, Eimer und sehr lauter guter Laune nähert. Dann tun sie so, als hätte ein Dobermann ohne Maulkorb die Sandkiste betreten.

Als jedoch neulich ein forsches Mädchen Johannas Sohn vom Schwebebalken schubste, weil er ihr irgendwie im Weg war, sagte ihre Mutter stolz: «Die Karlotta weiß eben schon ganz genau, was sie will.»

Jungs hingegen gelten als gewaltbereit und schwererziehbar, sobald sie ganz genau wissen, was sie wollen.

Neulich klagte Johanna mir ihr Leid: «Ich werde diskriminiert! In Spaßbädern, auf Indoor-Spielplätzen und als Teilnehmerin von Spielgruppen, in denen irgendwas früh gefördert werden soll, bin ich nur mäßig gern gesehen. Keiner freut sich, dass ich zwei Söhne habe. Nicht selten denke ich ja selbst: Das sind zwei zu viel. Der eine ist zweieinhalb und zeigt bereits geschlechtsspezifisches Verhalten wie grundsätzlich sehr lautes Sprechen, unter keinen Umständen ruhiges Sitzen, niemals langsames Gehen und auf Mama zielen mit allem, was auch nur im Entferntesten an eine Schusswaffe oder ein Ritterschwert erinnert. Der andere ist fünf und, nun ja, ich möchte sagen, eine

auf Mama zielen

wunderbare Herausforderung an die Weiterentwicklung meiner pädagogischen Fähigkeiten. Ein Junge, wie man ihn sich früher gewünscht hätte, als Männer und ihre typischen Eigenschaften noch nicht gesellschaftlich geächtet wurden. Bei dem Mutter-Kind-Kurs ‹Musikgarten›, den ich als aufgeklärte Spätgebärende selbstverständlich gebucht hatte, fielen zwei Dreijährige, einer von ihnen natürlich meiner, ständig auf. Erstens, weil sie selbstbewusst und fröhlich tanzten und trommelten – nicht wohltemperiert, aber engagiert. Und zweitens, weil sie es nicht schafften, lange konzentriert stillzusitzen und verschiedenen Vogelstimmen zu lauschen oder leise Xylophon zu spielen. ‹Zu lebendig›, nannte die leitende und leidende Pädagogin unsere Jungs. Und die Mutter eines sehr zurückhaltenden Mädchens sagte mir vor ein paar Wochen, sie würde nie wieder einen Kurs buchen, bei dem ich und mein Sohn dabei seien, da ich offenbar nicht in der Lage sei, mein Kind zu bändigen. Nach der richtigen Antwort suche ich bis heute.»

Ich habe die Antwort. Also nicht ich persönlich, aber ich habe mit dem Experten Dr. Jan-Uwe Rogge gesprochen. Der ist Familienberater und Autor der Bestseller «Kinder brauchen Grenzen» und «Lauter starke Jungen». Seine Antwort widme ich Johanna und mir und allen Jungs-Müttern, denen auch manchmal glauben gemacht wird, sie hätten einfach wahnsinniges Pech gehabt, dass ihre Söhne keine Töchter sind:

Achten Sie auf Ihren Sohn und nicht auf solche blöden Harmonie-Tussen. Es stimmt: Wenn man einen Jungen hat, ist man schnell stadtbekannt. Jungen spielen nicht schön und anmutig. Man fährt mit ihnen besser in ein Camp als in ein feines Hotel. Jungen sind anstrengender als Mädchen. Stillzusitzen fällt ihnen schwerer, sie müssen sich mehr bewegen. Viele Jungen malen und schreiben nicht gerne, Mathematik fällt ihnen hingegen oft leichter. Mädchen entwickeln sich stetig aufwärts. Jungs entwickeln sich langsamer, in Schüben und auch mal zurück. Aber: Jungen sind gut so, wie sie sind. Diese allgegenwärtige Stigmatisierung geht mir auf den Senkel. Jungen raufen sich, sagen «Arschloch» und meinen es genau so. Mädchen reißen ihren Puppen heimlich die Haare aus, sind hintenrum und gemein. Es gilt jedoch als ungeschriebenes Gesetz, dass das Mädchenverhalten das richtige ist. Erst ganz allmählich setzt sich die Erkenntnis durch, dass sich nicht die Jungen ändern müssen, sondern zum Beispiel das Schulsystem den Jungen entgegenkommen müsste. Jungs brauchen das Gefühl, in Ordnung zu sein. Dann lernen sie auch, gesellschaftsfähig zu sein. Als Mutter brauchen Sie besonders viel Geduld. Und wenn Ihr Sohn irgendwann auszieht, werden Sie zurückschauen und denken: Aber schön war es doch!

Na also. Und morgen treffe ich mich mit Johanna auf dem Spielplatz. Zum Mädchen-Mütter-Erschrecken.

«Die Beziehung zu Eltern ist, je älter die Kinder werden, umso reiner nur noch Kultur. Natürlich sind nur die Bindungen der Eltern zu den Kindern. Eltern werden nie so selbständig, wie Kinder glücklicherweise werden.»

MARTIN WALSER

6. März

Heute ist der Geburtstag meines Vaters. Jetzt wäre er Großvater, und ich frage mich manchmal, wie er als Opa gewesen wäre. Als Vater war er eine großartige, beeindruckende, intensive Zumutung, Herausforderung und Bereicherung.

Heute singe ich meinem Sohn dieselben wunderschönen ungarischen Schlaflieder vor, mit denen mein Vater mich beruhigte. Er trug mich Stunde um Stunde durchs Haus, wenn ich zahnte oder fieberte, und sang und sang. Seine Stimme kann ich immer noch hören.

Mein Vater war Pädagoge. Und als Heranwachsende habe ich mir nicht selten gewünscht, sein Fachgebiet sei der Autohandel, die Teilchenphysik oder das Tischlerhandwerk.

Denn als einzige Tochter eines Professors für Erziehungswissenschaften bist du quasi das, was für einen Eheberater die eigene Beziehung und für einen Torwart das Tor ist – nämlich der Bereich, in dem er von sich glaubt, sich echt gut auszukennen.

Dass die Praxis den überragenden Theoretiker oftmals ans Ende seiner Weisheit brachte, war mir als Kind nicht klar. Wenn ich heute in seinen manchmal verzweifelten Aufzeichnungen lese, ahne ich, was da noch auf mich zukommt.

Irgendwann werden mir die schlaflosen Nächte und die Spielplatzschlachten vorkommen wie das Paradies. Und ich werde mir dieselben peinigenden Fragen stellen, wie sie mein Vater sich stellte, als ich sechzehn und immun gegen jede Form der Erziehung war.

Der alte, weise Pädagoge schrieb damals:

«Sollte ich nicht aus Sehnsucht nach Harmonie und Eintracht meiner Tochter erlauben, ihren eigenen Weg zu gehen? Früher oder später muss sie das ja doch.

Aber wann beginnt dieses Früher, und wann wird das Später zum zu spät?

Soll sie anfangen zu fliegen, sobald sie ihre Flügel benutzen kann? Doch wohin führt sie dann dieser Flug? Vielleicht in die Frostkälte eines vorzeitigen Winters, vielleicht verbraucht sie ihre jungen Kräfte für Dinge, die sie von ihren Lebensaufgaben ablenken?

Aber – kenne ich denn ihre Lebensaufgaben? Sind das, was ich als solche zu sehen glaube, nicht nur meine eigenen Sehnsüchte und Wunschvorstellungen und entstammen eben nicht ihrer Sehnsucht nach dem Leben?

Wie kann ich mich in Zukunft verhalten?

Wohlwollende Distanz wäre eine Haltung, die vielleicht beides beinhaltet: Anteilnahme und Freilassen. Ich glaube, dass es mir mit Hilfe meiner Tochter gelingen wird, diese Haltung einzunehmen.

Was dabei auf der Strecke bleibt, sind vielleicht manche Träume, die ich im Bezug auf ihre Zukunft hege, doch was dabei gewonnen und langsam am Horizont sichtbar wird, ist die Partnerschaft zweier erwachsener Menschen, die sich in Freundschaft zugetan sind.»

Heute wüsste ich gerne, welche Träume meines Vaters ich erfüllt habe und welche nicht.

Was ich weiß, ist, dass das mit der «wohlwollenden Distanz» nie funktioniert hat. Dafür war er viel zu eigenwillig und zu emotional. Zum Glück bin ich ihm immer nah und oft zu nah gegangen. Freunde sind wir leider auch nicht geworden. Dafür hätten wir mehr Zeit gebraucht. Das ist sehr schade, denn wir wären gute Freunde gewesen.

Happy Birthday, Opa Tamás!

15. März

Zurzeit beschäftigen mich zwei Themen ganz besonders: Kommunikation und Karriere. Und zwar in unterschiedlichster Hinsicht.

Zunächst wäre da mein anbetungswürdiger Sohn Schlomuckel, der mit fast elf Monaten bereits sprechen kann. Ein Hochbegabter, ganz eindeutig. Er kann jedes Ding, auf das er zeigt – und er zeigt ständig auf etwas –, richtig benennen! Mit einem feurigen und selbstbewussten «DA!» deutet er auf Autos, Hunde und seinen Vater.

Ich habe gehört, dass andere gleichaltrige Kinder bei solchen Gelegenheiten «Auto», «Wauwau» und «Papa» sagen. Pah, da lob ich mir doch die intellektuelle Höchstleistung meines Kindes, das einen übergeordneten, immer zutreffenden Sammelbegriff für einfach alles gefunden hat.

Während die sprachliche Entwicklung meines Sohnes also rasante Fortschritte macht, lässt in ebensolch rasantem Maße das Kommunikationsniveau der ihn umgebenden Erwachsenen nach. Dass man mit anderen Müttern hauptsächlich über Kinder spricht, finde ich allerdings natürlich und wichtig. Gerade als späte Erstgebärende ist man ja sonst relativ allein mit dem Interesse für Themen wie «Was ist zu tun bei nässendem Ausschlag im Windelbereich?», «Welches Schaukelpferd ruiniert das Parkett am wenigsten?» und «Bindegewebe – was ist das?». Es ist wohltuend zu hören, dass man mit seinen Ängsten und Unsicherheiten nicht allein ist. Ich persönlich schlafe schon gleich viel besser, wenn ich weiß, dass andere auch so schlecht schlafen.

Jedoch finde ich, dass auch die Unterhaltungen mit kinderlosen Menschen durch die Anwesenheit eines Kindes an Reiz und Vielfalt verlieren.

Patenonkel Clemens zum Beispiel – ein Mensch mit weitgefächerten Interessen und hochkarätigen Problemen, also eigentlich ein interessanter Gesprächspartner – benimmt sich immer merkwürdiger.

Ich frage also bei seinem letzten Besuch: «Wie läuft es in der Klinik? Heute schon ein paar Leben gerettet?»

Seine Antwort: ein dumpfes «Hmmm».

Auf ein kurzes Schweigen folgt dann ohne Vorwarnung eine donnernde, unerwartet engagierte Äußerung: «DUDUDUDUDADA! JA WO IST DENN MEIN BUBIBUBIBUBI?» Dann stürzt sich der Onkel ohne Vorwarnung auf das Baby, beide wälzen sich grunzend und kichernd über den Boden und geben mir dadurch Zeit, zum Beispiel eine Waschmaschine aus-, eine Spülmaschine einzuräumen oder ein packendes Selbstgespräch zu führen.

Ähnliches geschah neulich, als mich Mona besuchte. Wir sitzen auf dem Sofa, Baby beschäftigt sich ganz idyllisch mit einem Spielzeug, das ausnahmsweise keinen ohrenbetäubenden Lärm macht, und ich beginne ein ernstes Gespräch über ihren seltsamen Ehemann: «Und was macht Peter? Geht er noch zur Therapie?»

Mona denkt kurz nach, zumindest denke ich, dass sie denkt. Dann sagt sie: «Wenn das so weitergeht, läuft er in zwei Monaten.»

Ich gucke irritiert, mein Sohn winkt uns zu, ruft: «Da!», und Mona brüllt begeistert: «Hey, der kennt meinen Namen!»

Mit einem gehaltvollen Gespräch ist jetzt natürlich nicht mehr zu rechnen. Am Rande bemerkt sei hier, dass mein Sohn nicht nur alles «DA!» nennt, sondern auch allem zuwinkt. So macht er sich bei Passanten, Postboten und Fleischereifachverkäuferinnen beliebt,

die sich alle persönlich geschmeichelt fühlen, nicht wissend, dass er den Laternenmast um die nächste Ecke genauso hingebungsvoll begrüßen wird.

Die Kommunikation zwischen Eheleuten, die Eltern geworden sind, verändert sich selbstverständlich auch grundlegend.

Beispielsweise schaut man sich beim Reden in der Regel nicht mehr an. Erstens, weil mindestens einer immer das Kind im Auge behält, um zu vermeiden, dass Nachwuchs oder Porzellan zu Schaden kommt. Und zweitens, weil mindestens einem, meistens beiden, immer die Augen zufallen.

Denn die Nächte sind nach wie vor selten ungestört. Entweder hat das Baby Husten, Schnupfen, Zahnschmerzen von Zähnen, die noch gar nicht da sind, oder einfach keinen Bock auf Schlafen.

Oder aber man hat sich einen total wilden, kinderfreien Abend organisiert, ist nach drei Gläsern Sekt stockbetrunken, fällt um elf komatös ins Bett und wacht um fünf Uhr morgens vom sauren Aufstoßen auf.

Das bringt mich zu dem zweiten Punkt, der mich beschäftigt: Karriere.

Wie schafft man es, einen zuverlässigen und belastbaren Eindruck zu hinterlassen bei Vorgesetzten oder solchen, die es werden sollen, wenn man nach einer Vier-Stunden-Nacht Augenringe bis zur Kaiserschnittnarbe hat und ein Hirn, das programmiert ist auf reduzierte primitive Satzkonstruktionen wie: «Hat das Baby ein kleines Kackikacki gemacht?»

Zwei Dinge sind unerlässlich bei geschäftlichen Terminen einer den Wiedereinstieg planenden Mutter: ein Handy mit Vibrationsalarm und ein sehr gut deckendes Make-up.

Vorbei die Zeit, in der man mit einer leicht getönten Tagescreme das Haus verlassen konnte, ohne von wildfremden Menschen gefragt zu werden, ob man sich nicht lieber einen Moment hinsetzen möchte.

Für die ganz harten Tage habe ich mir jetzt ein Hammerzeug aus der Apotheke besorgt, mit dem man üblicherweise Narben abdeckt. Ich sehe dann zwar aus wie Dolly Buster – im Gesicht natürlich nur –, aber kein Augenring mehr weit und breit.

Den Vibrationsalarm braucht man natürlich, um dezent erreichbar zu sein für den Babysitter, die Oma, den Vater oder wer auch sonst sich bereit erklärt hat, das Kind zu hüten. Wenn mein Handy vibriert, fahre ich allerdings mittlerweile genauso erschrocken zusammen, als würde ein Silvesterböller direkt neben meinem Ohr losgehen.

Zusammenfassend lässt sich sagen, dass es eine Höchstleitung ist, gleichzeitig ein Kind zu haben und eine Karriere zu machen. Es ist nämlich schon eine Höchstleistung, ein Kind zu haben und keine Karriere zu machen beziehungsweise kein Kind zu haben und eine Karriere zu machen.

Ich habe eine helfende Oma, einen sehr präsenten Kindsvater, einen geradezu überengagierten Patenonkel und demnächst einen Krippenplatz. Trotzdem schreibe ich diese Zeilen im Schlafanzug, über den ich mir recht modebewusst eine Trainingsjacke gezogen habe. Mein Haar verströmt einen eigenwilligen säuerlichen Geruch, weil mein Sohn sein gehaltvolles Bäuerchen heute Morgen mitten in den Schopf gemacht hat.

Es ist zwölf Uhr mittags, und in einer Stunde habe ich einen wichtigen Termin mit der «Brigitte»-Chefredaktion.

«Du darfst nicht alles perfekt machen wollen», hat mir Johanna geraten.

Nun ja, das war ehrlich gesagt zum Glück noch nie mein Problem. Hätte ich auch nur einen Hauch von Hang zum Perfektionismus, dann hätte ich eine Frisur auf dem Kopf statt einfach nur Haare. Dann würde ich auch nicht in fünfzig Prozent der Klamotten aus meinem Kleiderschrank nicht mehr reinpassen – und zwar ausgerechnet in die hochwertige Hälfte mit den hautengen Lederhosen, den auf Figur geschnittenen Designerkleidern und den kniehohen

Stiefeln von Yves Saint Laurent, aus denen meine schweren Waden mittlerweile oben rausquellen wie zerplatzte Weißwürstchen.

Wollte ich perfekt sein, dann würde ich termingerecht Weihnachtskarten auf Büttenpapier verschicken und mich für Einladungen am darauffolgenden Tag mit einem kleinen Blumengruß bedanken.

Wollte ich perfekt sein, dann würde ich das Kochen gänzlich meinem Mann überlassen, den Tisch für unsere Gäste nicht mit mindestens zwei unterschiedlichen Servicen decken, und der Nachtisch bestünde nicht aus vier Tafeln «Ritter Sport»-Schokolade und zwei Packungen Toffifee, kredenzt in den jeweiligen Originalverpackungen.

Wollte ich perfekt sein, dann würde ich unsere Gartenmöbel im Winter mit Gartenmöbelabdeckplanen abdecken, und im Frühjahr würde ich die Tischplatte anschleifen und ölen.

Wollte ich perfekt sein, dann würde ich Sachen sagen wie Anja, die eine vierjährige Tochter hat und mir neulich erklärte: «Ich habe nur ein Kind, weil ich weiß, dass ich ab zwei Kindern meinen hohen Ansprüchen an mich und an meine Vorstellung von Perfektion nicht mehr gerecht werden könnte.»

Da hab ich trocken geschluckt und mich im Stillen dazu beglückwünscht, dass ich so niedrige Ansprüche an mich habe und dass meine Vorstellung von Perfektion das Gegenteil von Perfektion ist.

Man darf sich bloß nicht verrückt machen lassen von denen, die ums Verrecken alles richtig machen wollen.

Als ich in der letzten PEKiP-Stunde erzählte, in welche Kita mein Sohn ab nächsten Monat gehen wird, rümpfte Bettina neben mir gut sichtbar die Nase. Sie wolle mich ja nicht verunsichern, aber gerade mit dieser Einrichtung habe eine Freundin von ihr sehr schlechte Erfahrungen gemacht.

Ich natürlich in höchster Alarmbereitschaft! Denke an Schwermetalle im Essen, unsichere Klettergerüste, brutale Erziehungsmethoden bis hin zum Eckestehen oder Poversohlen. «Was ist denn geschehen?», fragte ich also bereits extrem verunsichert.

«Der kleine Sohn einer Freundin hatte zweimal noch etwas Pup am Hoden, als sie ihn nach der Kita bei sich zu Hause gewickelt hat», sagte Bettina und schwieg anschließend gewichtig.

Pup am Hoden?

Habe ich richtig gehört?

Befinde ich mich hier wirklich in einem Raum mit Menschen, denen die Worte «Pup am Hoden» aus dem Mund kommen? Was ist bloß aus mir geworden?

Ich sagte: «Der Kleine hatte noch Kacke am Sack, und deswegen wollte deine Freundin die Kita wechseln?»

«Die Wichtigkeit der hygienischen Bedingungen in Kindertageseinrichtungen ist nicht zu unterschätzen», sagte Bettina spitz und wandte sich auf der Suche nach einer verständnisvolleren Gesprächspartnerin ab.

Ich bin ja durchaus ein Wesen mit etlichen fragwürdigen Charakterzügen, aber ich bin dankbar und froh, dass überhaupt Menschen Berufe ergreifen, die beinhalten, meinem Sohn die Scheiße vom Hintern zu wischen. Wenn ich keine Kontaktlinsen drinnen habe, übersehe ich ständig irgendwelche Kackreste – ohne mich deswegen als schlechte Mutter zu geißeln oder die hygienischen Zustände bei uns zu Hause dem Umweltbundesamt zu melden.

PUP AM HODEN.

Ich fasse es nicht.

«Die Welt wird jedes Mal neu erschaffen,
wenn ein Kind geboren wird.
Geboren zu werden, bedeutet, dass uns eine
ganze Welt geschenkt wird.»
JOSTEIN GAARDER

15. April

Zustand Kind: Unser Sohn wird in einer Woche ein Jahr alt. Er kann krabbeln, winken und «Nei!» sagen. Er geht seit zwei Wochen in die Krippe und fühlt sich dort geradezu unverschämt wohl.
Zustand Mutter: Diese Mischung aus Freiheit und Leere, wenn ich die Kita verlasse, ist ein unglaubliches Gefühl. Ich habe ein Stück eigenes Leben zurückbekommen und empfinde das mal als Gewinn und mal als Verlust.

Schlomo ist in der Krippe, und ich kann endlich tun, was ich will. Aber: Was will ich denn? Ich bin das selbstbestimmte Leben nicht mehr gewohnt.

Jetzt bin ich wieder verantwortlich. Von halb zehn bis halb drei. Meine Zeit. Fünf Stunden. Diese Stille. Ganz eigenartig ist es, ungestört einen Text zu schreiben oder ein Telefoninterview zu führen.

Mein Jahr zu Hause ist vorbei und mit ihm die Schonfrist. Ich muss wieder mehr Geld verdienen und mehr Pfunde verlieren. Ich bin nicht mehr hauptberuflich Mutter, und niemand hindert mich mehr daran, zu arbeiten, zu joggen und Pläne in die Tat umzusetzen.

Ich war mir doch so sicher, dass ich diese Zeit genießen würde. Habe sie so oft herbeigesehnt an den sich endlos hinziehenden Vormittagen auf dem Spielplatz und in den langen, langen Nächten, die ich glaubte gelassener ertragen zu können, wenn erst die Tage erfüllter und produktiver würden.

Und jetzt? Jetzt ist es da, das schlechte Gewissen.

Aus heiterem Himmel, grundlos, denn mein kleiner Junge liebt es, in die Krippe zu gehen. Er isst dort, er schläft dort und weint mir nicht eine Träne nach, wenn ich ihn morgens verabschiede.

Alles gut. Oder?

In «Das Eva-Prinzip» von Eva Herman, dem schlimmsten Buch der Welt, habe ich in dem Kapitel «Das Leid der Wehrlosen» gelesen:

«Es ist ein Alarmzeichen, wenn ein Kind auf das Verlassenwerden von der Mutter nicht reagiert. Diese Kinder haben innerlich aufgegeben, haben resigniert.»

Um die Schuldgefühle der berufstätigen Mütter noch mehr zu schüren, lässt Frau Herman eine Dame zu Wort kommen, die sich noch gut daran erinnern kann, wie es war, als sie von ihrer unberatenen Mama im dunklen Osten Deutschlands in der Krippe abgegeben wurde. Die Kindheitserinnerung im Wortlaut:

«Kalt pfeift der Wind zwischen den Neubaublöcken hindurch. Da weht der kalte Wind bis tief in mich hinein, und Verzweiflung würgt im Hals … Ich bestehe nur noch aus panischer Angst. Ein fester Griff umfängt mich. Die Tür geht zu. Die Mutti ist fort! Warum?»

Mir ist die Schäbigkeit solcher Darstellungen bewusst. Dennoch verfehlen sie bei mir leider nicht ihre Wirkung. Mein überempfindliches Mutterherz zweifelt und bangt: Ist die Kita nicht zu anstrengend für eine kleine Babyseele? Dieser Trubel, die vielen Kinder, der Lärm und so lange weg von Mama – ist das nicht unnatürlich? Hat mein zartes Söhnchen sich nur in sein böses Schicksal ergeben, wenn er mir morgens fröhlich nachwinkt?

«Das ist doch Quatsch», sagt Johanna. «In Frankreich ist es selbstverständlich, dass Mütter nach wenigen Wochen wieder arbeiten gehen. Und sind die Franzosen deshalb ein Volk von Bettnässern und Psychopathen geworden?»

Ja klar, die glorreichen Französinnen. Die habe ich auch immer bemüht, wenn es darum ging, mein Gewissen zu beruhigen oder verdeckten Vorwürfen zu begegnen.

Wortlos schob ich Johanna den beklemmenden Artikel einer in Berlin lebenden Französin namens Geneviève Hesse über den Tisch, den ich, leider, in der Zeitschrift «Emotion» gelesen hatte. Tendenziös, teilweise so ekelig unsachlich wie Eva Herman, aber auch sehr interessant.

Seit Jahren wird sie in Deutschland in allen Varianten serviert: die französische Mutter, die alles mit links wuppt. Spätestens am Ende ihrer zehn Mutterschutzwochen ist sie wieder im Beruf – Vollzeit, versteht sich.

«Aber wie schafft sie das alles überhaupt?», fragt mich Martina vor unserem Berliner Kindergarten, der Kinder frühestens mit 1,5 Jahren annimmt.

Ja, richtig, wie fühlt sich das an, mein Baby mit kaum drei Monaten von sieben Uhr morgens bis sieben Uhr abends in der Krippe abzugeben? Denn das tun viele Französinnen.

Der eigentliche Trick der Französin ist nicht die ganztägige Krippe. Sondern die Abschaffung ihres mütterlichen Instinktes.

Wenn es ums Stillen geht, gehört Frankreich zu den europäischen Schlusslichtern.

Dass Kinder im Elternbett schlafen, ist verpönt.

Ich erinnere mich noch gut, wie ich mit meiner französischen Cousine nach der Geburt ihres ersten Kindes in einem Pariser Krankenhaus telefonierte.

Mit erschöpfter Stimme sagte sie, es habe alles gut geklappt. Aber jetzt sei ihr furchtbar übel! Das lag an den Medikamenten, die sie nahm, um zu vermeiden, dass die Milch einschoss, denn zum Stillen hatte sie keine Zeit.

Drei Monate später war sie zurück im Beruf und kämpfte gegen eine Chefin, von der sie gemobbt wurde. Heute hat sie drei Kinder, und ist eines krank, kann sie es trotzdem in die Krippe bringen. Denn wenn es sein muss, nimmt ihre *crèche* die Kleinen auch mit 39 Grad Fieber.

Ein Einzelfall? Nein! Französische Kinder müssen sich der Welt der Erwachsenen früh anpassen. Frankreich ist im europäischen Vergleich Spitzenreiter, wenn es darum geht, Antibiotika zu verschreiben. *Maman* muss ja zur Arbeit – und das Kind schnell wieder gesund werden. Für Schwäche und Krankheit haben französische Mütter keine Zeit.

Dass ein Mensch eine sichere Bindung in seinen zarten Lebensjahren braucht, um später wirklich unabhängig und stark zu sein – davon habe ich in meiner ersten Heimat nie gehört.

Kleinkinder sollen keine Küken sein, deshalb lassen Mütter sie früh los. So früh, dass Mutterliebe brutal erstickt.

Die französische Autorin Elisabeth Geisel berichtet, dass 16 Prozent der Babys in der Pariser Region vor dem neunten Lebensmonat regelmäßig Schlaf- und Beruhigungsmittel bekommen. Der Flasche lässt sich ziemlich viel beimischen.

Das Geheimnis der französischen Mutter? Sie delegiert Mütterlichkeit und Erziehung. Nicht nur an die Krippe ab drei Monaten und an die Schule ab drei Jahren, sondern auch an die Medizin.

«Haben dann französische Kinder alle einen Knall?», fragt mich Martina. Ich bin mir zumindest sicher, Babyaugen leuchten in Deutschland anders. Zu Besuch in Frankreich, brabbelte ich mit Säuglingen und wollte bei ihnen denselben Sonnenstrahl herauslocken. Ich fand fast immer Trauer in ihren Gesichtszügen.

Als Baby möchte ich nicht in Frankreich wiedergeboren werden, verzeihe es mir, *maman*.

Sehe ich in den Augen meines Kindes das glücklich-deutsche Glitzern? Oder nicht doch die französische Trauer des zu früh abgeschobenen Menschleins?

Es ist zum Heulen und zum Kotzen, was wir Mütter uns gegenseitig antun.

Und egal, welche These man der anderen gerade um die Ohren

hauen will, es gibt immer mindestens eine repräsentative Studie, die man als Beleg zitieren kann.

So lässt sich dann wahlweise beweisen:

- Kinder, die früh in die Krippe kommen, sind innerlich gestresst und kommen von diesem hohen Stresslevel ihr Leben lang nicht wieder runter.
- Kinder, die früh in die Krippe kommen, sind selbstbewusster und aufgeschlossener.
- Kinder sind die ersten drei Lebensjahre am besten zu Hause bei ihrer Mutter aufgehoben.
- Kindern tut es gut, so früh wie möglich Beziehungen zu mindestens drei Bezugspersonen aufzubauen.
- Berufstätige Mütter sind zufriedener und ihre Kinder ausgeglichener.
- Familien, in denen das traditionelle Rollenbild gelebt wird, sind stabiler.

Meine ganz persönliche Studie hat folgendes Ergebnis: Mit dem Baby bekommst du als Mutter ein schlechtes Gewissen automatisch mit dazugeliefert.

Verdammt, ich muss los, meinen Sohn aus der Kita befreien!

«Eines Tages werde ich sie allein rauslassen müssen – wenn sie fünfunddreißig sind, zum Beispiel –, und vielleicht ist dann jemand eklig zu ihnen, und ich bin nicht dabei, um dem Kerl das Licht auszublasen.»

ANNE ENRIGHT

21. April um 23 Uhr 35

Der erste Geburtstag!

Schon ein Jahr!

Erst ein Jahr!

Am Ende dieser zwölf Monate Leben mit Kind lauert noch eine ganz besondere Herausforderung: der Kindergeburtstag.

Da ich mich ja in mehreren Krabbel-, PEKiP- und Rückbildungsgruppen engagiert habe, war ich in den letzten Wochen beinahe täglich auf ersten Geburtstagen eingeladen.

Man muss es ganz deutlich sagen: Je größer der Kreis der Feiernden, desto größer die Erleichterung, wenn das Ganze vorbei ist.

Bei Hugos Party waren beispielsweise neunzehn Kinder plus dazugehörige Mütter anwesend. Der Boden war übersät mit Spielzeug, Dinkelstangen und Babys. Ständig musste man höllisch aufpassen, nicht auf dieses oder jenes draufzutreten. Nach einer halben Stunde in diesem Gewimmel bemerkte ich plötzlich das Fehlen meines Sohnes.

So schnell es der fast lückenlos bedeckte Fußboden zuließ, nahm ich die Verfolgung auf. Ich sah ihn nicht. Aber ich hörte ihn. Ähnlich fieberhaft, wie man nach dem klingelnden Handy in der überfüllten Handtasche sucht, suchte ich nach meinem schreienden Baby.

Ich fand Schlömchen schließlich in einem Stofftunnel. Er steckte zwischen zwei Kindern fest, die sich partout nicht von der Stelle bewegen wollten. Die beiden mussten von ihren Müttern mit

Drohungen und Beschwörungen herausgelockt werden, erst dann konnte ich mein verstörtes Kind endlich befreien.

Nebenbei bemerkt war mir und meinem Sohn ein solcher Tunnel nicht fremd. Soweit ich weiß, war er das einzige Kind, das je in einem PEKiP-Kurs angstfrei und ohne Zögern in einen baugleichen Tunnel hineingekrabbelt war und auf halber Strecke ganz entspannt ein Päuschen eingelegt und reingekackt hatte.

Ich hatte es damals mit Humor genommen. Die anderen Mütter nicht. Ich meine, wenn man schon undichte Wesen ohne funktionierende Schließmuskeln absichtlich unbekleidet herumkrabbeln lässt, dann braucht man sich über das ein oder andere Häufchen ja wohl nicht zu wundern.

Die PEKiP-Gruppenleiterin sah die Angelegenheit nicht ganz so entspannt. Begleitet von bösen Blicken und vorwurfsvollem Schweigen säuberte sie den Stofftunnel mit einer Dosis Sagrotan, die ausgereicht hätte, ein Heim für schwererziehbare Bettnässer zu desinfizieren.

Schlomos erster Geburtstag war ein wunderbares Fest. Außer meinem war kein anderes Kind anwesend. Die Paten und Großeltern überreichten ihre Geschenke, unter anderem einen Stofftunnel. Dann kam die Lieblingsbabysitterin, und mein Junge war froh, uns los zu sein. Wir sind dann schön in Ruhe essen gegangen und haben uns Fotos und Videos von Schlomo angeschaut.

Ein Jahr ist vergangen.

Und mein Leben ist nicht mehr wiederzuerkennen.

Manchmal finde ich es schade, dass ich die Zeit ohne Kind nicht mehr geschätzt habe. Die simplen Dinge. Wie gedankenlos hat man sich sonntagmorgens um zehn noch mal umgedreht. Wie selbstverständlich spontane Einladungen angenommen. Durchgearbeitet, durchgeschlafen, durchgemacht.

Manchmal bin ich froh, dass ich vorher nicht so ganz genau wusste, was auf mich zukommt: die Geburt. Und, fast noch schlimmer, der Geburtsvorbereitungskurs. Den eigenen Rhythmus komplett aufgeben zu müssen. Die ständige Angst, etwas falsch zu machen. Die unvergleichliche Angst, du könntest dieses unvergleichlich geliebte Menschlein wieder verlieren.

Manchmal frage ich mich, wie ich leben konnte, ohne dass einer «Mama» zu mir sagt. Ab und zu stutze ich kurz, bis mir klar wird: «Mensch, der meint ja mich!»

Und manchmal schaue ich mir selbst beim Muttersein zu – wie durch ein erleuchtetes Fenster von der Straße aus: Ich sehe, wie sie ihrem Sohn die Haare aus der Stirn streicht, seine Augenlider küsst, wie er in ihrem Arm einschläft, weil er denkt, alles wird gut, wenn seine Mutter da ist. Sie knipst das Nachtlicht an, deckt ihr Kind wärmer zu und schließt die Vorhänge.

Und dann kann ich kaum glauben, dass das mein Leben ist.

Ein Jahr ist vergangen.

Ein unvergleichliches.

Vielleicht schreibe ich ein Buch darüber. Übers Kinderkriegen und Kinderhaben. Über Glück, Zweifel, Angst und Wut. Über mich und meine Familie.

Den Anfang hab ich schon:

«Ich hatte gar nicht mehr mit dir gerechnet. Dabei warst du längst unterwegs.»

Zitatnachweise

Seite 61: «Spiegel» 24/2010, S. 124–127 (Georg Dietz, «Herrjemine»/gekürzte Fassung)

Seite 81: Anne Enright, «Ein Geschenk des Himmels», Übersetzung von Maria Mill, © 2010 btb Verlag, München, in der Verlagsgruppe Random House GmbH

Seite 82 und 234: Rike Drust, «Muttergefühle». Gesamtausgabe. © 2011, C. Bertelsmann Verlag, München, in der Verlagsgruppe Random House GmbH

Seite 140: «Nido» 10/2011 (Sven Michaelsen, Interview mit Charlotte Roche)

Seite 194: «Stern» vom 22.12.2004 (Walter Wüllenweber, «Das wahre Elend»/gekürzte Fassung)

Seite 217: «Süddeutsche Zeitung» vom 30.5.2011 (Ralf Bönt, Autor des 2012 im Pantheon Verlag erschienenen Buches «Das entehrte Geschlecht», «Das Feminismus-Moratorium»/gekürzte Fassung)

Seite 262: «Spiegel» 10/2010 (Interview Lieselotte Ahnert, «Mütter, entspannt euch!»)

Seite 292: «Emotion» 10/2010 (Geneviève Hesse, «Ich bin doch keine Milchkuh»/gekürzte Fassung)

Editorische Notiz

Die in diesem Buch beschriebenen Ereignisse sind wahr, die Chronologie wurde an einigen Stellen verändert.

Weitere Titel

Blaue Wunder

Endlich!

Es wird Zeit

Freizeichen

Herzsprung

Hilde

Höhenrausch

Mondscheintarif

Neuland

Problemzonen

Schwerelos

Sternschanze

Unter dem Herzen